日本政治史

外交と権力

北岡伸一

A Political History of Modern Japan:
Foreign Relations and Domestic Politics

有斐閣

まえがき

日本政治史とは、近代日本の政治権力に関する歴史的分析であり、政治権力を中心として見た近代史である。その対象は、古代以来の日本の政治でもなく、近代全般でもなく、地方その他のレベルの政治でもなく、あくまでも近代日本における中央レベルの政治であり政治権力である。それは、近代国家というものが、次のような特殊な性格を持つことに由来していると、私は考えている。

まず、近代国家はその構成員に対し、圧倒的な力を持っている。一七世紀半ば、ホッブズは当時成立しつつあった絶対主義国家を、聖書に登場する怪獣にちなんでリヴァイアサンと呼んだ。今日ではそれどころではない。国家の権力は国民生活のすみずみにまで浸透しており、冷戦期のアメリカやソ連の場合には、人類を絶滅させる力さえ持っていた。これほどの強大な力は、過去いかなる時代にも存在しなかった。

しかしその一方で、近代国家の権力は、広範な国民の支持なしには存在できない。一八世紀末に国民主権が政治原理として登場して以来、この原理を受け入れない国ですら、国家の発展のためには国民の積極的な参加を推し進めざるをえなかった。全国民の平等な政治参加が権利として確立され、マスメディアが著しく発達した現在の国家では、国民の意向に反する政策を採用することは容易ではないのである。

また近代国家では、政治のプロとアマの区別が明確になる。政府の仕事が著しく増えると、これを片手間に処理することは不可能となり、フルタイムで政治に従事する多数の人間が必要となる。その結果、近代国家の政治は、彼ら政治におけるプロ――職業政治家と官僚――と、これを監視するアマチュア――一般国民――との分業によって担われることとなった。

もう一つの特色は、対外関係と内政との密接な結び付きである。たとえば、唐とローマ帝国との間に、政治的に重要な関係は何もなかった。しかし産業革命と貿易の発展、それに運輸・通信技術の発展によって、国際関係ははるかに濃密なものとなった。今日では、自国のことを自国だけですべて決定できる国は一つもない。いかなる国の内政も、国際関係と切り離して考えることはできないし、関係国の内政を無視した国際関係もありえない。近代国家は、他国に強い影響を及ぼしうる一方で、他国の影響を受けやすいものとなっている。

このような強さと脆《もろ》さが複雑に入り組んだ近代国家における政治権力の形成と発展の過程をたどり、その特質を明らかにすること、それが政治学の一部門としての政治史の基本的な課題である。政治史が近代の政治を対象とし、中央レベルの政治権力を対象とする理由もそこにあるわけである。

ところで政治史は、歴史学の諸分野の中で、最近まであまり人気のあるものではなかった。ヘロドトスやトゥキュディデスの例に見られるように、歴史学の始まりは政治史であったけれども、一握りの有力者に焦点を当てた政治史は、表面的で時代遅れの学問だという批判が、やがて生じてきた。たとえば、歴史は基本的には経済力によって決定される（マルクス主義によれば生産力と生産関係）という主張である。それは長期的には正しいかもしれない。しかし、たとえば戦争が何故どのようにして起こったかということを、経済要因だけで説明することはできない。そしてそのような短期的な問題が、現代では決定的に重要なのである。経済史はそれ自体重要な分野であるし、政治史の前提としても不可欠の分野ではあるが、政治史を経済史に還元することはできない。重要な政治的決定は、やはり政治の動きの中から明らかにしなければならない。経済史のほか、社会史などについても同様のことが言えるであろう。

また、一握りの権力者よりも民衆の方に関心を持ち、権力の役割よりも民衆の役割を重視する立場がある。しかし、やはり民衆の動きを中心として重要な政治的決定——たとえば日米開戦の決定——を説明することはできない。また、戦争中の民衆の生活が、いかに悲惨であったかを明らかにすることももちろん重要であろうが、何故そのような戦争が起こったかということの方が、もっと重要なように思われる。民衆史もやはり政治史に取って代わることはできないのである。

要するに、政治史は一見したところ古めかしい分野のように見えるけれども、歴史学がまず政治史から始まったのには、それなりの意味があったのである。政治が国民に及ぼす影響の圧倒的な今日、その意味は一段と重いというべきであろう。

さて、日本における近代国家の形成は、幕末の西洋との出会いに始まる。本書は幕末から冷戦の終焉にいたる百三十年余りを、「外交と権力」という副題のとおり、対外問題とこれに対する日本の権力の対応を中心に分析したものである。幕末の対外危機に直面した日本は、これに対処するために新しい権力を作り出し、その権力が今度は国際環境の方に働き掛けていった。そのような国際環境の変容と日本の権力の再編成という相互作用が、近代日本政治史を貫くテーマであり、それはいまも続いているように思われるからである。もし日本がアメリカのように自給自足の可能な大国なら、対外関係による影響は少なかったであろうし、はるかに小さな国であったならば、外圧に圧倒されてしまって、主体的に外へ働き掛けることはできなかったであろう。幸か不幸か、日本はそのいずれでもなかったのである。

一九七〇年代や、八〇年代のように近い過去を取り扱うことには、事実の確定や評価の点で、多少の危険は避けられないであろう。にもかかわらず、幕末から冷戦の終焉までを一つのテーマによってカバーすることにより、読者に、現在もまた歴史の一こまであり、われわれが日々歴史を作っていることを意識してもらえるかもしれない。また現在のプロの政治家を見る目を養ってもらえるかもしれない。限りある枚数に、無理を承知で百三十年余りを詰め込んだことには、そういう狙いがある。

本書の原型は、一九八九（平成元）年に放送大学の教科書として出版した同名の著作である。

教科書を書くにはおそらく二通りの方法がある。一つは若いうちに、一気呵成《かせい》に怖いもの知らずに書くものであり、もう一つは長年の経験を経て、じっくり書くものである。前者には独断や間違いもあるが、勢いがある。後者は重厚かもしれないが、その分だけ平凡になる。一九八九年に出した著作は、前者の典型のようなもので、当時四十歳だった私が文字どおり一気呵成に書き上げたものである。

　幸い旧著は好評を博し、多くの大学でテキストとして使われたのみならず、一部の予備校でも使われたそうである。しかし放送大学の教科書という性質上、私が講師を終えるとともに、絶版となった。

　その後、多くの読者や編集者から、旧著の改訂版の執筆を求められたが、私はその後の自分自身の講義において発展させた内容を盛り込んだ、より詳細な教科書を執筆するからと、お断りしてきた。しかし、五十歳を超えてから、なかなか難しいと感じるようになった。勉強すればするほど、わからないこと、自信を持って断言できないと感じる部分がかえって増えてきたのである。成熟型の教科書というのは難しいものである。

　そこであらためて、両方を出そうと考えるようになった。つまり旧著を全面改訂しコラムや資料は付け加えるが、若書き風のスタイルは変えないものを出し、より大部な教科書は別にこれを書く、ということに決めたのである。

　そういう結論は、有斐閣書籍編集第二部の青海泰司氏というベテラン編集者と話し合う中から生まれた考えである。辛抱強く私の気持ちが熟するのを待ってくださった青海さんには深く感謝している し、青海さんのコメントに学んだことは少なくない。しかし、本書に誤りなどがあるとすれば、それはすべて私の責任であることは言うまでもない。

旧著のはしがきにも書いたことであるが、教科書を書いて、あらためて痛感するのは、自分が学生あるいは研究者の卵として接した日本政治史の講義や演習によって、いかに強く影響されているかということである。そうした講義や演習の内容は、必ずしも本になっていないから、参考書として挙げられないのは残念であるが、東京大学において私に日本政治史研究の手ほどきをしてくださった故佐藤誠三郎先生と三谷太一郎先生とには、あらためて感謝の気持ちを申し上げたい。

二〇一一年三月

東北関東大震災からの速やかな復興を信じつつ

北岡 伸一

目　次

目　次

◆図表一覧

※　年代・月日については、西暦で統一した。ただし、一八七二（明治五）年十二月九日の太陽暦採用までの事項については、〔　〕内に和暦を入れて表記し、巻末の関連年表においてはその和暦もイタリック体で示した。

第**1**章

幕藩体制の政治的特質

⮉「長崎港図」。中央が出島（1818-1830 年ごろ。長崎歴史文化博物館所蔵）

一六世紀の日本と西洋

日本と西洋とは歴史上二度出会っている。一度目は一六世紀、二度目は一九世紀のことである。最初の出会いがもたらしたインパクトも巨大なものであった。鉄砲の伝来は戦国時代の戦争のあり方を一変させ、天下統一に決定的な影響を及ぼした。またキリスト教も急速に広まり、約半世紀の間に信者数は七〇万人を超えた。現在の日本の人口は当時の一〇倍以上であるから、現在なら七〇〇万人を優に超える数となる（現在、日本のキリスト教徒は約一〇〇万人といわれている）。徳川氏の全国統一の最後の障害となったのも島原の乱（一六三七―三八年）、すなわちキリスト教徒であった。

しかし、こうした西洋の影響はコントロール可能な範囲のものであった。ともかく日本が鎖国を行いえたという事実が、それを示している（なお、近年、鎖国という概念に対してさまざまな疑問が提示されている。ここで鎖国というのも、幕府による対外関係の厳格な統制のことであって、完全に国を閉ざしていたという意味ではない。統制の下に、朝鮮、清国、オランダなどとの貿易が維持されていたことは言うまでもない）。

しかし一九世紀にはそうはいかなかった。西洋は日本が国際社会の一員となることを求め、そのためには実力の行使をも辞さず、日本はこれに抵抗する術《すべ》を持たなかった。この間に西洋と日本との間で、大きな変化が起こっていたのである。それは何だったのか。

そもそも西洋が世界の先進地域であったのは、この数世紀のことにすぎない。それまでは、イスラーム文明の方が進んだ文明であった。八世紀にイベリア半島に進出したイスラーム教の勢力が同半島から駆逐されたのは一四九二年のことである。また東方ではオスマン帝国が皇帝《スルタン》スレイマン一世（Süleyman I, 1494-1566, 在位 1520-1566）のときに全盛となり，版図でいえば一六八〇年代に最大となっている。

また，西洋文明の起源はギリシャ文明とキリスト教であるが，この二つはともに西洋以外のところで生まれたものである。近代西洋の出発点となったルネサンスは，ギリシャ文明の再発見を契機として起こったものであるが，そのギリシャ文明は西洋ではなくイスラーム文明の中に保存されていたものだった。西洋の東方への発展にしても，彼らが全く新しい道を切り開いたというものではなく，イスラームとの関係悪化によって東方への道が断たれたため，新たな道を求めた結果にすぎなかった。

しかしそれは西洋の世界制覇への序曲となった。一四九八年，ヴァスコ・ダ・ガマ（Vasco da Gama, 1469ごろ-1524）のカリカット到着に始まって，西洋が東洋を圧倒する時代が四百年余り続くこととなる。ただし，西洋がそのころ求めていたのは香料などの嗜好品であって，貿易は王室あるいは東インド会社（一六〇〇年，イギリス東インド会社設立，一六〇二年，オランダ東インド会社設立など）による独占の形で行われた。したがって，貿易の利益が少ないとき，あるいは強い抵抗に遭遇するとき，彼らは割合簡単に進出を断念した。これが日本の最初の西洋との出会いの段階であった。

しかし産業革命が起こると，貿易は贅沢品を扱うのではなくなった。もし中国の四億人の民衆が綿製品を少しでも買ってくれれば，マンチェスターの永遠の繁栄が約束されるように思われた。このような「中国市場の神話」が新しい中国進出を促すこととなった。その段階ではもはや独占は障害でしかなかった。こうして東インド会社のインド貿易の独占が廃止され、次いで中国貿易の独占が廃止された（一八三四年）。そして武力をもってしてもアジアの市場を開放させようとする西洋がやって来た。それがアヘン戦争（一八四〇―一八四二年）であった。日本はそのかたわらにある小さな国であった。それが日本に幸いしたのである。

西洋の多元性

さて西洋文明は、先にも述べたように、著しく古いものでも著しくオリジナルなものでも決してなかった。西洋文明の最大の特色は、一言で言えば、多様な要素が緊張を孕《はら》みながら結び付いていた、その多元的な性格にあった。それが西洋に一六世紀から一九世紀への急速な発展を遂げさせた所以《ゆえん》であった。

まず地域的に、ヨーロッパは古くからイギリス、フランス、ドイツ、イタリアなどの国々に分かれていた。ヨーロッパは全部合わせても中国程度の面積である。これが長年にわたっていくつかの国々に分かれて統一されてしまうこともなく、極端な分裂をすることもなかったというのは、考えてみると不思議なことである。

多元性はまた、政治構造の中にも保たれていた。中世ヨーロッパには身分制議会ないし封建議会が存在し、国王の権力を制限していた。イギリスのマグナ・カルタ（一二一五年）はその顕著な例である。その後、とくに一七世紀以降、王権が発展したが、それでも貴族の抵抗は強かった。身分制議会は、やがて近代議会へと発展していった。このような封建議会ないし身分制議会というものは、他の文明圏にはまず見られないものである。西洋文明の大きな特色の一つである抵抗権の思想は、一つにはこの身分制議会を起源としている。

多元性のもう一つの例は宗教権力と世俗権力との関係である。多くの文明圏では、宗教権力が世俗権力を呑み込んでしまうか、その逆となるかが普通である。教皇の権力と君主の権力が緊張を孕んで結び付いているのは、西洋の大きな特色である。

さらにもう一つ挙げれば、キリスト教とギリシャ文明との緊張を孕んだ結び付きである。本来相容れないはずのキリスト教とギリシャ文明とが、いずれも完全に相手を圧倒してしまうことなく、西洋世界の形成に大きな役割を果たしたのである。

以上のような多元性が、一言で言えば、西洋世界の著しくダイナミックな性格の原動力となったのであり、そこから、世界を西洋それ自体に似せて改造しようとする攻撃的な性格の西洋文明が生まれたのである。

幕藩体制の一元性

これに比べ、江戸時代の日本社会にはどのような特色があったのであろうか。徳川社会は一見したところ西洋中世の封建制と似た特色を持っている。当時の多くの外国人もそう考えた。しかし封建制という概念は、江戸時代の日本にはうまく当てはまらないところも多い。封建制においては、君主は家臣の忠誠に対して恩賞、たとえば領主権を与える。つまり両者の関係は相互契約的であって、相互に契約履行義務がある。忠誠に対して恩賞を与えない君主に対しては、家臣は服従の義務はないのである。したがって、家臣は自立していて、権力の装置たとえば武器は、家臣のものであり家臣の自弁である。以上のような特色は、鎌倉時代にはよく当てはまるが、江戸時代には当てはまらない。

これに対し、もう一つ、家産制という支配体制を区別しなければならない。それは国全体がいわば一つの家のようになっている制度であって、そこでは君主と家臣との関係は絶対的である。君主は契約などには縛られないし、家臣は自立していないのである。一般的には家産制は封建制よりも古く、古代帝国などに見られるものである。しかし、絶対王政における近代的な官僚制は、官僚が支配装置を保有せず、君主に絶対的に従属する点で、かえって家産制に似た特色を持つことがある。幕藩体制は、封建制と家産制の両者が混じり合ったものであるけれども、明らかに家産制の方に近いのである。

さて幕藩体制の特色は、西洋と対比して一言で言えば、政治権力の著しい集中にある。まず地方において、古代以来の在地勢力が一掃され、大名に抵抗しうるような土豪的勢力がなくなってしまった。武士は家産官僚的家臣団に再編成されて城下に住むこととなり、土地とのつながりは断ち切られてしまった。明治になって市制が敷かれたとき、ほとんどの市が城下町であったのは、その結果である。

第二に、大名と幕府との関係であるが、幕府創設当初、同輩中の第一人者という地位を大きく越えるものではなかった。徳川家康（一五四二－一六一六年）といえども、かつて織田・豊臣の臣下という点で他の大名と同格だったからである。しかし、やがて将軍と大名との地位は圧倒的な開きのあるものとなった。

第三に、幕府と宗教との関係である。かつて民衆の創造的エネルギーの源泉であった鎌倉仏教は、多く戦国末期までに無力化していたけれども、一向宗だけは強力なエネルギーを持ち続け、織田信長（一五三四―一五八二年）の全国制覇に対する最大の障害となった。またキリスト教も政治的に強力な力を持っていた。しかし江戸時代になると、キリスト教は鎖国によって、またその他の宗教は寺請制度や宗門人別帳などの制度によって、寺社奉行の下に厳しく統制されることとなった。

第四に、日本においてしばしば権力闘争の核となった宮中および公家《くげ》は、禁中並公家諸法度（一六一五年）によって厳重に統制された。彼らの勢力は著しく低下し、経済的にもはなはだ困窮する有り様であった。

以上要するに、幕府・将軍権力に対して自立しうる勢力をミニマムにまで刈り取って一元化してしまったのが幕藩体制であった。

他方外国との関係でも、幕府を脅かすものはなくなった。中国との関係では、一六四四年に明が滅びて清が中国全土を支配すると、日本は緊張した。異民族の大帝国の下で、かつての元寇（一二七四、一二八一年）のような事態が生じることが危惧されたのである。実際、清は初期には膨張主義的であって、元と並ぶ中国史上最大の帝国を建設した。しかしまもなく日清関係は安定した。豊臣秀吉（一五三七―一五九八年）以来険悪であった朝鮮との関係も安定した。さらに西洋との関係は鎖国によって統制された。幕藩体制は対外的な脅威から自由となったのである。

ところが以上の結果、権力の合理化をさらに推し進めようとする要因がなくなってしまった。西洋では、火器の発展が戦術の変化をもたらし、さらに巨大な常備軍を要請し、今度はそれを支えるための巨大な官僚機構・財政組織の発展をもたらしたのである。日本でも、当初は同様の変化が起こっていた。しかし、その発展は大坂夏の陣（一六一五年）で停止してしまった。戦国末期、日本は世界で最も大量の鉄砲を有する国であり、世界最大の軍事大国の一つであった。しかし幕末にはそれははなはだ時代遅れとなっており、たとえば第一次長州征伐（一八六四年）に出陣した譜代旗本の軍勢には、大坂夏の陣と変わらぬ武器装束の者が少なくなかった。

したがって、そこに近代的な軍事力が入ってきた時、幕府の優位はたちまち動揺を来すことになる。たしかに、すべての挑戦者を無力化するほど幕府は強力であった。しかし、皮肉にもそれが幕府の自己改革努力を停止させてしまった。幕末期、幕府の力は一見圧倒的と見えたけれども、その根底ははなはだ脆弱《ぜいじゃく》となっていたのである。

正統性の問題

ところで権力の強さというものは、実力だけで測れるものではない。もう一つ、正統性（legitimacy）の側面が重要である。正統性とは、ごく簡単に言えば、支配の道徳的根拠のことである。支配というものは必ず支配している方が少数で、支配されている方が圧倒的に多数である。被支配者の多くが、自分たちは不当に支配されていると感じていれば、そのような支配は長続きするものではない。

被支配者の多数が、積極的あるいは消極的に、その支配には正統な根拠があると納得していなければ、支配の安定はないのである。では幕藩体制下の支配の根拠は何だったのか。

まず藩主の場合、中世の領主が一所懸命の地として領地を自力で支配していたのと比べると、大きな違いが生じていた。薩摩や長州のような中世以来の藩は別として、多くの藩主は、大名に任命された家産官僚という意識を持っていた。領地は自分のものではなく「公儀《こうぎ》」のものであるという感覚があったのである。制度の面で見ても、たとえば幕府は相続を管理する権利を持っていた。各藩が自立した政治的単位であれば、その藩の藩主をどう決めようが、後継者をどう決めようが自由のはずである。また幕府から改易《かいえき》や転封《てんぽう》を命ぜられた時には武器を残して行くこととなっていた。武器は支配装置の最も中心的なものであるから、それを置いていくということは、自力支配の観念がいかに薄かったかを象徴するものであった。要するに大名の支配の根拠は、将軍からの委任にあった。

ところが将軍の支配の根拠は、征夷大将軍という古代以来続いている宮中の栄誉の体系の中にあった。しかも将軍は従一位とか正二位といった位階を朝廷からもらっており、他の大名もやはり位階をもらっていたから、その意味で将軍の地位は大名に対して絶対的なものではなかった。幕府の優れた知識人、たとえば新井白石（一六五七―一七二五年）や荻生徂徠《おぎゅうそらい》（一六六六―一七二八年）は、幕府独自の正統性の体系を作ることが必要だと考えていた。

崩壊の容易さと統一の容易さ

以上のように幕藩体制は、実力と正統性の両方で意外に脆弱であった。そして、幕藩体制の完成と安定の中に、そのあっけない崩壊の条件だけでなく、急速な再統一の条件も見出すことができるのである。

まず、各藩の自立性の弱さは、そのまま統一の容易さとなった。たとえばドイツは各邦の自立性が非常に強かったため、統一は容易ではなかった。ドイツが明治政府並みの統一度に到達するのは、ナチス政権のころであった。

宗教勢力の無力は、社会の問題を宗教的観点からではなく、世俗的な観点から眺めることを可能にした。マックス・ヴェーバー（Max Weber, 1864-1920）が『プロテスタンティズムの倫理と資本主義の精神』で明らかにしたように、ある種の宗教は資本主義の発達に大きな力となることがある。他面、宗教は独自の強烈な教義を通して世界を把握するため、現実的な現状認識を妨げることも多い。日本の場合、宗教的に無色であったため、外からの刺激には柔軟に対応しやすかった。

平和の配当

さらに幕藩体制は、長期の平和を作り出した。そしてそれは、統一と近代化の重要な基礎条件を整備したのである。

江戸時代の初期に、日本の人口は約一二〇〇万人、中期には三一〇〇万人と推計されており、ほぼ二・五倍に増えている。ところが奈良時代の日本の人口は、朝廷の支配下にあった者だけですでに六五〇万人といわれ、江戸初期の人口の半数を超えていた。つまり九百年かかってようやく二倍近くになった人口が、江戸前期、百年余りで二・五倍になったわけである。江戸時代の人口増加は、後期には停滞する（とくに気象条件に恵まれなかった東日本）が、前期には前近代の世界としては稀に見る増加を遂げたのである。江戸時代が暗黒の時代であったというイメージは、江戸後期の東日本に注目し、かつ今日の生活水準とそのまま比較した誤りである。

では、こうした発展はいかにしてもたらされたのであろうか。第一に、耕地面積が大幅に増えた。大河川のコントロールが技術的に可能となり、平野が開かれ、各藩も開拓に力を入れたからである。古代においては、耕作地は大和盆地のように盆地が中心であった。また技術的には鉄製農具の普及が重要であった。戦争の消滅の結果、武器の需要が激減して、それが可能となった。それは、古代の稲作の導入、第二次世界大戦後の化学肥料の導入と並んで、日本農業の三大革新の一つと言われている。

商業においては、沿岸航路の開発による全国市場の成立が挙げられる。米その他の全国の物資は大坂（一八六八年ごろ大阪と改称）に送られ、換金され、あるいは江戸に送られた。これを可能としたのは沿岸航路の発展だった。ちなみに、ペリー（Matthew Calbraith Perry, 1794-1858）の黒船が幕府の危機としてではなく、日本全体の危機として受け止められたのは、このような沿岸航路を媒介とする全国大マーケットが成立していたことが一因である。どこに現れるかわからない黒船数隻は、沿岸航路を脅かし、日本経済全体にとっての危機となったのである。

さらに重要なのは教育の普及である。江戸の初めには、字が読めるということは武士にとって当たり前のことではなかった。しかし江戸の後半には、字の読めない武士というのはまず例外となっていた。字が読める者の比率、つまり識字率（literacy）は、幕末の成年男子で四〇―六〇パーセント、成年女子で一〇―二〇パーセントと言われている。これは伝統社会では驚異的に高い水準であり、現在でもこれ以下の国は世界に少なくない。教育の普及は、さまざまな効果を持つが、その一つは文書行政が可能となることである。識字率が一〇パーセントを超えるようになると、文書によって複雑な内容を効果的に伝えることが可能となるわけである。

武士のエトス

このような長期平和の持続が生み出したもう一つの重要な変化は、指導者層の意識の変化であった。指導者の意識は、政治においてきわめて重要な役割を果たすものである。環境というものは人間の意識というフィルターを通して把握され、政治過程の中に投入されるからである。

当時の指導者はもちろん武士であった。武士のエトス（ethos，社会集団に根づき、慣習化した倫理のこと）は武士道として知られており、がんらい功名心と主君に対する忠誠とがセットになったものであった。主君に忠誠を励み、戦場で功名を挙げ、恩賞をもらい、ますます忠誠に励むというわけである。問題は、しかし、戦争がなくなって、主君に忠誠を励む機会がなくなってしまったことであった。

ここに大多数の武士は、特権に安住する存在となったが、それでも武士の存在意義を考え直す者もあった。主君から一方的に恩寵を受け、しかもそれに報いるための戦場を持たない武士とは何か。存在矛盾ではないのか。こうして一方的恩寵の認識は一方的献身の強調へとつながり、相互契約的な君臣関係は、一方的な君臣関係へと変化していったのである。

では具体的に何をすべきなのか。平時における武士の義務・責任とは何か。これに解答を与えたのが儒学とくに朱子学であった。支配者は有徳者であって被支配者を導かねばならない。仁政安民が支配者の務めでなくてはならないという教えであった。

このような変化は忠誠の対象についても変化をもたらした。すなわち、武士の忠誠の対象はがんらいは主君個人であった。その後忠誠の対象は、主君個人を越えた「お家」となった。かつて美徳とされた殉死《じゅんし》は禁止されるようになった。有能な家臣が、主君と死を共にしては、お家の安泰が危うくなるからである。さらに先に述べた変化により、忠誠の対象は抽象的な原理となった。それは、一方では忠誠のエネルギーを低下させたが、他方で、忠誠の対象について主体的な選択をする可能性を広げた。幕末から明治にかけて、藩に対する忠誠が天皇ないし国家に対する忠誠へと急速な変化を遂げたのは、以上のような忠誠対象の変化を前提としたものであった。

このような変化はあったものの、依然として武士は武士であった。戦士としての特質を失ってはいなかった。軍事の第一歩は正確な現状認識であり、敵味方の実力を正確に把握することである（「彼を知り己を知れば百戦して殆《あやう》からず」）。また、軍事で重要なのは、理論や意味づけではなく、行動それ自体である（「兵は拙速を尊ぶ」）。こうした現実主義や行動主義によって、武士は黒船の来航を何よりも軍事的衝撃としてとらえ、迅速な対応をなしえたのである。

これに比べ、武士以外の階層からは、積極的に危機を担う精神は生まれなかった。実力で武士を圧倒していた商人層は、西洋のブルジョワジー（有産市民層）と異なって、寄生的・受動的存在を脱し切ることができなかった。逆に他の階層からの出身者で、武士道の理想に忠実であろうと努めた者は少なくなかった。農民から出て倒幕運動に参加し、偶然から徳川慶喜《よしのぶ》（一八三七―一九一三年）の側近となり、明治になって政府の役人となったのち、財界の第一人者となった渋沢栄一（一八四〇―一九三一年）はその代表的な人物であった。新渡戸稲造《にとべいなぞう》（一八六二―一九三三年）は著書『武士道』の中で、武士道は武士から始まって他のすべての階層に広まったと述べている。その意味で、明治憲法の下で、国民が「臣民」と呼ばれたのは象徴的である。それは国民が同時に天皇の家臣であることを意味していた。つまり武士のエトスを国民に植え付けることが、明治国家のめざしたところだったのである。

第2章

西洋の衝撃への対応

↑「ペリー提督神奈川上陸図」。1854（嘉永7）年2月，横浜応接所に向かうペリー一行（ウィリアム・ハイネ画。東京国立博物館所蔵。Image: TNM Image Archives Source:http//TnmArchives.jp/）

一　開国か鎖国か

日本人の対外意識

このころアジアで西洋の衝撃に直面したのは日本だけではなかった。しかし日本の対応は、中国や朝鮮の対応とは著しく異なっていた。その大きな理由は、対外意識の差異であった。

日本人の対外意識の第一の特徴は、中国に対する根強い小国意識・後進国意識であった。それゆえ日本人は、自己を相対化する視点を古くから持っており、日本より優れたものの存在を承認することにさしたる困難を感じなかった。

ところが中国人にとって、中国は世界の中心であり、中華とは世界の中心に咲いた文明の華であった。そこから遠ざかれば遠ざかるほど、すべては野蛮になるはずであった。中華文明に優越する文明の存在など、とうてい考えられなかったのである。

第二に、日本人は中国文明の辺境に位置していたため、完全に中国文明に圧倒されてしまうのではなく、かえってその影響力に反発し、自らの独自性を模索する伝統を持っていた。儒教が正統イデオロギーとされた江戸時代には、その反発も強く、日本のアイデンティティの模索も深まった。その結果注目されるようになったのが、天皇の血縁の連続性であり、不敗の伝統であった。前者は尊王イデオロギーの急速な普及を可能とし、また後者は武士としての誇りをかき立てることとなったのである。

同じ中国文明圏の中にあっても、朝鮮の場合、中国文明の影響力はさらに強烈であった。儒教の受容がはるかに徹底していた朝鮮の場合、明に代わって儒教文明の正統を継ぐのは、異民族の清朝ではなく朝鮮であり、朝鮮こそ世界の中心であるという意識が生まれていた。そのようなミニ中華思想が、朝鮮の対応を中国と似たものにした。

第三に、日本人の対外意識のフレイムワークは、軍事的な側面に重点があった。それゆえ、軍事力という普遍的な尺度を通じて、外来者を評価することが可能であった。実際、ペリーやプチャーチン（Evfimii V. Putyatin, 1803-1883）に応接した幕府の官僚の中には、敵ながらあっぱれと感じ、彼らこそ真の豪傑であると感嘆する者が少なくなかった。

しかし中国や朝鮮の場合、夷狄《いてき》とは何よりも文化的に野蛮な存在であった。夷狄が中国に来ることを希望する場合、しかるべき手続きを踏まなければならなかった。それを守らぬ者は、道徳的に許されない存在であった。したがって手続き――たとえば皇帝に拝謁《はいえつ》する場合の三跪九叩頭《さんききゅうこうとう》の礼（三度跪《ひざまず》き、それぞれ三回、つまり九度額を床にこすりつける）――は妥協の余地のないものであった。実際に中国は、アヘン戦争とアロー戦争（第二次アヘン戦争、一八五六―一八六〇年）の二度の戦争を戦い、首都を陥落させられ、ようやく開国に踏み切ったのである。

日本の場合、鎖国は対外的危機を防ぐための制度であった。しかし、黒船が重大な軍事的な脅威であると認識され、鎖国を続ける方が危険であるということになれば、鎖国をいつまでも続けることは意味をなさなくなるのであった。

それでも、もちろん文化的・人種的・生理的反応は強かった。それに、鎖国は「祖法」つまり古くからの体制の基本法であって、伝統を重んじる幕府にとって簡単に修正できるようなものではなかった。こうして幕府の政策は、戦争は避けるが鎖国も続けたいという折衷的なものにならざるをえなかった。

すでに一八世紀の末から、漂流日本人を帰還させたり、通商を求めたりするため、西洋諸国の船が日本に来るようになっていた。

ロシアからはラクスマン（Adam K. Laksman, 1766-1803以前）が一七九二（寛政四）年に根室に来航し、一八〇四（文化元）年にはレザノフ（Nikolai P. Rezanov, 1764-1807）が長崎に来て通商を求めている。一八〇八年にはオランダ船拿捕《だほ》を目的にイギリス軍艦フェートン号が長崎に来航するという事件が起こり、これに対して幕府は一八二五（文政八）年、無二念打払令を出し、一八三七（天保八）年に浦賀沖および薩摩に現れたアメリカ船モリソン号に対し、砲撃を加えている。しかしモリソン号が漂流日本人の送還を目的としていたことなどがわかり、打払令に対する批判が強まっていた。さらにアヘン戦争における清国の敗北を知った日本は、打払令を廃し、逆に薪水《しんすい》給与令を出して、緊急の要請には応じることとした。その後、アメリカ東インド艦隊司令長官ビドル（James Biddle, 1783-1848）が一八四六（弘化三）年に浦賀に来航したが、長崎に廻航を命ぜられ、結局、通商も国交も拒絶された。

その七年後、ビドルの失敗に学んだペリーは、一八五三年七月〔嘉永六年六月〕、浦賀に来て直接幕府と交渉しようとした。そして翌年二月〔嘉永七年一月〕再度来航して、日米和親条約を締結し、下田と箱館（一八六九年に函館と改称）の二港を開かせることに成功した。ただこの条約は、鎖国の方針と真っ向から矛盾するものではなく、その例外を規定したものと言うことも可能であった。

しかし、一八五六（安政三）年アメリカの総領事としてハリス（Townsend Harris, 1804-1878）が着任すると、通商条約の締結を強く要求するようになった。また中国でアロー戦争が勃発して国際環境はさらに不穏となっていた。ここに、通商条約の締結が本格的に問題となり、幕府は開国か鎖国かの決断を迫られることとなったのである。

幕府リーダーシップへの期待

ペリー来航以来、日本では危機意識が急速に全国に広まっていた。それは決して自明の現象ではない。外敵の到来によって時の政権が困惑することに快哉《かいさい》を叫ぶ者は、どの社会にも少なくないものである。そして反政府勢力のそのような反応を利用した帝国主義も、しばしば存在する。幕末日本の全国的危機意識の高揚の方が、むしろ注目に値するのである。

その背景には、ナショナルな一体感の成熟という歴史的・文化的条件があった。また、沿岸航路の発展によってすでに全国市場が成立しており、黒船の来航が直ちに全国的な危機をもたらすという経済的な条件があった。

ところが、大多数の藩はすでに財政的に破綻《はたん》しており、危機に対処する能力を欠いていた。ここから、強い幕府に対する期待が全国的に高まった。黒船の来航が直ちに幕府の威信を低下させたのではない。むしろ、それは幕府の指導力に対する期待を高めた。そしてその期待が裏切られた時、幕府の威信は急速に失墜することになる。

しかし、幕府自身も大胆な改革なしにこの危機に対処できないことは明白であった。具体的に問題となったのは、次の三つのレベルにおける改革であった。

第一は、軍事や外交に関する実務レベルの改革であった。まず老中阿部正弘（一八一九―一八五七年）のイニシアティブで、一八四五（弘化二）年、海防御用掛（海防掛）が置かれた。ここには、のち

◆川路聖謨（一八〇一―一八六八年）

川路は九州豊後日田代官所下級吏員内藤吉兵衛の長男として生まれた。吉兵衛は武田氏の浪人と称し、各地を流浪して日田の代官所に勤務したが、幕府出仕の強い希望を持ち、一八〇八（文化五）年、江戸に出て御家人株を入手し、幕府徒歩組に編入された。聖謨は一八一二年、川路家の養子となり、一八一七年、勘定奉行所の下級吏員資格試験である筆算吟味に及第し、あらゆる手づるを求めて奔走した結果、一八一八（文政元）年、支配勘定出役に採用された。御家人株の購入、養子、試験などを通じて、江戸時代は意外に柔軟な人材登用システムを持っていたのである。

その才能と努力によって異例の昇進を遂げた川路は、一八三五（天保六）年には勘定吟味役となった。そのころ、渡辺崋山、江川英龍、間宮林蔵らと交際を持ち、また勘定吟味役の職務の関係で、西洋諸国の動向に関心を持つようになった。そのため、崋山らの蛮社の獄（一八三九年）にあやうく連座しかけたこともあった。川路は一八四〇年、佐渡奉行、四一年、江戸に戻って小普請奉行、普

請奉行を歴任し、一八四六（弘化三）年に奈良奉行、五一（嘉永四）年に大坂東町奉行を務めた。こうした遠国奉行経験は、官僚としての意識を超えた統治の責任の意識を芽生えさせたし、地方の人々の時に偏狭な視野に接して、日本人の視野もまた世界の中では偏狭かも知れないと自覚するにいたっている。

一八五二年、勘定奉行に栄転した川路は、西洋諸国の圧力が感じられる中で、海防掛を兼任し、プチャーチン応接全権、下田取締係、ハリス応接係などとして外国との折衝にあたり、さらに軍制改革係、講武所建設係、内海台場修理係、蕃書取調係、通貨改鋳係、貿易取調係、軍艦操練所監督などを歴任した。この間、はるばる日本にやってきたペリーやプチャーチンについて、真の豪傑であり、敵ながらあっぱれだと評価するようになった。

一八五八（安政五）年、川路は堀田正睦とともに京都に出て、条約勅許を得るために奔走したが、失敗し、安政の大獄の中で蟄居を命ぜられ、幕政から引退した。その後、一度、外国奉行として再度起用されたことがあるが、ほとんど何もなしえなかった。

川路は極度の貧困の中、両親のきわめて厳格な教育を受けて成長した。弟の井上清直もやはり外国奉行、勘定奉行に出世した人物だったが、両親の愛情と苦労を偲んで二人して泣いたという。顕職についてのちも、その生活は厳格勤勉そのもので、職務のかたわら勉学と身体の鍛錬を怠らず、毎日数千回槍をしごくことを怠らなかった。文の人であった川路が、かくも武にこだわったのである。異例の出世を遂げたゆえに徳川家に対しては一二〇パーセントの忠誠を尽くし、家康をその信仰の対象とした川路は、江戸開城の報を聞きつつ、翌日、自決した。

川路の経歴と思想は、幕末の開明派実務官僚として、興味深いものである。

筒井政憲《まさのり》（一七七八―一八五九年）・川路聖謨《としあきら》（一八〇一―一八六八年）・岩瀬忠震《ただなり》（一八一八―一八六一年）など多くの人材が起用された。また江戸、長崎に台場《だいば》（砲台）を築いて外国船に備えるとともに、一八五五（安政二）年には海軍伝習所を長崎に設け、オランダから贈られた船とオランダ人教官によって、海軍技術の導入が図られた。ここで学んだ者に、勝海舟（麟《りん》太《た》郎《ろう》、一八二三―一八九九年）、榎本武《たけ》揚《あき》（一八三六―一九〇八年）、五代友厚（一八三五―一八八五年）などがいる。

陸軍では、一八五五年、講武所が開設され、伝統的な武術とともに西洋式の砲術などが教えられた。砲術の師範の中には、江川太郎左衛門（英龍《ひでたつ》ではなくその子）、高島四郎太夫（秋帆《しゅうはん》ではなくその子）、それに勝麟太郎などがいた。

広義の外交では、まず外国情報の収集が急務であった。そのため、それまでの天文方に置かれていた蕃書和解御用掛（一八一一年開設）を拡充し、一八五五年に洋学所を開設し、さらに一八五六年、これを蕃書調所と改称した。そこでは幕臣や藩士にも蘭学や英学を教え、翻訳や外国との折衝も担当した。一八六二（文久二）年には昌平黌《しょうへいこう》と対等の幕府官立学校となり、洋書調所と改称された。さらに一八六三年には開成所とされ、のちに東京大学の一部となった。

第二の問題は、政治参加の拡大であった。従来、幕政への参預は譜代大名に限られていた。しかし、阿部正弘の方針により、ペリーの来航という国家的な危機に際しては、全国各藩の意見が求められ、また前水戸藩主の徳川斉昭《なりあき》（一八〇〇―一八六〇年）、越前の松平慶永《よしなが》（一八二八―一八九〇年）、薩摩の島津斉彬《なりあきら》（一八〇九―一八五八年）などの有力大名の幕政参加が図られた。これは、挙国一致を実現し、

「衆議」によって「祖法」の変更を正当化しようとするものであった。さらに、参勤交代の緩和も考えられていた。各藩の力を消耗させる参勤交代は、外敵の不在を前提とした制度であり、挙国一致には不適合な制度であったからである。

第三は、強力な将軍を立てることであった。第十二代将軍家慶《いえよし》（一七九三―一八五三年）は一八五三（嘉永六）年、ペリー来航のさなかに没し、後を継いだ十三代家定（一八二四―一八五八年）ははなはだ病弱であったため、早めに後継者を定める必要があった。その候補者には紀州の徳川慶福《よしとみ》（一八四六―一八六六年、のちの十四代家茂《いえもち》）と一橋慶喜（徳川斉昭の子）とがあった。このうち血統では慶福が有利であったが、一八五七（安政四）年末の時点で慶福はまだ十一歳、一方の慶喜は二十歳で、しかも稀に見る英才として知られていた。慶福を推す南紀派に対し、慶喜擁立の動き（一橋派）が広がっていたのである。

しかし以上のような改革には、いずれも強い抵抗があった。実務的な制度改革は当然身分を越えた人材登用を伴ったため、強い抵抗があった。また雄藩の幕政参加には、譜代層の多くは反発した。とくに参勤交代は、幕府の大名に対する権威の象徴であり、これまた祖法であって、変更は難しかった。さらに将軍後継者問題についても、伝統を重んじる立場から、強い反対があった。幕府のように伝統の権威に重きを置く政治体制では、変革は容易なことではなかったのである。

以上の問題を通じて、いわば開明派と保守派とが対立していたわけである。その中では阿部正弘とその後を継いだ堀田正睦《まさよし》（一八一〇―一八六四年）を中心とする開明派が優位にあった。しかし、その対立は決して激しいものではなかった。対立が激化するのは、それが条約勅許問題と重なったためであった。

条約勅許問題と将軍継嗣問題

一八五七年末にいたって通商条約調印を決意した幕府は、五八年二月〔一月〕、これに対する勅許を得るために老中堀田正睦を京都に派遣した。さしたる困難は予想されていなかった。しかしそのころ、朝廷を目がけてさまざまな政治勢力が働き掛けていた。一橋派は、慶喜を後継者とするのに有利な勅語を得ようと奔走していたし、条約反対派の動きも活発であった。さまざまな動きの複合作用の結果、また朝廷自身の攘夷的体質が加わって、朝廷は条約勅許を拒んだ。

幕府はこの意外な結果に驚愕《きょうがく》した。譜代層の多数派である保守派そして南紀派は、一橋派の陰謀が原因と考え、事態を強行突破する決意を固めた。六月〔四月〕、井伊直弼《なおすけ》（一八一五―一八六〇年）が大老となった。井伊家は譜代の中で最大の大名であり、大老は非常時だけに置かれる職であったから、これは保守派が最強の体制を敷いたことを意味していた。そして堀田正睦は罷免され、慶福の将軍後継が発表され、七月二十九日〔六月十九日〕、日米修好通商条約は勅許なしに調印された。さらに反対派に対する激しい弾圧が開始され、一橋派の多くの大名が隠居や蟄居《ちっきょ》に追い込まれ、開明派の幕臣は多く左遷され、また橋本左内（一八三四―一八五九年）や吉田松陰（一八三〇―一八五九年）などの志士は死刑とされた。安政の大獄である。また、一橋派の有力者であった島津斉彬が急死したことも、一橋派にとって大きな打撃であった。

しかし、鎖国という伝統を変更するために伝統を強化することは矛盾を孕《はら》んでいた。また伝統をあまりに強化することは、実は伝統を破壊することになりやすい。それに保守派は、実は開国にあまり熱心ではなかった。こうした行き過ぎた弾圧に対する反動から、一八六〇年三月〔安政七年三月〕、水戸などの浪士が井伊直弼を襲撃し、殺害した。桜田門外の変である。

二　幕末の動乱

尊王攘夷運動の激発

桜田門外の変ののち、安藤信正（一八一九―一八七一年）と久世広周《くぜひろちか》（一八一九―一八六四年）を中心とする幕閣（安藤・久世政権）は政策を転換し、大獄による処分の取り消しと犠牲者の名誉回復を行い、朝廷に歩みよって、参勤交代の緩和を行った。しかしそれは、幕府が過去の過ちを認めたことでもあった。大老の暗殺は、それ自体、はなはだ幕府の威信を傷つけたが、この政策転換はさらに幕府の威信を失墜させることとなった。

幕府がとくに力を入れたのが、公武合体であった。それは、朝廷との一致を天下に示し、天皇シンボルを味方につけることによって幕府を強化しようとする政策であった。その焦点は和宮《かずのみや》降嫁問題であった。しかし、幕府はすでに問題の解釈権を失っていたため、強い反対に遭遇することとなってしまった。幕府は皇妹和宮（一八四六－一八七七年）を人質に取り、朝廷を押さえ、さらに将軍の子を天皇にしようとしているという風説が生まれ、一八六二年二月〔文久二年一月〕、安藤信正は坂下門外の変に傷つくこととなった。

他方、雄藩の方では国事周旋路線が登場した。長州の長井雅楽《うた》（一八一九－一八六三年）は一八六一年、航海遠略策を唱え、国を開いて外に発展することによる攘夷を主張し（まもなく藩内の攘夷論のために失脚）、島津斉彬の急逝の後をついだ島津久光（一八一七－一八八七年、藩主は久光の子の忠義〈一八四〇－一八九七年〉）は、一八六二年、兵を率い上洛して幕政改革を求め、これを受け入れた朝廷の勅使とともに江戸に下った。一八六二年八月〔七月〕、一橋慶喜が将軍後見職に、松平慶永が政事総裁職に就任した（慶喜・慶永政権）のは、この献策の結果である。このような国事周旋の背後には、幕府を盛り立てる意図もあったのであるが、客観的に幕府の力は後退したように見えた。幕府は雄藩の行動を反幕府的なものではないかと疑い、相互猜疑《さいぎ》の結果、デシジョン・メイキング（意思決定）不能の状態が生じていったのである。

この間重要なことは、幕府が朝廷の意を迎えることに力を尽くし、そのために攘夷の方向に歩み寄ったことである。そのため、朝廷の威信が著しく上昇し、また攘夷がほとんど公議輿論《こうぎよろん》となってしまったのである。

しかし攘夷とは何か、実は曖昧《あいまい》なままであった。これに明確な定義を与える力は、幕府にも朝廷にも雄藩にもなかった。ここに、自ら攘夷を定義して行動に移す急進派が状況をリードすることとなった。一八六〇（万延元）年からの尊王攘夷運動の激発を背景に、幕府は朝廷に対し六二年十二月（文久二年十一月）、攘夷勅旨の遵奉を決定し、翌年六月六日（文久三年四月二十日）には六月二十五日（五月十日）を攘夷実行の期限として約束してしまったのである。実際には、幕府に本格的に外国人を追い払う意図はなく、攻撃されたら攻撃せよと命じただけで、以前と同じであったが、この攘夷期限をもって長州藩は下関海峡を通過する外国船に砲撃を加えるにいたった。

しかしこうした尊王攘夷運動の激発は、その頂点において厳しい現実にぶつかってしまう。その一つは列強の実力であった。米仏は直ちに長州に手厳しい報復攻撃を加え、七月（六月）、下関の砲台は破壊・占領されてしまった（下関事件）。またイギリスは生麦事件（一八六二年）の責任を追及して薩摩に艦隊を派遣し、薩英戦争が起こった（一八六三年八月〔七月〕）。薩摩は善戦してイギリスにもかなりの打撃を与えるが、それはイギリス側が準備不足だっただけで、列強が日本側のとうてい及びもつかない実力を持つことを、薩摩も思い知らされたのである。

もう一つの尊王攘夷運動の壁は、雄藩の存在であった。島津久光は一八六二年に寺田屋事件で藩内の急進派を切り、六三年九月（八月）の文久三年八月十八日の政変によって、会津（京都守護職）と組んで攘夷ラディカルを一掃した。雄藩は国政における発言力の増大をめざしており、過激な攘夷派はむしろ邪魔であったのである。

幕府雄藩連合体制の模索と崩壊

こうして一八六三年後半になって急進的な尊王攘夷派は後退し、幕府の公武合体と雄藩の国事周旋とが一致するようになる。ここに幕府雄藩連合体制の模索が始まる。

それを象徴するのは参預《さんよ》会議であった。一八六三年末から六四年初めにかけて、一橋慶喜（将軍後見職）・松平慶永（政事総裁職）・山内豊信《とよしげ》（一八二七―一八七二年）・島津久光・伊達宗城《むねなり》（一八一八―一八九二年、伊予宇和島）・松平容保《かたもり》（一八三五―一八九三年、会津、京都守護職）が参預に任ぜられた。しかし参預会議は、わずか三カ月程度しか続かなかった。

対立の焦点は、一つは政治問題であった。幕府はできるだけ雄藩の力を押さえようとし、雄藩はこれに反発した。具体的には慶喜と久光の対立が顕在化した。もう一つは経済問題であった。幕府が貿易の利益を独占しようとしたのに対し、雄藩は貿易の自由化を望んだ。これは対日貿易に関心を持つ外国を巻き込む問題となった。つまり、イギリスにとっては自由貿易が望ましいわけであり、先に薩英戦争で薩摩の実力を認識していたこともあって、イギリスの薩摩傾斜が始まるのである。

しかし、幕府と雄藩の緩やかな提携はしばらく続いた。一八六四年八月（元治元年七月）、長州藩が藩主赦免などを求めて京都に進撃した時は、幕府と薩摩は協力して撃退した（禁門の変）。またその責任を問うために、第一次長州征伐（八月〔七月〕）を行った。翌月の英米仏蘭四国連合艦隊の下関砲撃もあって、苦境に立った長州は、いくつかの条件を受け入れて降伏せざるをえなかった。

しかし、参預会議の崩壊後はそれぞれの勢力が実力を強化していった。とくに注目すべきは幕府の親仏路線であった。フランスの新公使ロッシュ（Léon Roches, 1809-1901）は、一八六四年四月〔三月〕の着任以来、積極的な幕府接近を開始した。当時フランスは産業革命の完成期にあり、対日貿易への関心を強めていた。また、当時のフランスは皇帝ナポレオン三世（Napoléon III, 1808-1873, 在位1852-1870）の時代であったが、その政治はボナパルティズムと呼ばれるもので、ブルジョワジーとプロレタリアート（無産階級）の対立が激化する中で、国家は中立的な調停者としてふるまい、その対立を外にそらせるために国威発揚的な積極的対外発展を行うことを特徴としていた。一八六二―一八六七年のメキシコ干渉戦争などもその例であった。そしてロッシュの接近に対して積極的に応じ、フランスの援助の下に幕府を立て直そうとする親仏派官僚が幕府の中に台頭した。勘定奉行小栗忠順《ただまさ》（一八二七―一八六八年）、外国奉行栗本鯤《こん》（鋤雲《じょうん》、一八二二―一八九七年）などがその中心であった。彼らが幕府の権力を掌握するのは、一八六四年末のことである。

ロッシュと親仏派官僚の計画には次のようなものが含まれていた。究極的な目標の一つは大名分国制の解体であった。その第一歩として参勤交代の復活強化が計画された。参勤交代は一八六二（文久二）年に、三年に一年ないし一〇〇日の在府と緩和されていたが、これを旧に復して大名に対する統制を強化しようというのであった。また、朝廷を無力化して将軍を事実上の主権者とするため、将軍が摂政ないし関白の地位につくことが考えられていた。

幕府の内部では、専門官僚制の形成と責任内閣制の実現がめざされた。その手始めに、曖昧だった老中合議制の改革が考えられていた。すなわち、老中首座を無任所とするほか、他の老中に外国事務、内国事務、陸軍、海軍、会計の職を割り当てることにより、総理大臣と五人の閣僚による内閣のような組織とすることがめざされていた。また実務では、当然近代的常備軍の建設があった。そのため、譜代大名の兵を江戸に集め、将軍直属として訓練・装備・兵器を統一していくことが考えられていた。

倒幕への道

このような幕府の改革は、雄藩を強く刺激した。一八六六年三月〔慶応二年一月〕、第二次長州征伐を前に、薩長同盟が成立している。幕府に対する最大の反対勢力である長州が倒れれば、それは幕府の全国再統一のきっかけとなるかもしれなかった。この薩長同盟を仲介したのは、よく知られているとおりイギリスであった。薩長と幕府との対立は、自由貿易をめざすイギリスと、幕府を通じて日本に食い込もうとするフランスとの対立でもあった。

こうして、一八六六年からは三つの集団が入り乱れることとなる。その一つは、フランスに支援され、慶喜の下で絶対主義権力の確立をめざす幕府であり、第二は、武力倒幕をめざす薩長であった。そして第三に、土佐を中心とする大政奉還派があった。すなわち、幕府を廃止し、諸大名と同列とした徳川氏を含む列藩会議を新しい権力の中心に置こうというものであった。

武力討幕派も封建領主としての徳川氏を完全に排除することまでは考えていなかったから、一見して大政奉還論は討幕論と大差ないように見える。しかし、もし列藩会議が成立したとすれば、八百万石と言われ、慶喜という有能な指導者を持ち、フランスに支援された徳川氏が、その中で指導的な地位につくことは目に見えていた。

それゆえ、慶喜は大政奉還を決断した（一八六七年十一月九日〔十月十四日〕、上表提出）。ここに追い詰められた薩長は、京都に兵力を集中しつつ、一八六八年一月三日〔慶応三年十二月九日〕、天皇親政、王政復古の大号令の発出に持ち込み、同日の小御所会議で、慶喜に対する官位と領地の返還（辞官・納地）を命ずることを決定させた。

さらに薩長は、江戸において放火などの攪乱《かくらん》工作を行い、激昂した幕府側が薩摩藩邸を焼き討ちする（一月十九日〔慶応三年十二月二十五日〕）に及んで、武力衝突が不可避な状況を作り出した。こうして、一月二十七日〔慶応四年一月三日〕、鳥羽・伏見の戦いが起こってしまい、偶然もあって、朝廷側の勝利となったのである。

低コスト革命の条件

興味深いことは、わずか一日のこの戦争で、事実上大勢が決してしまったことである。雪崩《なだれ》現象が起こり、北陸・奥羽以外の藩は朝廷側についてしまった。一体何故、このようなことが生じたのであろうか。

第一に、戦争の継続に対する強い反対が全国的に存在した。長期の平和になれた国民は戦乱を好まなかったし、長く大規模な戦乱が起これば、相当な混乱が生じたであろう。文化的にも、徹底的に敵を叩くことには、強い抵抗があった。慶喜の後を継いだ養子の家達《いえさと》（一八六三―一九四〇年）は、のちに毛利・島津と並ぶ公爵の地位を与えられ、長く貴族院議長を務め、一度は組閣の大命を受け（大命拝辞）、ワシントン会議の全権にもなるなどして、長く活躍した。革命以後に、こういうことが起こるのは珍しい。

第二に、有力な仲介者がいたことである。イギリスは日本との貿易の拡大を望む立場から、戦争の拡大を好まなかった。勝海舟の要請もあって、パークス（Sir Harry Smith Parkes, 1828-1885）公使は西郷隆盛（一八二七―一八七七年）に対し、江戸攻撃に対する強い反対を申し入れている。強力な海軍力を持つイギリスの意志は、江戸城無血開城を実現する上で重要な役割を果たしたのである。

第三の条件は、両方に比較的強力なリーダーシップが確立していたことである。パークスの申し入れがあったとしても、勝と西郷の交渉はやはり必要であった。

他の事情から言えば、北陸と東北の戦争も避けられないものではなかった。会津その他の藩も徹底抗戦の意志はなく、なるべく有利な条件の降伏を望んだだけであった。しかし仲介者がいなかった。イギリスは戦争はもう終わったという意識だったし、東北を牽制することは容易ではなかった。それに朝廷軍の方は、戦線が伸び切って、二流のリーダーしかいなかった。しかも彼らは功名心にはやっていた。

最後に無視できないのは、ナショナルな一体感の存在であった。朝廷側と幕府側とが徹底して争えば、日本を滅ぼすかもしれないという意識が、少なからず存在した。それが、幕府の方で親仏路線が充分成功しなかった理由の一つであった。

明治維新について、尊王攘夷がいつのまにか開国になってしまったという疑問があるかもしれない。しかし、尊王とは「統一政権」と読み替えるべきであり、また攘夷とは「対立的独立」と読み替えるべきなのである。つまり尊王攘夷とは、ナショナリズムの二つの側面を言い表したスローガンであった。明治維新はどのような革命であったかという問いが、古くからある。ある人は絶対主義の確立であるといい、ある人はブルジョワ革命との親近性を指摘している。しかし尊王攘夷の言葉が示すとおり、それはナショナリズムの革命であったのである。

第3章

明治国家の建設

⬆1872年1月（明治4年12月），サンフランシスコでの岩倉使節団。左から，木戸孝允，山口尚芳，岩倉具視，伊藤博文，大久保利通（山口県文書館所蔵）

一　中央集権体制の確立

公議輿論の調達

明治国家の最大の課題の一つは、中央集権的な体制の確立であった。

しかし新政府は、まずその安定を図るため、できるだけ多くの藩の支持を獲得することに努力しなければならなかった。五カ条のご誓文は、一八六八年四月六日〔慶応四年三月十四日〕、明治天皇（一八五二―一九一二年、在位一八六七―一九一二年）が公卿と諸侯に示す形で、明治政府の基本方針を明らかにしたものであるが、その第一に、「広ク会議ヲ興シ万機《ばんき》公論ニ決スヘシ」と述べられているのは、諸藩の参加を歓迎する姿勢を示したものであった。そして新政府は、政体書（同年六月〔閏《うるう》四月〕）によって新たな政治機構を示したが、その第五条には、「各府、各藩、各県、皆貢士《こうし》ヲ出シ議員トス。議事ノ制ヲ立ツルハ輿論公議《よろんこうぎ》ヲ執ル所以《ゆえん》ナリ」と述べられていた。この時の官制改革では、中央政府たる太政官の中に七つの官が置かれたのであるが、そのうちの立法機関たる議政官《ぎせいかん》は、決議機関たる上局と諮問機関たる下局から成り、下局は府県藩（旧幕府直轄領九府二一県、それに二七三藩）から一ないし三人の貢士を出して構成することとなっていた。

権力の集中

ところが新政府の地位が安泰となると、公議輿論の調達を目的とする政策は一段落し、当初の目的であった中央集権化が表に出てくる。各藩の参加を約した議政官が、箱館の五稜郭《ごりょうかく》が陥落して戊辰戦争が終わった一八六九年六月〔明治二年五月〕に廃止されたのは、象徴的であった。

中央集権化の第一歩は藩権力の解体でなければならなかった。一八六九年三月〔一月〕、薩長土肥四藩主は版籍奉還を上奏し、「天下ノ事大小トナク皆一ニ帰セシムヘシ、然後ニ名実相得、始テ海外各国ト並立ヘシ」と述べている。中央集権的な政治体制なしには近代国家となりえないという認識がそこにはある。政府は七月〔六月〕、四藩主の版籍奉還を認め、以後他の藩も続々これにならった。各藩主はあらためて知藩事《ちはんじ》（あるいは○○藩知事）に任ぜられ、公卿・諸侯の名称は廃止されて華族と称することとなった。そして八月〔七月〕に、これまで曖昧《あいまい》なままであった太政官制の内容が明確化された。その結果任命された各省の次官以上を見ると、松平慶永を除き、あとはすべて公卿か薩長土肥の出身者となっていた。

次いで二年後の一八七一年四月〔二月〕、薩長土三藩から一万人の兵が差し出され、江戸に結集された。それまでは五〇〇〇人程度の近衛兵があったほかはすべていずれかの藩の兵であったので、これが最初の新政府直属の軍事力となったのである。その実力を背景に、八月〔七月〕、廃藩置県の詔書が出された。これは、版籍奉還と違い、旧藩主層の意志を無視して、大久保利通（一八三〇―一八七八年）・西郷隆盛・木戸孝允《たかよし》（一八三三―一八七七年）ら少数の薩長官僚が天皇の威信を背景にして断行したものであった。薩摩では藩主の島津忠義、その父の久光、土佐では参議の板垣退助（一八三七―一九一九年）すら知らされていなかった。

維新後わずか三年半で大名分国制という分権的な制度を中央集権に変えてしまうというのは、まことに驚くべき変化であった。外国人はこれを目撃して、奇跡だとして驚嘆した。それが可能となった理由はすでに何度かふれたとおりである。第一に、各藩はすでに財政的に破綻《はたん》していて、責任の返上を望むものが少なくなかった。第二に、大名分国制とはいえ、正統性の面では弱く、藩主たちは幕府の家産官僚としての意識を持つ者が少なくなかった。そして第三に、ナショナルな危機感と、集権的でなければ近代国家たりえないという認識の広がりを挙げることができる。

ともかく薩長土肥の藩閥官僚は、旧藩の威信ではなく天皇の威信の下に、統一的国家権力の形成を開始する。藩の解体の次に来る仕事は、当然、新政府の力を強化することであった。

権力基盤の整備——軍事

権力の中枢は何といっても軍事力である。暴力行使の合法的独占が、近代国家の最大の特徴の一つである。

一八七一年十月〔八月〕、まず東京・仙台・大阪・熊本の四都市に鎮台が置かれ、周辺の藩から兵力が集められた。十二月〔十一月〕にはそれらは天皇—兵部省《ひょうぶしょう》の直属とされた。

さらに一年余り経った一八七三年一月、徴兵令が出され、旧来の武士ではなく、広く国民一般を基礎とする軍事力を建設する方針が明らかにされた。この方針は、長州の大村益次郎（一八二四—一八六九年）によって着手され、大村が一八六九年に没した後、山県有朋（一八三八―一九二二年）によって引き継がれ、完成されたものである。大村は武士ではなく、山県は下級武士であって、ともに上級武士に対して批判的であった。また大村と山県は、いずれも幕末の長州で苦しい戦争を何度も経験しており、武士が意外に役に立たず、武士以外から募った兵が勇敢でありうることを実感していた。そして決定的な影響を及ぼしたのは一八七〇年に勃発した普仏戦争であった。プロイセンの圧勝の原因は、その軍隊がより国民皆兵的であり、予備兵力が多いことに求められた。幕府時代以来、日本の陸軍はフランス式であったが、ここにドイツ式の徴兵制が導入されることとなった。のち、一八八五年にドイツからメッケル（Klemens Wilhelm Jakob Meckel, 1842‒1906）少佐を顧問として雇い入れるに及んで、軍制全体がドイツ式に切り換えられるのである。

徴兵に関する告諭の中には、古来日本では、国民はすべて平時には農業に従事し、戦時には兵となって戦うことが伝統であったと述べられ、「モトヨリ後世ノ双刀ヲ帯ヒ武士ト称シ、抗顔《こうがん》坐食《ざしょく》シ、甚タシキニ至リテハ人ヲ殺シテ官ソノ罪ヲ問ハサル者ノ如キニ非ス」という激越な武士批判が記されていた。維新からわずか五年で武士の存在意義を否定するには、これほど厳しい表現が必要だったのである。

こうして国民皆兵制度が実現されると、もはや武士は有害無益の存在でしかない。徴兵制度と矛盾し、金がかかり（当時の政府の支出の三〇パーセント以上が武士の俸禄《ほうろく》であった）、しかも危険な制度を放置しておくことはできなかった。こうして政府は武士の存在それ自体の廃止に踏み切り、一八七六年に廃刀令を出し、また金禄公債を発行して、俸禄の支給を打ち切った（秩禄処分）。そしてこの金禄公債も、やがてインフレ（通貨膨張）の進行とともに無に帰してしまった。下級武士によって進められた明治維新は、武士の廃止という驚くべき結論に到達したのである。

権力基盤の整備――財政

権力基盤の整備の第二は、財政であった。軍事力と並んで権力の最も重要な側面は財政であった。そのために一八七三年七月、地代の三パーセントを地租とするという内容の地租改正条例が布告された。地租が対象となったのは、何よりも他の収入が考えられなかったからである。今日のような所得税はもちろん問題にならなかった。とても国民の所得を把握できるような段階ではなかったからである。後発国でしばしば重要な役割を果たす関税（第**5**章参照）は、低く抑えられており、関税自主権がなかったため、容易に上げることができなかった。外国からの借款は、日本にあまり信用がなかったので難しかったし、もし借りられてもかなりの高利となるはずであった。それに外国借款を契機とする植民地化の不安があった。スエズ運河の開通は一八六九年のことであったし、幕末のフランスからの借款の記憶も新しかった。のち、一八七九年に日本を訪れた最初の国賓とも言うべき前アメリカ大統領グラント（Ulysses Simpson Grant, 1822-1885, 在任 1869-1877）が明治天皇と会談した時、最も力説したのは外国借款の危険についてであった。

以上要するに、当時の日本には、農業収入に課税する以外に方法がなかった。その方式として、収穫高を基礎として土地の価格を定め、その三パーセントを地租として取ることとしたのである（地価の決定には、一八八〇年まで七年を要した）。これまでの年貢方式では、出来高比例のため歳入が安定しなかったが、地租の導入によって税収は安定した。税収の計算可能性は、近代的な予算編成の基礎であるといってよい。

もう一つのポイントは、土地所有者への課税ということであった。幕藩体制では原則として小作は認められておらず、納税者と耕作者と土地所有者が同一であるというのが建前であった。しかし幕末には地主的土地所有が進行していたので、この現実を認め、土地所有者から徴税することにより、安定した税収を図ったのである（一八七二年には田畑永代売買禁止令が廃止されている）。

地租改正は以上の目的を達成したほか、次のような副次的効果を生み出した。第一に、政府は土地所有の確定を通じて、農民を底辺にいたるまで把握することとなった。第二に、地租はかなりの高額であったため、負担に耐えかねて土地を手放す者が少なくなかった。つまり地租改正は、土地の商品化と地主的土地所有とを推進した。その結果、小作層が拡大し、これが余剰労働力となり、低賃金の原因となって日本商品の国際的競争力を支えることとなった。

二　「国民」の形成

国民的基盤の創出──西洋文明の導入

以上のような権力の集中は、政治的近代化の一面にすぎなかった。政府が一方的に強力なだけでは近代国家の実現は不可能であった。近代的な意味における「国民」、すなわち国家の運命を自分の運命のように感じ、行動する者が多数存在しなければならなかった。そのためには、民衆に対して方向を与えつつ、彼らのエネルギーを引き出すことが必要であった。

その方向が、文明開化すなわち西洋文明の導入であった。

西洋文明の導入は、明治の初めから急速に行われていた。電信は一八七〇年一月（明治二年十二月）に東京—横浜間に、そして七二年に京都—大阪間に設置された。鉄道は一八七二年に新橋—横浜間に敷設された。これらの通信・交通網の整備は、同時に、政府の全国支配を容易にし、経済的にも国内市場の統一を進めるものであった。また一八七二年には官営の富岡製糸場が操業を開始していた。

新政府の西洋文明の導入に対する熱意を最もよく示したのが、岩倉使節団の派遣であった。すなわち、廃藩置県の断行からわずか三カ月しか経たない一八七一年十一月（十月）、岩倉具視（一八二五—一八八三年）・大久保利通・木戸孝允らを含む一〇〇人を超える大使節団が米欧旅行に出発し、一年一〇カ月を米欧で過ごしたのである。革命政権の中枢が、革命からまもない時期、しかも廃藩置県という大変革の直後に、これほど長期間、そろって外国に行くなどということは常識では考えられないことであった。使節団派遣には多くの理由があったが、最大の理由は今後の方向の模索であった。彼らの希求はそれほど切実だったのである。

この旅行で彼らは欧米の力をまざまざと見せ付けられ、日本の後れを痛感し、強烈な恥の意識を感じた。ルース・ベネディクト（Ruth Fulton Benedict, 1887-1948）の古典的な日本論である『菊と刀』は、日本文化を恥の文化と名づけたことで有名であるが、まさに彼らは欧米との差異を後れと認識し、恥ずかしいと感じ、何とかこれを克服したいという痛烈な願望にとらわれるようになったのである。

岩倉使節団の成果は、殖産興業政策であった。それ以前の初期殖産興業政策は工部省を中心としたもので、鉄道や鉱山など、国内の政治的経済的統一を推進するためのものであった。より本格的な殖産興業政策は使節団帰国後に始まる。その中心となったのは、大久保であり内務省（一八七三年創設）であった。強兵のためにはまず富国、そしてそのためには最初に産業基盤を整備しなければならないことが理解され、そのための最初のリスク（創業者負担）を国家が担おうとしたのであった。農業では、官営模範牧場として下総《しもうさ》牧場、官立農学校として駒場農学校、福島の安積《あさか》地方の疏水事業などがその例であった。さらに大久保は私費を投じて種や苗を集め、私営の模範農場を作っている。また工業では、使節団以前から着手されていたが、官営の模範工場がいくつか建設されている。

海運や貿易については、当時ほとんどを外国貿易商が押さえていたため、茶や生糸の直輸《じき》出を奨励・指導し、海運については三菱を保護した。その結果、三菱はまもなく沿岸航路から外国海運業者を駆逐し、さらに東アジア一帯へと進出していった。

以上を通じて見られるのは、大久保の強烈な使命感であった。その指導下に、強い保護政策がとられたのである。そして農業関係は別として、工業はやがて民間に安く払い下げられた。海運における三菱を含め、その意味で殖産興業は非常に不公平な政策であった。

しかし、それはマクロ的には大変効率的なやり方であった。つまり、産業化の初期段階にはともかく資本の原始的蓄積が必要であった。この結果、必然的に貧富の差は拡大する。「貧しきを憂えず、等しからざるを憂う」というのは儒教の理想であるが、それでは産業化は出発できないのである。後発国で急速な資本の集中を行うには、まず国家が自ら主体となって行う方法がある。しかし、それは結局民間の企業意欲を殺ぎ、うまくいかないことが現在では明らかとなっている。したがって、普通は民間資本の形成を政府が援助する形がとられる。それは財閥の出現を促し、財閥と権力の癒着をもたらす。これは後発国の産業化を促すためにある程度避け難い。問題はそれをいかにコントロールするかである。

以上を行うについて、政府は大量のお雇い外国人を採用した。高給を支払って優秀な人物を集め、できるだけ早く日本人に切り換えるというのが基本方針であった。同時に留学を奨励したのはもちろんであった。

人的エネルギーの動員

さて、以上のような方向づけの上に、国民のエネルギーの動員が図られた。その第一は、諸制限の撤廃であった。職業選択の自由、四民平等がそれであった。現在から見ると当たり前のことでも、当時としては画期的なことであった。

第二に、特記すべきは教育制度である。一八七二年、政府は学制を制定して国民皆学の趣旨を明らかにし、七九年の教育令によって四年間に最低一六カ月の普通教育を受けることを義務とした。通常、教育制度は高等教育から始められることが多く、また身分による違いがあることが普通である。日本の特色は義務教育から始めたことであり、全国全身分画一の学校制度を敷いたことであった。

当時教育は地元負担が多く、また子どもの労働力が学校に奪われるわけであるから、全体として高価なものであった。にもかかわらず学校は非常な勢いで普及した。

その背景には江戸時代の教育の普及という遺産があった。全国に広がった寺子屋という量的側面もさることながら、質的にも、学問をするということが良き人間となるために大切なことだという観念が広く定着していた。こういう意識がないところで学校を作り、立身出世の役に立つと宣伝しても、うまくいかないことの方が多いことは、第二次世界大戦後の多くの発展途上国の例が示すとおりである。

学校の他にも、成人に対する教育が必要であった。そのために政府は新聞・雑誌の育成に力を入れた。新聞人となったのは、旧幕臣層に多かった。彼らは討幕派よりも西洋の事情を知っており、日本の近代化には寄与したいと考えていた。しかし、彼らは政府に入るのを潔しとしなかったり、あるいは入ろうと思っても入れなかったりした。そういう人々にとって、ジャーナリズムにおいて文明開化の一翼を担うということは魅力的な仕事であった。ちなみに、日本のジャーナリズムの在野的性格の起源の一つは、こうしたところにあるのである。

徴兵もまた成人教育の一つとしての意味を持っていた。農村出身の若者は、ここで初めて洋服を着てベッドに寝た。また全国各地から集まる兵士のために共通の用語が形成されていった。

◆福沢諭吉（一八三四―一九〇一年）

福沢は豊前の中津藩の下級藩士の子として、大坂の中津藩蔵屋敷で生まれた。大坂の緒方洪庵の適塾に学んだのち、一八五八（安政五）年、藩命で江戸に出る。開港まもない横浜を訪ねて、オランダ語が通じないのに衝撃を受け、英語を学習し始め、一八六〇（安政七）年、咸臨丸でアメリカに行く。さらに一八六二（文久二）年、幕府の遣欧使節の一員としてヨーロッパに行き、一八六七（慶応三）年には二度目のアメリカ行きを果たしている。幕末に三度も海外旅行を経験した者は稀である。こうした体験を背景に著した『西洋事情』（一八六六―一八七〇年）は広く読まれた。幕府の翻訳などを担当するうち、幕府を中心に開国路線の絶対主義政権を樹立することが不可欠だと考え、第二次長州征伐を強く主張した。

明治維新後、薩長政権は鎖国主義と信じて逼塞《ひっそく》していたが、新政権が開国進取路線であることを知り、とくに廃藩置県を実現したときは、仲間と集まって、この盛事を見たうえは死するも悔いずと、欣喜雀躍《きんきじゃくやく》したと述べている。その感激の中に書いたのが、『学問のすゝめ』初編（一八七二年）であり、以後、第一七編（一八七六年）まで書き続けられ、ベストセラーとなった。またより理論的な著作としては、『文明論之概略』を一八七五（明治八）年に刊行している。この二著は、廃藩置県から西南戦争にいたる日本において、西洋文明の導入による日本の近代化を唱えたものであるが、決してそれは西洋万能の思想ではなかった。近代化のためには強兵よりも富国であり、その基礎は独立の精神だと主張した福沢は、形骸化した武士の精神を嫌悪しつつ、武士道の中の抵抗の精神を愛惜した。

西南戦争以後、福沢は議会開設を主張し、また大隈重信と連携して、すみやかに憲法を制定することを主張した。しかし明治十四年政変（第**4**章参照）で大隈が失脚するとともに、在野の論客となり、一八八二年には『時事新報』を創刊する。ここにおける言論活動と、慶應義塾における教育が、主な仕事となった。しかし福沢は、政府との関係断絶以後、むしろ現実主義の傾向を強めている。国権伸張とそのための官民調和を主張するようになっている。

福沢の言論で最も毀誉褒貶《きよほうへん》の激しいのはそのアジア政策である。一八八五年に執筆した「脱亜論」は、あたかもアジア侵略の思想のように言われているが、そうではなく、福沢が期待した朝鮮改革派の動きが当面挫折した現状をふまえて、特別の思い入れをもったアジア外交は有害無益だと述べたものである。

福沢の課題は、非西洋世界においていかに近代化が可能かということであった。こうした世界史的な問いにおいて、福沢が出した解答は世界史的なものであった。福沢を皮相な啓蒙主義者ととらえたり、時代の文脈を無視してとらえたりすることは、その点を見逃すことになる。明治時代、伝記や評論で知られた鳥谷部春汀《とやべしゅんてい》は、福沢が及ぼした影響力は、少なくとも維新の三傑（西郷、木戸、大久保）に匹敵すると述べ、伊藤博文、山県有朋、黒田清隆などの遠く及ぶところではないと述べている。

以上のような国民のエネルギー動員政策は、大きな成功を収めた。国民の間には、爆発的な立身出世熱が生まれた。これまで身分の壁に阻まれていた能力のある若者にとって、政府の政策は大きな啓示であった。

しかし、他方で政府の強引な政策に対する反発も生まれていた。急激な西洋文明の導入に対する伝統文化からの反発があった。また殖産興業政策、とくに権力と財閥との癒着に対しては強い反発があった。地租改正によって、農民の負担は全体として変わらなかったとしても、初期には当然大きな摩擦があり、強い反発が生じた。それに教育費は自弁であって、地方にとって大きな負担であった。徴兵制度はもちろん歓迎されるはずがなかった。

さらに権力の集中から排除された層からの反発があった。とくに身分的な経済的特権と名誉とを共に奪われた士族層の不満は強かった。

さらに、新聞・雑誌は反政府的体質を早くから持っていた。啓蒙新聞・啓蒙雑誌として政府の援助の下に出発したはずであったが、まもなく政論新聞・政論雑誌へと変容を遂げていった。

これらの動きが重なり合って、反政府の動きが噴出することになるのである。

第4章

政府批判の噴出

⬆西郷隆盛（キヨソーネ画。写真提供：時事通信社）

一　対外関係の整備と士族の反乱

国際秩序の伝統と近代

近代国家の形成に邁進《まいしん》していた日本は、国内体制を確立すると同時に、対外関係を整備しなければならなかった。その場合の最初の問題は、伝統的な東アジアの国際秩序が、近代のそれと著しく異なっていたことである。

近代の国際関係は主権国家をその構成要素としている。主権国家は、その領土内の事柄や国民に関する事柄について一切を処理する権限と責任を持ち、相互に対等である。それ以外の国は主権国家に従属する植民地ということになる。したがって領土や国民の概念は厳格で、世界のすべての土地も人間も、必ずどこか一つの国だけに所属することになっている。土地にせよ人間にせよ、どこにも所属しないとか、二つ以上の国に所属するということは、原則としてありえないのである。

これらは世界史上、当たり前の原則ではない。たとえば領土の概念はしばしば曖昧《あいまい》であり、二つ以上の国に所属する土地や、どこにも所属しない土地があることも、珍しいことではなかった。経済的に価値の少ない土地に対して国家が関心を持たないのはむしろ当然であった。江戸時代の日本でも、ロシアがやってくるまでは、北方の国境に対する関心の芽生えは遅かった。

国家と国家の対等な関係というのも、世界史的には例外的な考え方である。強大な国家を中心とした国家秩序が形成される方が、より普遍的である。東アジアで成立していたのも、中国を中心とする朝貢《ちょうこう》システムであって、中国周辺の国々は中国との関係で階統的に位置づけられていた。そこでは、周辺の国々は中国の優越を認め、これに従うことを約し、中国は周辺の国々に対して寛大なる保護者として臨む（宗属関係）。また周辺の国々は中国に対して貢物を送り（朝貢）、中国はそれに数倍する贈り物を返す。このように中国を中心とする、非対称的で政治と経済が結合した関係が、朝貢システムであった。

日本との関係で問題となったのは、日本に最も近い国である朝鮮が、中国を宗主国としていたことである。宗属関係をそのままにして日本が朝鮮と対等の関係を結ぶとすれば、日本は清国の下位に立ってしまう。日本が清国と対等の立場を確保するためには、朝鮮の清国への従属を否定して朝鮮を独立国としてしまうか、日本も清国と同様の優越した位置を占めるか、二つに一つであった。

もう一つの問題は琉球であった。琉球は一七世紀以来、薩摩藩の実効的支配下にあった。しかし、清国との朝貢関係が有利な貿易関係であったため、表面上日本からは独立した朝貢国を装っていた。以上のような関係を、近代的な国際関係に作り変えていくことが必要だったのである。

征韓論

さて、最初に大きな問題となったのは朝鮮問題であった。

朝鮮は江戸時代、対馬藩を媒介として日本と外交関係を有していた。しかし維新前後には鎖国排外主義をとり、日本の開国に対して批判的であり、日本が明治維新を通告してもこれを認めなかった。日本の文書の中に「天皇」や「勅語」などの言葉があったのに対し、「皇」や「勅」という言葉は中国の皇帝だけにしか使わないというのが朝鮮の立場だった。また廃藩置県によって対馬藩が廃止されると、朝鮮は対馬藩経由以外の交流方式を認めなかったので、対馬藩が釜山《プサン》に置いていた草梁倭館《わかん》を含め、日本と朝鮮の間の実務交流もまた途絶することになった。これははなはだ「無礼」であって、朝鮮に対して武力行使を辞さない強硬な方針で臨むべきだという意見が、朝野に勢いを増してきたのである。

征韓論の原型は幕末にも存在していたが、その動機はさまざまであった。単純な領土拡大の野心もあれば、西洋に対抗するために朝鮮と提携することを考え、朝鮮が応じないときはこれをまず武力で従わせよという議論もあり、さらに対外危機を引き起こすことによって国内統一を固めようとする議論もあった。

維新後には、革命の輸出という問題が生じた。革命ののちには、革命イデオロギーの輸出という現象が起こることが多く、それは革命後の動揺を対外的な緊張をかき立てることによって押さえようとする意図と結び付きやすい。とくに明治の征韓論の背景にあったのは、旧士族の不満であった。旧来の身分的誇りと経済的特権とを奪われた士族の不満は深刻であった。もう一つ重要だったのは、ロシアの東漸に備えて朝鮮に地歩を固めておかねばならない、という議論であった。

ともあれ、一八七三（明治六）年八月には、朝鮮に特使として西郷隆盛を派遣し、開国を迫ることが決定された。特使派遣の主たる目的が、朝鮮の開国だったのか、あるいは武力侵略だったのか、明確な合意があったわけではない。しかし、特使派遣が武力衝突に結び付く蓋然性は少なくなかった。この観点から特使派遣に反対したのが、外遊から帰国した岩倉具視・大久保利通・木戸孝允らであった。欧米との巨大な落差に衝撃を受けて帰国した彼らは、このような危険な政策は絶対に避けるべきであり、国内建設を優先すべきだ（内治優先）と考えて巻き返しを図り、十月末、ついに特使派遣の中止に持ち込んだ。これに抗議して征韓派の参議はそろって辞職した（明治六年政変）が、辞職した参議が西郷・板垣退助・江藤新平（一八三四―一八七四年）・副島種臣《たねおみ》（一八二八―一九〇五年）・後藤象二郎（一八三八―一八九七年）の五名、残留参議が大久保・木戸・大隈重信（一八三八―一九二二年）・大木喬任《たかとう》（一八三二―一八九九年）の四名という際どさであった。

政府に対する反対・不満は、明治の初めから数多く存在したけれども、それが政治的な力となるためには、結集の核と政治的なシンボルとが必要であった。その両方を準備したのが征韓論であった。

反政府派の発生

こうして、これまで政府の中心にあった人物をいただく強力な反政府派が生まれた。その中には少なくとも二つのグループが存在していた。一つは板垣を中心とする民権派であり、もう一つは――必ずしも明確な自己規定をしなかったが――西郷を中心とする士族派であった。これらのグループが、大久保を中心とする政府を批判することとなる。

二つのグループのうち、いち早く結集して運動の根拠と目的を明確にしたのは民権派であった。彼らは一八七四年一月、愛国公党を結成し、また民撰《みんせん》議院設立建白書（署名したのは、板垣、後藤、副島、江藤の辞職参議四名と、土佐の古沢滋《うるお》〈迂郎。一八四七―一九一一年〉、岡本健三郎〈一八四二―一八八五年〉、小室信夫〈一八三九―一八九八年。丹後出身、旧徳島藩士〉、越前の由利公正《きみまさ》〈一八二九―一九〇九年〉）を提出して、政府の実権が天皇の手にも国民の手にもなく、一握りの官僚の手にあると批判した。そしてこれを有司専制《ゆうしせんせい》と呼び、公議輿論《こうぎよろん》を重視せよと主張した。かつて公議輿論は雄藩の意見を意味し、次いで諸藩の意見を意味したが、今度は広く世論を意味することとなった。

しかし、このような進歩的なシンボルにもかかわらず、民権派は士族派と通じるところを数多く持っていた。これを象徴するのが江藤新平であった。江藤は民撰議院設立建白書の署名者の一人であり、愛国公党の一員であり、しかも佐賀の乱（一八七四年二―三月）の指導者であった。

宥和政策とその限界

さて、このような反政府派の噴出に対して、政府の中枢となって活動したのは大久保であった。その強力なリーダーシップは一八七八年五月に暗殺されるまで続いた。大久保は反政府運動に対して宥《ゆう》和《わ》政策をとり、反対派の拡大・連携を防ぎ、一部が孤立して過激化するときはこれを個別に鎮圧しな

◆大久保利通（一八三〇―一八七八年）
大久保は薩摩の下級藩士の子として生まれ、島津斉彬ついで島津久光に取り立てられた。一八六

二（文久二）年の久光の上京に従い、以後、薩摩藩の外交に深く関与するようになる。幕末の最終局面では武力倒幕路線をリードし、王政復古のクーデタ、小御所会議における将軍慶喜の辞官・納地論の決定などにおいて、決定的な役割を果たした。

維新後は大坂遷都を主張し、参議となり、大蔵卿となった。一八七一（明治四）年、岩倉使節団の副使として欧米を視察し、帰国してからは内治優先の立場から征韓論に反対してこれを転換させた。一八七三年、内務省を創設して内務卿となり、富国強兵をめざして殖産興業政策を指導し、自ら私財を投じてこれを行った。一八七四年二月、佐賀の乱が起こると、全権を掌握して現地に赴き、直ちにこれを制圧し、江藤新平を処刑した。同年五月には台湾出兵を断行し、その後の清国との交渉には和平の権を掌握して北京に行き、交渉を成功させた。さすがの大久保も「古今稀有の事にして生涯亦《また》無き所なり」と、その日記に記している。西南戦争では幼年時代からの親友であった西郷隆盛と戦うこととなり、京都に出張してその指揮をとったが、その間にも、殖産興業政策の成果でもある内国勧業博覧会を中止させなかった。

征韓論以後の大久保は文字どおり明治政府の柱石であって、あらゆる困難な問題を自ら引き受け、処理していった。その権威は周囲を払い、内務省に大久保が出勤すると、職員はみな私語をやめ、省内は静まり返り、ただ大久保の靴音だけが響き渡ったという。気性の荒い維新の政治家の中でも、大久保に直言できるものはほとんどなかったという。一八七八年五月の朝、来客に対し、維新から十年は創業の十年、これから十年は建設の十年、その後は、後進に譲って引退したいと述べたあと、出勤の途中に暗殺された。没後には私財の蓄えはなく、借金だけが残っていた。

がら、殖産興業政策によって富国を優先させた富国強兵政策をとりつつ、対外関係を慎重に処理していったのである。

一八七四年に行われた台湾出兵は、台湾および琉球の地位の問題に加え、征韓論に対する宥和策としての面を持っていた。日本と清国の間には、一八七一年に日清修好条規が結ばれ、一応近代的な対等の国際関係が成立していた。しかし、それは曖昧な点を多く残した不充分なものであった。その年の十一月、台湾に漂着した琉球の島民五四人が現地住民に殺されるという事件が起こり、日本が抗議すると、清国は、台湾は領土ではあるが化外の地であり、そこでの出来事に対して責任はとれないという態度をとった。また、琉球は清国に対する朝貢国であって日本領土ではないから、日本と折衝する理由はないとした。これに対して出兵して清国の責任を問うべきだという議論は征韓論のころから出ていたが、一八七四年二月、政府はついに出兵を決定したのである。

わずか四カ月前の征韓論争の時に、内治優先の見地から特使派遣に反対した大久保が、この決定に踏み切ったことは矛盾しているように見える。実際、木戸はその点で出兵に反対して参議を辞職したのである。しかし軍事衝突のリスクは台湾出兵の方が小さかったし、士族を宥和する必要はより大きかった。台湾出兵の決定が、佐賀の乱の報が入った直後に行われたのは、それが鹿児島に波及しないようにするためであった。そしてその都督《ととく》には隆盛の弟である西郷従道《つぐみち》（一八四三―一九〇二年）が任命され、かなりの数の兵士が鹿児島で募集されたのである。

出兵は五月に行われ、日本軍は膺懲《ようちょう》の目的を達した。そして大久保は北京で困難な交渉を行い、十月、清国に日本の出兵を「義挙」と認めさせ、見舞金を支払わせるにいたった。これは列国の予測を超えた成果であって、近代国際法を学び、使いこなした日本側の勝利であった。

なお琉球は、一八七一年に廃藩置県が行われたときには鹿児島県の一部とされ、一八七二年に琉球藩とされていた。台湾出兵の後も、国王の尚泰《しょうたい》（一八四五―一九〇一年）は朝貢を続け、また清国の救援を期待していたので、日本は内地併合を急ぎ、一八七九年、軍隊を派遣して沖縄県を設置し、尚泰は侯爵の地位を与えられ、東京に住まわされることとなった。琉球処分として知られている。

朝鮮問題に関しても、政府は何らかの手を打つ必要があった。一八七五年九月、政府は朝鮮半島西南海岸に軍艦を派遣して朝鮮を挑発し、朝鮮側が発砲したことから衝突に持ち込み（江華島事件）、これを口実として、翌七六年二月、日朝修好条規を締結した。西洋にならったガンボート・ディプロマシー（砲艦外交）により、西洋流の不平等条約を押し付けたのである。その第一条に「朝鮮ハ自主ノ邦ニシテ……」とあるのは、清国の宗主権を否認しようとしたものであった。ただし、この時朝鮮が開国に応じたのは清国の勧告による面もあって、朝鮮の清国に対する依存関係がなくなったわけではなかった。

その他、宥和政策ではないが、このころ、国境の画定が進んでいる。一八七五年五月にはロシアとの間に千島・樺太交換条約が結ばれている。それまで日露両国の共有という変則な形であった樺太をロシアに譲り、代わりに千島全島を得たわけである。面積から見て日本の得たものは微々たるものであったが、樺太における実勢力でロシアよりもはるかに劣勢であったため、やむをえない措置であった。

　また、一八七六年十月には小笠原諸島の支配を確実にしている。かつてイギリスとアメリカが領有の意志を有したことがあったが、ようやく日本はその領有を確実にしたのである。さらに下るが、先に述べたように一八七九年四月には軍艦を派遣して沖縄の廃藩置県を断行している。沖縄の問題は、清国との関係で早く決着を付けることが必要だったのであるが、現地の反対が強く、この時期まで遅れたのであった。

　宥和すべき対象は征韓派だけではなかった。民権派への宥和としては、一八七五年二月の大阪会議があった。台湾問題が一段落したのち、大久保は木戸と板垣の政府復帰を望み、大阪で接触した。その結果、政府が漸次立憲政体を樹立する方針をとり、民情を徴するための地方官会議、立法のための元老院、司法のための大審院をそれぞれ設け、責任の明確化のため参議・卿を分離することを条件に、木戸・板垣の政府復帰が決まったというものである。そして四月には、漸次立憲制移行の方針が詔勅によって明らかにされた。

西南戦争

しかし、以上のような宥和策は必ずしも成功を収めなかった。江華島事件についてはなお不充分という批判があり、千島・樺太交換条約については軟弱外交という批判があった。民権派に対する宥和も充分ではなかった。立憲制移行の方針によって、新聞雑誌はかえって勢いづいたし、参議に復帰した板垣も、政府改革の方針を異にしてまもなく政府を去った。それに何よりも一八七六年には、士族の特権剝奪《はくだつ》が着々と進められ、これに対する反乱が続発する有り様であった。一八七七年初め、政府は地租三パーセントを二・五パーセントに切り下げたが、それは農民の反乱が士族の反乱に結び付くことを極度に恐れたことから、やむなく決断された措置であった。

西南戦争が起こったのは一八七七年二月のことである。当時の薩摩は、中央集権化の進んでいた日本にあって、最も強く封建的割拠制を残しているところであった。西郷の私学校は県の行政組織・教育組織と密接に結合し、私学校の同意がなければ中央の方針も行われない有り様で、鹿児島県はほとんど独立国の体をなしていた。日本の統一・近代化をさらに進めるためには、政府としてはどうしてもこれに手を付けなければならなかった。その動きを、西郷の周辺では大久保による弾圧の開始ととらえ、蜂起したのである。しかし結局、薩摩武士団は半年余りで敗北した。それまでその実力を疑問視されていた国民皆兵の軍隊はよく実力を発揮し、武士の時代が終わったことを天下に知らしめたのである。

しかし、西南戦争を単なる復古反動ととらえることは正しくない。私学校党は、下士中心であって、上士を中心とした久光系の勢力とははっきり違っていたからである。このように、征韓論・士族反乱にも権利の拡大という方向性があり、他方の民権派にもかなりナショナリスティックな側面があった。それが両者の間に共感があった所以《ゆえん》である。実際、立志社（土佐）は西郷に呼応して立ち上がり、失敗している。

なお、西南戦争のさなか、木戸孝允は病没し、西郷は自決し、さらにその翌年一八七八年五月、大久保利通は暗殺されて、いわゆる維新の三傑はすべて姿を消すこととなった。

二　自由民権運動

民権運動の発展

最強の士族集団と考えられていた薩摩武士団の敗北により、政府に対する武力反乱は、もはや不可能と考えられるようになった。反政府のエネルギーは、ここに民権運動に一元化されることとなる。一八七八年四月、板垣は愛国社の再興に着手し、九月、これを実現した。やがて運動の目標は国会開設に絞られ、一八八〇年にはそのブームは頂点に達する。その年四月に国会期成同盟が提出した国会開設上願書は、署名者一〇万人、運動参加者二四万人と言われ、それ以外にもまた多くの請願・建白活動が行われたのである。

この運動の基盤は第一に士族であった。自由民権のような思想を解するものはまず士族であった。西南戦争の結果、士族の反政府エネルギーは民権運動に流れ込んでいった。それに何よりも、自由民権運動を理解する能力を持っていたからである。

しかし、これだけの参加者は士族だけでは不可能であった。運動は豪農層に広がっていたのである。幕末の動乱以来の政治対立は、見方によっては士族同士の権力争いにすぎなかった。その意味で農民の参加は画期的であった。

彼らの参加を促したのは一八七八年以来の府県会であった。府県会は、豪農層の積極的な政府支持を引き出し、地方統治を安定させることを狙って、政府の方から認めたものであった。しかし政府の意志に反し、保守的なはずの豪農層も、道路建設その他の地方の問題をめぐって政治化していった。河野広中（一八四九―一九二三年）を中心とする福島県の石陽社、三師社などが代表的なものである。

もう一つ、ジャーナリズムの影響は無視できないものがあった。東京の政治熱はジャーナリズムを通じて全国に伝えられた。また、東京に遊学していた地方名望家の子弟で、政治熱を地方に持ち帰る者が少なくなかった。

このように、これまで士族派と民権派とに分かれていた反政府運動が民権派に一元化され、士族と農民の別がなくなって一元化され、またジャーナリズムの影響の下でさらに全国的一元化が進んだ。このような民権運動の高揚への対応をめぐって政府内部に対立が起こり、権力の再編成が行われることになる。それが明治十四（一八八一）年の政変である。

明治十四年政変

大久保暗殺ののち、政府をリードしていたのは、大隈重信・伊藤博文（一八四一―一九〇九年）・井上馨（一八三五―一九一五年）のトリオであった。中でも実権を掌握していたのは大隈であった。大隈は一八六九年以来、大蔵省の中枢にあって財政を掌握し、それを通じて三菱とも密接な関係を形成した。また大隈は福沢諭吉（一八三四―一九〇一年）と親しく、その門下の有能な若手官僚を掌握していた。これらによって大隈は伊藤や井上に差をつけていった。全体として薩長が優位である政府内部に、非薩長の大隈の優位という不安定な状況が出現していたのである。

政府は民権運動の高揚に対し、集会条例（一八八〇年四月）を定めて政治を論じる集会のあり方をさまざまに規制して、厳しい制約を加えた。しかし同時に、民間の国会開設論に対し、積極的に体制の構想を提示しようとした。すでに立憲制への移行は明らかにされていたから、その具体像を示す必要があったのである。そのため、政府は各参議に対し、憲法に関する意見を求めた。

この時、大隈は他の参議を出し抜く形で、二年後の国会開設、しかも議院内閣制というかなりラディカルな意見書を提出した（一八八一年三月）。大隈は、福沢系のジャーナリズムを利用し、福沢系の官僚を集めて政党を作り、自ら権力の中枢たらんとしたと思われる。したがって議院内閣制と言っても、民権運動に政権を譲り渡すようなものではなかったが、同僚にとってはショッキングな案であり、伊藤や井上は憤激したのであった。

もう一つ、紛糾の原因となったのは、北海道開拓使官有物払い下げ問題であった。開拓使では一八七二年以来一四〇〇万円を投資し、八一年に十年計画の終了を迎えようとしていた。官有物は時価三〇〇〇万円以上と見られていたが、これが薩長系の関西貿易商会に三八万円無利息三〇年賦で払い下げられることとなった。開拓使長官は薩摩の黒田清隆（一八四〇―一九〇〇年）であったから、その癒着ぶりが激しい非難の的となった。

払い下げ問題批判の中心となったのは、福沢系のジャーナリズムであった。これを薩摩から見ると、大隈と福沢と三菱（関西貿易商会のライバルであった）が結んで薩長を打倒しようとする陰謀と見えた。伊藤・井上は薩摩と考えを同じくしていたわけではないが、薩摩と結ぶか大隈と結ぶかの二者択一を迫られる状況に立たされ、前者を選んだのである。一八八一年十月、大隈追放の決定がなされ、同時に一八九〇年に国会開設を行うことが明らかにされたのである。

つまり民権運動との対応に関し、新たな体制をどのような方向で建設するのか、またどのような勢力が中心となって担うのかという問題に答えを出したのが明治十四年政変であった。すなわち、薩長藩閥はここにあらためて確立され、長州の伊藤・井上・山県、薩摩では黒田、それに大隈の後の財政責任者となった松方正義（一八三五－一九二四年）が中心となった。また大隈のイギリス流に対し、プロイセン流の方向が打ち出されることとなったのである。

民権運動の高揚と後退

民権運動は明治十四年政変を契機として、本格的な政党の結成へと進むこととなった。自由党と改進党の結成がそれである。

まず一八八一年十月、自由党が結成された。当初は土佐の立志社が中心であり、その後も党の中枢は土佐派で占められたが、全体では関東派の比重が増していった。党員は結成時に約一〇〇人、一八八四年の解党時には約二五〇〇人であった。もちろん周辺的な参加者ははるかに多かった。その構成員には、従来の豪農層に加え、代言人・ジャーナリストなどの都市の職業人があった。星亨（一八五〇―一九〇一年）・大井憲太郎（一八四三―一九二二年）・馬場辰猪《たつい》（一八五〇―一八八八年）・大石正巳（一八五五―一九三五年）などである。彼らの活動により、運動の全国化が可能となった。

他方、改進党は一八八二年四月に大隈および大隈周辺の元官僚を中心として結成された。他に代言人やジャーナリストなど都市の職業人が中心であった。自由党が地方から中央へという方向を持っていたのに対し、改進党は中央から地方へという方向であった。そして地方では府県会への勢力扶植に意を用いた。一八八三年の時点で見ると、改進党が議席の過半数を得た県は五、三〇パーセント以上を得た県が三、議長または副議長を得た県が七で、自由党を凌《しの》ぐ勢いであった（多数は無党派）。そして府県会議員の懇親会を東京に開き、中央からの啓蒙に努めたのである。

しかし運動の高揚は長くは続かなかった。政府の弾圧は厳しく、懐柔も巧妙であった。一八八二年の集会条例改正、八三年の改正新聞紙条例制定は弾圧の例であり、八二年後半に板垣退助を洋行させたのは、政府が自由党の勢力を殺ぐため、資金の出所を偽って行ったものであった。そしてこれらの問題をめぐって、両党は相互に激しく争ってその勢力を弱めた。さらに政府は土木費国庫補助などの政策を打ち出して、地方名望家を民権運動から離反させようとした。彼らの中には、がんらい地方利益の実現をめざして政治活動に入った者が少なくなかったから、この政策もある程度効果を上げた。

最も大きな打撃を与えたのは松方デフレであった。大隈の後、一八八一年末後半から財政担当責任者となった松方は、西南戦争による戦費調達で生じていたインフレを解消するため、紙幣整理・増税などの緊縮財政を実施した。そのため深刻なデフレ（通貨収縮）が起こり、米価は一八八〇年から八五年にかけて半分となった。しかも地租は変わらなかったから、豪農層は大きな打撃を受けて民権運動から後退し、運動全体が停滞することとなった。

運動は停滞するとしばしば急進化するものである。その結果、穏健派が離反し、取り残された一握りの急進派はますます過激化する。一八八四年の自由党の解党前後から起こった現象はそのようなものであった。加波山事件、秩父事件、飯田事件（いずれも一八八四年）などの一連の激化事件は、政府によって個別に撃破されていったのである。それは一八七三―一八七七年の士族反乱派の運命と同じであった。改進党もまた一八八四年末の大隈らの脱党により、事実上解党に追い込まれていた。

第5章

明治憲法体制の成立

「憲法発布式之図」(1889年2月11日。東京大学法学部附属明治新聞雑誌文庫所蔵)

一　明治憲法の制定

憲法制定への道

日本は、西洋以外で近代的な憲法を持った事実上最初の国であった（オスマン帝国で一八七六年に憲法が制定され、二年後に停止されている）。しかしその制定過程は、西洋の場合と著しく異なっていた。西洋の場合、憲法というものは、王と封建議会との対立の中から、革命ないし革命的争乱を経て生まれるのが一般的であった。それゆえ憲法は王権の制限と主権の行使形態に関する規定の両方を含むものであった。日本でも、すでにふれたように、下からの要求は憲法制定に大きな役割を果たしたけれども、西欧の場合と比べるとその比重は明らかに低い。むしろ政府の方から率先して憲法を作った、という面が強かったのである。

政府の積極的な姿勢の背景には、第一に、「下から」ならぬ「外から」の理由があった。成文憲法を持たないイギリスはともかく、西洋の先進国はすべて憲法を持っており、富国強兵のためには憲法が必要なのは自明と考えられた。憲法はまた文明の象徴であって、憲法もなく、人民の権利が守られていない国と対等の条約を結ぶことはできないというのが、列強の立場であった。

第二に「上から」の理由があった。政府の中には、国民のエネルギーを引き出すために、国民にそれなりの位置を与えることが必要だという理解が存在していた。大久保利通は一八七三（明治六）年十一月の意見書で、政治の形態を立憲制と非立憲制（専制政治）に分かち、立憲制をさらに君主と人民とが権力を分かち合う君民共治と、基本的に人民による政治である人民共治とに分けたうえ、そのうちの理想は人民共治であると述べていた。ただ、そのための必要条件は対外的な安全と国民の意識の成熟とであって、日本にはこれが二つとも欠けているため、当面は君民共治で進み、やがて人民共治をめざすべきだと考えた。大久保独裁と言われた彼にしてこの考えがあったことは、明治政府が民衆のエネルギー調達にいかに熱心であったかを示すものである。

政府主導の憲法制定には、第三に、「内から」の理由とも言うべきものがあった。明治政府の内部ははなはだ不統一であった。不統一な政府や国家をリードして大事業を成し遂げるのは、有能な君主や卓越したリーダーによることが多い。しかし、そうした強力な指導者は日本の政治風土に合わないし、実際、ビスマルク（Otto Fürst von Bismarck, 1815-1898）のような強力な指導者も、あるいはこれを支えたプロイセンのように飛び抜けた勢力も、日本にはなかった。それに有能な君主や傑出した指導者は、どうしても偶然の所産である。「明君」や「賢宰相」がなくても何とかなる政治体制が理想であった。そのための方法は、権力の行使を制度化し、さまざまな勢力が協力し合う枠組みを作ることであった。これが、政府を憲法制定に積極的に取り組ませたもう一つの理由であった。

実際、憲法制定への歩みは、政府への参加を拡大し、そのルールを整備する試みと並行することが多かった。一八七五年の大阪会議については前述した（第**4**章参照）が、大久保は木戸と板垣の参議復帰を求め、その条件として漸次立憲制に移行することを約束し、府県会と大審院を設置し、参議と卿とを分離することを約したが、これらはいずれも権力の集中を改めて分権化し、権力の行使をルール化するという意味を持っていた。多様な勢力から成る明治政府を動かしていくには、ルールによる分権化が必要だったのである。

プロイセン流の憲法

さて、政府による憲法作成の試みは、一八七一年のころから存在したけれども、それが具体化するのは、何といっても明治十四年政変（第**4**章参照）以後のことであった。この政変によって、憲法制定のおよその方向と、その担い手が決まったのである。それまでは、憲法として想起されたのは、通常はイギリス流の憲法であった。伊藤博文や井上馨でさえそうであった。ところがここに、議院内閣制を中心とする大隈案を否定することから、プロイセン流の憲法という方向が浮上することとなったのである。その背景にあったのは、井上毅（一八四四―一八九五年）であった。熊本藩出身で若くしてフランスに留学した井上毅は、一八七五年にプロイセン憲法を『王国建国法』として訳出するなど、早くからプロイセン憲法を研究し、また日本の古代以来の法制度を研究し、イギリス流の議院内閣制

◆伊藤博文（一八四一―一九〇九年）
伊藤は長州の百姓の子として生まれ、父が足軽の家に養子になったので、足軽となった。吉田松陰の松下村塾に学び、木戸孝允らに従って、尊王攘夷の志士として活動した。一八六三（文久三）年、井上馨らとともにイギリスに留学するが、四国連合艦隊の下関砲撃が近いことを知ると、攘夷

をやめさせるために急遽《きゅうきょ》帰国して、戦争回避のために行動した。また薩長の連携などにも活躍した。

維新後は英語の力を生かし、外国事務局判事、兵庫県知事、初代工部卿などを歴任した。岩倉使節団には副使として参加した。がんらい木戸の部下であったが、徐々に大久保利通と親しくなり、帰国後は、大久保の内治優先を支え、一八七五（明治八）年の大阪会議を斡旋した。

大久保没後は大隈重信、井上馨らと組んで政府をリードし、明治十四年政変では大隈を追放して、政権の中枢を握った。一八八二年、憲法調査のためヨーロッパに出張し、その後、憲法制定など明治憲法体制の建設に中核的な役割を果たした。

一八八五年に初代首相となったほか、一八九二年に二度目の首相として条約改正と日清戦争を指導した。一八九八年に三度目の首相を務めるが大きな成果を上げられず、政党結成を決意して、一九〇〇年、政友会を結成する。しかしやがて元老の立場と政党総裁の立場の矛盾を感じて辞職し、枢密院議長となり、日露戦争後には初代韓国統監となった。統監辞職後、一九〇九年、ロシアに向かう途中、ハルピンで暗殺された。

伊藤は才気煥発で、アイディアの豊富な人物であり、また抜群の行動力の持ち主で、コンセンサスづくりに能力を発揮した。その能力を、師の吉田松陰は、周旋家と呼んで評価していた。その周旋とは、単なる合意形成ではなく、確かな国際認識に裏づけられた、方向性を持ったものであり、それが彼の強みであった。

伊藤は才を頼むところがあり、自らの人脈を組織することに不熱心であった。それゆえ、日露戦争のころから、山県有朋にしばしば足元を掬《すく》われたが、明治天皇の信任が厚く、元老の筆頭としての影響力は失わなかった。晩年まで国際協調を重視し、また軍の独走を危惧し続けた。

を否定することに情熱を傾けており、大隈の案を知るや、これを否定するために積極的に行動して、伊藤、井上馨を動かしていったのである。

明治十四年政変からまもなく、伊藤は一八八二年三月から八三年八月まで、西欧で憲法の調査に従事することとなった。とくに伊藤はドイツにおいてグナイスト（Rudolf von Gneist, 1816-1895）、オーストリアにおいてシュタイン（Lorenz von Stein, 1815-1890）という、当時世界に知られた二人の憲法学者から教えを受け、とくにシュタインから大きな影響を受けた。それは、一つには彼らが行政権の強い憲法の支持者であったからである。しかしそれだけではなかった。グナイストやシュタインは比較法・歴史法の大家であって、法や国家がいかにあるべきかというところから議論を始めるのではなく、文化や伝統の違うところにおける国家や法のあり方を、歴史的・比較的・機能的に考察した学者であった。西洋とは著しく異なった地に西洋の制度を導入するには、グナイストやシュタインの学問は示唆するところが多かったのである。

憲法付属の制度

ヨーロッパから帰った伊藤は、一八八四年三月、宮中に制度取調局を設けて憲法起草の機関とし、自らその長官となった。そしてまず憲法の前提となるべき諸制度の導入を推し進めた。

その一つが皇室制度・華族制度の整備であった。伊藤は宮内卿を兼任して皇室財産の制定、皇室典範の制定などによって皇室の基礎を強固にし、議会の動きが皇室を動揺させないよう工夫した。また華族令の制定（一八八四年七月）によって、従来の華族に加え、士族・平民のうちの功労者に爵位（公爵、侯爵、伯爵、子爵、男爵）を与えて新しい貴族階級を作り出した。華族は、皇室を守る防壁（皇室の「藩屏《はんぺい》」と呼ばれた）となり、また上院の基盤となることを期待されたのであった。ヨーロッパでは貴族があって上院ができたのだが、日本では上院を作るために貴族を作ったという面があった。

第二に、官僚制の整備が進められた。最も重要な変化は、一八八五年十二月の内閣制度の制定であった。それまでの太政官制は、太政大臣・左大臣・右大臣という三大臣の下に参議があり、その下に各省の長官である卿が従っていた。この制度が作動してきたのは、右大臣に岩倉という公家《くげ》社会には稀な能力の持ち主がいたことによる。それゆえ岩倉が一八八三年に死去すると、太政官制度は機能不全に陥ってしまった。有効な政治のためには、実力のある藩閥政治家を三大臣に起用するか、新たな制度を作る以外に方法はなかった。その結果、実現されたのが内閣制度であった。それはまた、三大臣・参議・卿という重層的な制度に比べ、より機能的であり合理的な制度であった。そして最初にその長すなわち内閣総理大臣となったのは伊藤博文であった。江戸時代には政治の実権は徳川幕閣にあったのが、今や足軽出身の伊藤が、天皇を除けば最高の地位についた。つまり、明治維新はいわば人材登用革命でもあったのである。

その他、一八八七年には文官高等試験が開始され、試験と資格による官僚制度の基礎が固められた。さらに同じころ、警察や軍隊の整備が進められている。いずれも、議会政治の開始による政治の変動が、官僚制を動揺させないための措置であった。

明治憲法の特徴

以上のような成果をふまえて，一八八六年末ごろから本格的な憲法の起草が始まり，八八年四月に最終案にまとめられた。そして一八八八年六月から半年余り枢密院の審議に付され，その修正を経て確定され，八九年二月十一日に発布されたのである。

大日本帝国憲法（明治憲法）の最大の特徴は強大な天皇大権であった。天皇は統治権を総攬《そうらん》し，議会の「協賛」を経て立法を行い，法律を裁可し，文武官僚の組織と任免を行い，陸海軍の編成を定め，これを統帥《とうすい》し，宣戦・講和・条約締結を行い，戒厳を布告し，爵位・勲章その他の栄典を授与し，大赦・特赦を行うという具合で，あらゆる権利を一身に保有することになっていた。

他方で，民権の保障は弱かった。人民の権利は，ヨーロッパでは貴族あるいは人民に固有の権利として説明されたが，日本では憲法によって初めて与えられたという理論構成になっており，しかも法律の範囲内でという保留が付いていた。そしてその根拠も，皇祖皇宗が歴代人民を慈しんできた伝統に求められた。

それゆえ国民の主張を反映させるべき衆議院の力も制約されていた。衆議院と対等の貴族院が存在したのみならず，議会の権限は「協賛」にすぎなかったし，国務大臣の責任は議会に対するものではなく，天皇に対するものであった。また，議会の権限として最も重要な予算審議権は，憲法上の大権に基づく「既定ノ歳出」などに及ばず（第六十七条），予算不成立の場合には，政府は前年度予算を執行できることとなっていた（第七十一条）。その他，皇室関係の事項には議会の権限は及ばず，また条約批准《ひじゅん》などの外交に関する権限もなかった。

議会の権限に対する制約で最も問題とされるのは軍事に関するものであった。軍政事項すなわち軍の編成に関するものは陸海軍大臣の補弼《ほひつ》によることとなっていたが、軍令（統帥）事項すなわち軍の作戦指揮命令に関するものは天皇直属とされていた。したがって、軍政事項には内閣総理大臣の力がある程度及ぶものの、軍令事項には、議会の力はもちろん内閣の力すら及ばなかった。これは統帥権の独立として有名なものである。これを保障するための制度として、帷幄《いあく》上奏（大臣の侍立《じりつ》なしに天皇に上奏できる）、軍令（陸海軍を統帥するための法形式の一つで、内閣や議会を経ることなく制定できた。明治四十年軍令第一号で制定）や、軍部大臣には現役の大将または中将だけが就任できるという軍部大臣現役武官制などが、のちに実現される。

このような天皇大権の強大さ――およびこれと対をなす民権の弱さ――には、次のような起源があった。西洋の立憲制は、がんらい、国家主権を王と議会が分有する形をとっていた。つまり絶対的な主権の存在が、立憲制の前提条件であった。しかるに日本にはまだ絶対的な主権という観念がなかった。それをいったん作り出さなければ、立憲制への移行はありえなかった。そのため、まず絶対的な天皇大権の存在を想定し、それを天皇自らの意志によって制限的に行使するという理論構成がとられたのである（第四条「天皇ハ国ノ元首ニシテ統治権ヲ総攬シ此ノ憲法ノ条規ニ依リ之ヲ行フ」）。

したがって、天皇の強大な大権は定められているものの、それらはいずれも現実には国家機関の助言に従って制限的に行使されるようになっている。その意味で明治憲法は立憲君主制的な側面を持っていた。憲法草案に対する政府内部からの批判の中には、前記の第四条について、「此ノ憲法ノ条規ニ依リ之ヲ行フ」という限定は、天皇大権を制約するものであるから削除すべきであるという意見があった。また臣民の権利という言葉については、臣民に権利など認めるべきではなく、これは「分際」とすべきだという意見があった。しかし伊藤らは、権力行使のあり方を制限し、民権を認めなければ憲法とは言えないとして、修正を拒んだのである。

衆議院の権限にしても、少なくとも予算と法律については拒否権を持っていた。前年度予算執行権は、富国強兵を推進するためには何の役にも立たなかった。予算審議を通じて軍に影響を及ぼすことは、実際はしばしば可能であった。

天皇親政論と天皇超政論

このように、明治憲法には絶対主義的な側面と、立憲君主制的な側面とがあった。前者の立場をとれば、天皇はあらゆる問題を自ら決断する存在でなければならなかった。この立場を天皇親政論と呼び、穂積八束《やつか》（一八六〇―一九一二年）、上杉慎吉（一八七八―一九二九年）らによって代表された。後者の立場では、天皇はそれぞれの機関に政治を委ね、現実の政治に自らタッチしないということになる。この立場を天皇超政論と呼び、一木喜徳郎《いちききとくろう》（一八六七―一九四四年）や美濃部達吉（一八七三―一九四八年）が代表的な学者であった。

天皇親政論の問題点は、天皇の決断した問題が失敗したとき、天皇に政治責任が及ぶということである。したがって天皇親政論は現実の政治エリートの間ではあまり支持のない議論であった。しかし、建前としては天皇親政論は強力であったから、しばしば政治エリートを脅かした。他方で天皇超政論にも大きな問題があった。複数の国家機関の意志が矛盾した時、これを処理するメカニズムが存在しないことであった。その問題を処理したのが元老集団であった。元老は、いわば明治国家の建設者として、大臣その他の責任の地位になくとも重要な国政には参画した。しかし、やがて彼らが老い、引退していくとき、超政論を維持することも難しくなっていくのである。

さて、憲法を作り出すために、天皇の絶対主権という理論構成が必要であったことはすでに述べた。そのような絶対者としての天皇をイメージ・アップし、国民に植え付けることが必要であった。そのための中心的な役割を果たしたのが教育勅語（一八九〇年発布）である。

教育勅語は、天皇の言葉として、親への孝行、兄弟姉妹の友愛、夫婦の和、朋友の信、謙遜から、遵法、義勇にいたる徳目を述べたものである。その最大の特徴は、道徳の立法者が神でも天でもなく皇祖皇宗であったことである。つまり神や天のような絶対的超越者を持ち出すと、超越者との関係で天皇と国民とは対等になるおそれがあったのを、天皇の祖先を持ち出すことによって、あらかじめ予防したのである。第二の特徴は、日用化された儒教的な徳目の列挙によって、やはり自由な解釈を封じたことである。このような教育勅語によって、天皇親政論的な天皇イメージが流布されたのである。

二　条約改正への取り組み

条約改正問題

ところで、憲法の制定と並行して、明治政府は条約改正に取り組んでいた。国家の基本法という意味では、条約の重要性は憲法典に劣るものではなかった。憲法典作成だけを進めながら、幕末以来の不平等条約をそのままにするのでは、国家体制が完備されたとは言えなかった。

不平等条約の問題点は、第一に、治外法権すなわち領事裁判権の承認であった。外国人の犯罪はその国の領事が裁判することとなっていた。しかも上級審となると、たとえばイギリスの場合、再審は上海の控訴裁判所、三審はロンドンの枢密院となっており、日本人には著しく不便であり不利であった。貿易上のトラブルが、日本人に不利な結果に終わることが多かったことは言うまでもない。アヘンの密輸を行ったイギリス人商人が極めて軽い罪科で済まされたハートリー（John Hartley）事件（一八七七―一八七八年）のような例もあった。また、さらに進んで、日本の行政法規への服従を拒否する態度も生まれていた。コレラの流行地域から来日したドイツの船が検疫《けんえき》を拒否したヘスペリア号事件（一八七九年）は、その例である。

第二の問題点は、片務的協定関税制度であった。欧米が日本に対し関税自主権を持つのに対し、日本は自主権を持たなかった。そのため、日本の関税収入ははなはだ少なかった。小野梓（一八五二―

一八八六年）の研究によれば、国家歳入のうち関税が占める割合は、アメリカやドイツでは五〇パーセントを超え、自由貿易を主義とし、低関税であったイギリスでも二〇パーセントを超えていたにもかかわらず、日本の場合はわずかに三パーセント程度であった。このように、関税が低く抑えられていたために、日本は高めの地租を設定せざるをえず（第**3**章参照）、それが政治的不安定につながるという悪循環を招いていた。また関税自主権の欠如が、日本の国内産業育成の障害となったのは言うまでもない。

それゆえ日本は国家的名誉のためにも、歳入の確保のためにも、また国内の安定のためにも、国内産業の育成のためにも、条約改正を是非とも必要としたのである。

岩倉使節団の条約改正交渉が結局打診程度に終わったのを除けば、本格的に改正に取り組んだのは寺島宗則（一八三四－一八九三年）外務卿時代（在任一八七三－一八七九年）であった。それは、税権回復を第一として、最も好意的であったアメリカを最初の相手国として取り組んだものであった。西南戦争以前において、政府は士族の反乱が農民の反乱と結び付くことを恐れ、一八七七年には地租を三パーセントから二・五パーセントに切り下げたことはすでに述べた（第**4**章参照）。いかに関税の増収が望まれていたかが理解される。

ところが一八七七－一八七九年にハートリー事件、ヘスペリア号事件が起こると、世論は沸騰し、条約改正が経済的利益の問題から国家的名誉の問題へと移行していった。反政府派は、またこれを政府批判のために利用した。のち一八八六年十月にはイギリス船ノルマントン号が熊野灘沖合で台風に遭遇して沈没し、白人の船員は全員無事だったのに日本人二五人がすべて死亡するというノルマントン号事件（Normanton Incident）が起こり、悲憤慷慨《ひふんこうがい》する歌が全国で歌われた。

一八七九年に外務卿に就任した井上馨は、外務大臣時代（在任一八八五―一八八七年）を含めて八年間外交の衝に当たり、条約改正に取り組んだ。井上の方針の特色は、日本の急速な西洋化を外国に示すことによって、文明国日本を宣伝し、条約改正への合意を取り付けようとするものであった。著名な鹿鳴館時代はこうして実現したのである。条約改正の内容については、①税権回復は求めず、ただ税率の引き上げを求める、②治外法権については、急いで法典を整備して外国の承認を受け、西洋人の関係する裁判には西洋人を裁判官に加えて行う、などであった。井上の方針は一八八七年四月ごろにまとまり、列強も好意的な反応を見せていた。しかし、国内から国辱的な内容であるとして批判が強まり、井上は辞職してしまうのである。

井上の後を継いで一八八八年二月に外務大臣となり、条約改正に取り組んだのは大隈重信であった。大隈の条約改正案は、井上案と類似しているが、西洋人裁判官の関与する場合を減らし、法典整備については外国に通知はするが承認は求めないという点で、進歩したものであった。十一月にはアジア以外の国とは最初の対等の条約が、メキシコとの間で結ばれた。しかし一八八九年二月には憲法が発布され、外国人判事の任命は憲法違反であるという議論が政府内部からも起こり、またイギリスの『タイムズ』紙に改正案がリークされると全国に反対論が高まって、大隈は一八八九年十月、テロに遭って重傷を負うという事件が起こった。黒田内閣は総辞職し、大隈も失脚して、条約改正は失敗に終わった。

明治十四年政変以来、政府はさまざまなレベルで保守化政策を推進していた。その雰囲気と井上や大隅の改正案は、矛盾するものであった。実際、改正反対の動きは政府内外の国権派から出ていた。政府内部にも宮中を中心とする保守派があり、伊藤らの西洋化路線を快く思っていなかった。

大同団結運動

ところで、この条約改正問題は、しばらく鳴りを潜めていた民権運動を復活させることとなった。井上の条約改正案がまとまり、列強に提示され、これに対して政府内部の保守派から強い反対が起こると、これに刺激されて旧民権派が運動を再開した。一八八七年十月、土佐の片岡健吉（一八四三－一九〇三年）が元老院に建白書を提出し、言論の自由・地租軽減・外交の挽回を主張すると、これは三大事件建白運動へと発展した。この運動の中心にあったのは星亨であって、さらに後藤象二郎を指導者に擁立して全国に遊説を行う、民権諸派の団結を訴える大同団結運動へと発展した。反政府運動は、一八八一年の北海道開拓使官有物払い下げ問題（第**4**章参照）以来の高まりを示していた。

これに対し政府は、政府内部で保守派に対して譲歩し、一八八七年九月、井上を辞職させ、伊藤首相の宮内大臣兼任をやめ、保守派の土方久元（一八三三－一九一八年）を宮内大臣とする（九月）などの措置をとった。他方で民権派に対しては、保安条例を定めて運動関係者を東京から追放するという厳しい措置を講じると同時に、大同団結運動の一部をなしていた改進党系を切り崩すため、一八八八年に大隈を入閣させ、さらに八九年には大同団結運動の首領であった後藤象二郎を入閣させたのである。

大同団結運動の背後には、松方デフレ（第4章参照）以来抑圧されていたエネルギーの噴出が見られた。もう一つのエネルギー源は、来るべき議会開設への参加意欲であった。運動参加者の中には、選挙出馬を計画している者が少なくなかった。しかし、彼らは選挙になると相互に争わねばならない運命にあった。それゆえ、後藤という象徴的な人物が失われたとき、大同団結運動の潮は引き始め、それぞれが選挙と帝国議会開設をめざして動き始めるのである。

第6章

議会政治の定着

↑「国会議場之図」（1889年4月。東洲勝月画。東京大学法学部附属明治新聞雑誌文庫所蔵）

一　初期議会時の藩閥―政党関係

議会政治の出発

憲法を作ることよりも、これを定着させることの方がはるかに難しい。いったん立派な憲法を作っても、のちにこれを停止してしまう国は現在でも少なくない。とくに難しいのは、議会政治によって政治的反対を制度化することである。権力の側は、反対派の力が強くなってくると、政権を反対派に明け渡すよりも、制度を歪《ゆが》めてでも権力を維持しようとすることが多い。また反対派の方は、議会内での反対が効果を上げないときは、さらに過激な行動に出て、制度全体の否認に向かいやすい。したがって、日本において、議会政治の初期に激しい対立があったのはむしろ当然であって、なぜ、いかにして議会政治が定着したのかを問題にすべきだろう。このような観点から、議会政治の出発から、一九〇〇（明治三十三）年の政友会の成立までを検討する。

超然主義

初期議会すなわち第一議会から日清戦争のころまでの藩閥―政党関係は、①超然主義対責任内閣主義、②富国強兵対民力休養の二つを対立の軸として展開された。このうち、第一の軸の方から取り上げよう。

憲法発布の翌日、一八八九年二月十二日、第二代首相黒田清隆は地方官会議において、「政府ハ常ニ一定ノ政策ヲ取リ、超然政党ノ外ニ立チ、至正至中ノ道ニ居ラサル可ラス」と述べた。これが超然主義演説として有名なもので、世論よりも国是を重視し、政府は議会や政党の統制を受けないという立場を明らかにしたものであった。これに対し政党は、議会に表現される世論を重視せよと主張し、政府は議会の統制に服すべきだと主張した。これが責任内閣論であって、これをもっと徹底させれば、政府は政党を基礎とすべきだという政党内閣論になる。

藩閥政府の超然主義には、いくつもの理由があった。まず、後進国日本の近代化がきわめて困難であり、強力なリーダーシップによって初めて可能となるという認識が、政府首脳には共有されていた。そしてそれは、一党一派を代表する政党ではなく、これまで明治国家を支えてきた薩長藩閥にしかできないという自負があった。第二議会で樺山資紀《かばやますけのり》（一八三七―一九二二年）海軍大臣は、海軍拡張予算が否決されたとき、激怒して、諸君は藩閥政府と言って批判するが、明治国家をここまで導いてきたのは薩長藩閥の功績であると述べ（蛮勇演説）、失笑を浴びたが、これは彼ら薩長政治家の本音であった。

しかも明治国家は、天皇大権による強大な行政権を保障し、官吏には手厚い身分保障を与えていた。そして官吏制度は全国画一的な学校制度に直結していたから、彼らは天下の人材を集めていると自負していた。それに政府と在野派とでは、外国に関する情報量にまだまだ大きな差があった。

しかしこれらは決して絶対的なものではなかった。行政権は強大であったが、議会の力もやはり無視できなかった。強大な官僚制は、逆に、独り歩きして藩閥の手の及ばぬものとなってしまう可能性があった。それに、近代化が進むと、やがて情報のギャップは縮小することになる。超然主義は、最初から絶対的なものではありえなかった。

実際、超然主義演説を行った黒田の内閣には、大同団結運動の後藤と改進党の大隈の二人が入閣しており、農商務大臣の井上馨は地方名望家に呼び掛けて自治党という新政党の結成を計画していた。つまり黒田内閣は政党と没交渉な超然内閣ではなく、むしろ多くの政派を取り込んだ挙国一致内閣に近かったのである。

初期議会の諸相

最初の衆議院議員総選挙は一八九〇年七月一日に行われた。超然主義を標榜していただけであって、政府は選挙干渉をせず、比較的自由に有権者の投票にまかせた。有権者は四五万人、国民のわずか一パーセントであった。特権階級であった有権者は、長年待ちわびた選挙に、正装して投票に行き、住所氏名を記し、押印して投票した。政府の側でも、有権者は有産階級であり、穏健な勢力が勝利すると期待していた。

しかし、議会が始まってみると、政府批判派の民党（反政府政党）が圧倒的な力を持っていた。そのころは党派の所属は明確ではなかったが、議席総数三〇〇のうち、およそ自由党一三〇、改進党四一で、優に過半数を制していた。政府支特派は吏党と呼ばれたが、これは官吏の党という蔑称であり、その不人気を示していた。このような民党多数の状況で、いかにしてその政策を実現していくか、とくに予算の衆議院通過をいかにして実現するかが、政府にとって最大の問題となったのである。

その第一の手段は、買収を含む手段による民党の切り崩しであった。第一議会（一八九〇－一八九一年）に臨んだ山県内閣は、民党の歳出削減の要求に苦慮し、自由党土佐派を切り崩すことによって、かろうじて予算を成立させた。

しかしこれはあまり良い方法ではなかった。切り崩された方は憤慨してますます反政府的になり、切り崩しの費用もエスカレートせざるをえないからである。

第二の手段は、解散・総選挙であった。第二議会（一八九一年十一－十二月）に臨んだ松方正義内閣は、民党の勢力を打破しようとして議会を解散し、品川弥二郎（一八四三－一九〇〇年）内務大臣を中心に激しい選挙干渉を行った。一八九二年二月十五日に行われた第二回総選挙は、第一回と打って変わった激しい選挙となり、死者二五人、負傷者三八八人を出したと言われる。ただし、選挙とはがんらい、人の頭を割る代わりに人の頭の数を数える制度であるから、暴力抜きの選挙は容易に実現されるものではない。日本で選挙から暴力がほぼなくなるのは昭和初期のことであるし、今日の世界でも、流血の選挙は決して珍しくない。その意味で、この選挙で最も驚くべきことは、選挙干渉の激しさではなく、それにもかかわらず政府が勝てなかったことである。有権者は特権階級であったがゆえに、容易に買収や脅迫に応じなかったのである。

第三の方法は、天皇の詔勅《しょうちょく》の利用であった。伊藤は松方の対決路線を批判し、誠心誠意説得すれば民党も応じてくれるとして、松方内閣を倒閣に追い込み、藩閥の有力者をそろえて第二次内閣を組織した（一八九二年八月）。ところが民党は、藩閥の中心人物が出現したことにいっそうの闘志を燃やす有り様で、第四議会（一八九二―一八九三年）の予算審議も行き詰まってしまった。ここに伊藤は、天皇の詔勅によって事態を切り抜けることを決意した。議会と政府との「和協」を希望し、建艦費補充のため、官吏の俸給の一割を削減して納付し、宮中の内廷費からも六年間毎年三〇万円を支出する旨の詔勅であった（二月十日）。これは、対立する当事者同士と仲裁者の三者が平等に負担を分かちあって紛争を解決する「三方一両損」の方式で、日本における紛争解決方法の典型例としても興味深い。しかし、これは天皇の神聖不可侵を危うくする危険な政策でもあった。もし議会がこれを受け入れなければ天皇の権威は傷つくこととなるからであった。

以上要するに、超然主義を維持するための効果的な方法は存在しなかった。したがって、残る方法は憲法停止か、政党との妥協か、二つに一つしかなかった。

憲法停止という事態にならなかった理由は、第一に文明国としての体面であった。もしそのような事態となれば、日本は立憲政治も行えない非文明国とみなされることとなり、当分条約改正もできなくなることは明らかであった。また、藩閥が一枚岩ではなかったことも理由の一つであった。藩閥の内部は不統一で多くの対立を抱えていたため、行き過ぎにはすぐにブレーキがかかるようになっていたのである。

民力休養論の変容

このように藩閥の超然主義が行き詰まりつつあったのに対し、民党の民力休養論の方にもディレンマがあった。がんらい、民力休養論は政費節減を求めたものであって、富国強兵を否定したものではなかった。行政費を節約し、官吏の俸給を削減して、地租を切り下げよという主張であった。民党は衆議院の多数を占めていたから、予算を削減することはできた。しかし、地租の切り下げには法律の改正が必要であり、そのためには衆議院と貴族院の賛成が必要であった。しかし藩閥支配下にある貴族院が、地租軽減に賛成する可能性はほとんどなかった。つまり民党は、政費節減には成功しても、これを民力休養に結び付けることはできなかったのである。

ところが、民力休養には、地租率切り下げだけでなく、地価修正による方法があった。そして歳入余剰の蓄積の結果、それだけなら不可能ではなくなってきていた。ところが、地価修正となると、その利益を受けられそうな地域とそうでない地域の間で利益が異なるため、民党内部に対応の違いが出て来ることとなる。

もう一つの問題は、民力休養論に代わる民力育成論の登場である。どうせ地租軽減ができないなら、歳入余剰を、鉄道建設・土木事業・土地改良その他の産業基盤の整備に回す方が望ましいとする立場が政党内部に登場したのである。この主張は、積極主義とも呼ばれた。

さらにもう一つ、条約改正問題が絡んで藩閥―政党関係は流動化していった。

まず自由党は、がんらい最も野党的な政党であったけれども、星亨のリーダーシップによって民力休養論から民力育成論へと転換を始め、伊藤内閣に接近していった。他方、議会前に比較的穏健であった改進党は、野党色を強めていった。そして民力休養論の魅力が薄れるにつれ、政府の軟弱外交を批判する対外硬《たいがいこう》（強硬外交の主張）路線へと、批判の重点を変えていった。もう一つ注目すべきは国民協会であった。国民協会は松方内閣で育成され、第二回総選挙（一八九二年）では民党と戦った吏党であった。ところが、伊藤は松方路線に批判的であったから、伊藤内閣と国民協会との関係は微妙であった。そこに自由党が伊藤内閣に積極主義で接近したわけである。それは国民協会の従来の立場に近いものであったけれども、政治の世界では決して喜ぶべきことではなかった。吏党としての国民協会の存在意義が脅かされることとなったからである。ここに国民協会はがんらいの主張の一つであった対外硬へと重点を移し、野党的な立場に転じていった。

一八九三年十一月、第五議会が開会されるころには、国民協会と改進党を含む対外硬派が議会の多数を占める勢いであった。この時彼らが唱えたのは条約励行論だった。安政の諸条約（第**2**章参照）において、外国人は治外法権などの特権を与えられていたが、その代わりに開港場を越えて内地に入りこむことは容易に許されていなかった。そこで、この点を励行して外国人を困らせようとしたのである。これは、当時条約改正に取り組んでいた日本政府にとって危険な政策であった。それゆえ、伊藤内閣は一八九三年十二月三十日、議会を解散し、議会後に開かれた第六議会もまた翌一八九四年六月二日、解散となってしまった。

このように、議会における政府と政党の対立ははなはだ激しいように見えた。しかし、伊藤内閣と自由党との立場は接近しており、改進党と国民協会も、対外硬の立場で政府を批判していた。したがって、政府が一八九四年七月、条約改正に成功し、また日清戦争に踏み切る（第**7**章参照）と、政党は直ちに城内平和の立場をとり、挙国一致政府の立場を支持する。それは国民性などによる側面もあったにせよ、日清戦争前の藩閥－政党関係の流動化、つまり自由党の与党化と、改進党および国民協会の対外硬路線への転換によって、すでに準備されていたのである。

二　日清戦争後の藩閥－政党関係

日清戦後経営

日清戦争は次章に譲って、日清戦争後の藩閥－政党関係に移ろう。日清戦争が終わって講和条約が調印されたのは一八九五年四月のことであった。戦争中の城内平和は戦後にも継続された。戦後最大の懸案は日清戦後経営であった。それは、清国からの賠償金をもとにして巨大な軍備拡張と産業建設を行おうとする計画であった。第九議会（一八九五－一八九六年）で成立した第一次戦後経営予算は、軍備拡充が一〇年間で合計二億五〇〇〇万円、産業育成が七年間で合計五〇〇〇万円であった。日清戦争前の歳出は総額八〇〇〇万円であったから、いかに巨大なものであったかわかるであろう。その結果、明治二十九（一八九六）年度予算は一億五〇〇〇万円、三十年度は二億四〇〇〇万円へと膨張していった。

このような巨大な計画が必要となったのは、清国の弱体が暴露された結果、列強の進出が進み、かえって日本の安全に不安が感じられるようになったためであった。三国干渉（第7章参照）はその端的な表れであった。

このような巨大な計画を実現するため、主たる財源は賠償金であったにせよ、それだけでは不充分であった。何らかの増税が不可欠であった。また、前年度予算執行権（第5章参照）は、ますます役に立たなくなっていた。

こうして戦後経営のために、藩閥政府は超然主義の修正をいっそう推し進める必要があった。伊藤内閣は一八九五年十一月に公然と自由党との提携を宣言し、九六年四月には板垣退助を内務大臣に迎えた。また次の第二次松方内閣（一八九六年九月成立）は、大隈を外相に迎えたのみならず、準閣僚級のポストであった内閣書記官長（現在の内閣官房長官）および法制局長官、それに各省の次官・局長・

◆山県有朋と貴族院・枢密院

貴族院は大日本帝国憲法の中で、衆議院とほぼ同じ権限を有していた。議員は、皇族議員、華族議員、勅撰議員、多額納税者議員からなっており、二五〇人から徐々に増えて、四〇〇人程度にまでなった。皇族は一定の年齢になると全員議員となったが、通常、出席しなかった。華族のうち、公爵と侯爵は全員議員となったが、伯爵、子爵、男爵については、同爵の中で選挙を行い（任期七年）、一八九〇（明治二十三）年には、それぞれ一四人、七〇人、二〇人であった。勅撰議員は国家に功労のある者が任命され、終身であった。多額納税者議員は、各府県から一人で、多額納税者の間の選挙で選出した。のち大正以後、帝国学士院会員議員、朝鮮および台湾の議員が加えられた。

貴族院の中核となったのは、豊富な行政経験を持つ官僚出身者であった。勅撰議員の大部分は元官僚であり、またとくに功績の大きい官僚は明治時代にはしばしば華族に列せられたから、有爵議員の選挙にも影響力を持っていた。日清戦争後、伊藤博文の政党接近に反発した官僚は、山県有朋の周囲に結集し、一八九四年の最初の有爵議員の改選において勝利を収め、貴族院を制するようになった。

枢密院は、一八八八年、憲法審議のために設立され、その後、天皇の諮詢に応え、重要な国務を審議するとされ（憲法五十六条）、憲法および憲法に付属する法令、皇室典範、緊急勅令などを審議した。諮詢事項は時々変更され、時に第三院として政府を苦しめた。一九二七（昭和二）年四月には、若槻礼次郎内閣は台湾銀行救済緊急勅令案に対して枢密院の支持が得られず、総辞職に追い込まれている。

初代枢密院議長は伊藤博文であり、当初一二人、のち二〇人を超える顧問官が置かれ、国務大臣に近い待遇を与えられた。明治後期から力をふるったのは山県有朋であり、一八九三（明治二十六）年から九四年に一年九カ月、議長を務めた後、一九〇五年から一九二二（大正十一）年に死去するまで、四カ月を除いて一七年間議長を務めた。その後、政党内閣の時代には枢密院の非政治化が図られ、学者を起用するようになったが、実力者である伊東巳代治（一八五七－一九三四）の行動で、政府を困らせ、時に退陣に追い込むこともあった。

以上のように、山県有朋は貴族院と枢密院に強い力を持った。さらに山県は、終身現役の元帥として陸軍に対する影響を保持し、現役の官僚の中に力を持ち、さらに衆議院の中に小さいながら政府よりの政党を持ち、明治後期には伊藤博文を凌《しの》ぐ力を持つようになったのである。

準局長級ポスト七つと知事ポスト八つを進歩党（改進党の後身。一八九六年三月成立）に与えている。同時に伊藤・松方両内閣は政党の主張に配慮し、地租に手を触れなかった。増税は営業税など商工業者への課税や酒税などの間接税の増税で賄われた。

しかし、以上のように進められた戦後経営は、二つの新しい反対派の形成を促すこととなった。その一つは、ブルジョワジーの政治参加であった。それまで彼らは明治政府の保護の下にあって、政治活動をする必要はなかった。しかしここに財源の負担を求められ、自主的な政治活動を始めるようになったのである。

その第二は、山県閥の形成であった。伊藤や松方による超然主義の修正は、次の世代の官僚たちに大きな衝撃を与えた。明治政府の正統的な後継者の地位を政党に奪われるおそれを彼らは感じたのである。そこで彼らは元老の中で最も超然主義的に見えていた山県有朋の周囲に結集することとなった。清浦奎吾《けいご》（一八五〇―一九四二年。のち首相）、平田東助（一八四九―一九二五年。のち内大臣）、大浦兼武《かねたけ》（一八五〇―一九一八年。のち内務大臣）らがそうであった。

山県系官僚の結集の起点は、一八九六年四月の板垣の内相就任であった。内務省は官僚勢力の中枢であって、現在の総務省・国土交通省・厚生労働省・国家公安委員会、それに各都道府県の中枢を集めた機能を持っていた。その大臣のポストを奪われたのであるから、内務官僚の受けた衝撃の大きさがわかるであろう。山県系官僚は清浦らを中心に活動し、一八九七年七月の貴族院華族議員の改選（伯子男爵、コラム「山県有朋と貴族院と枢密院」参照）で勝利を収め、貴族院をほぼその支配下に置いたのである。

隈板内閣成立前後

以上のような変化に加え、新たな問題が登場して、藩閥―政党関係は大きな変化を遂げることとなる。地租増徴問題がそれである。

がんらい、戦後経営はぎりぎりの見積もりで着手されていた。しかも戦後不況で歳入が予想を下回ったため、たちまち財源問題が生じた。しかし、営業税や間接税の負担はもはや限界と考えられたので、第二次松方内閣は地租増徴の方針を固めた。ここに進歩党との提携は断絶し、一八九七年末、第十一議会は解散され、内閣も総辞職することとなった。

しかし、地租増徴だけでは提携断絶は決定的ではなかった。新たに成立した第三次伊藤内閣と自由党は、なおも提携交渉を続けていたのである。もう一つの問題は、提携条件すなわち政党に提供するポストの問題であった。しかし山県閥の台頭によって、これ以上政党に譲歩することは難しくなっていた。こうして第三次伊藤内閣は政党と無関係に成立し、その結果、第十二議会では地租増徴案が圧倒的多数で否決された。一八九八年六月、再び議会は解散されたが、来るべき総選挙でも政府側の敗北は明らかであった。しかも六月二十二日、自由党と進歩党とは合同して、衆議院議席の八割を占める巨大政党・憲政党を結成したのである。

藩閥側から見て、これといった事態打開の名案はなかった。伊藤は自ら政党を結成して事態収拾にあたることを考えた。しかし、それは超然主義からの完全な訣別であったし、実効性の点でも疑問があった。山県閥の中には、緊急勅令によって増税を実行することを考えた者もあったが、その場合、次の議会で承認を得なければならず、失敗すると天皇の威信に傷がつくことが危惧された。結局、一度憲政党にやらせてみようということとなった。まだ憲政党の基礎は弱く、内部対立からすぐに崩壊するに違いない、それに、もし危険な政策を実行しそうになれば、陸海軍大臣を通じてチェックできるから、というのであった。何よりも、他に名案もなかった。こうして大隈重信を首相兼外相、板垣退助を内相とする日本で最初の政党内閣が成立した（隈板《わいはん》内閣）。

しかし、藩閥の側の予想どおり、大隈・板垣を中心とする憲政党内閣は内部対立に苦しんで短命に終わることとなった。第一の問題は、猟官熱の沸騰であった。政党にとっては待望の政権であった。多くの政党人は、文官任用令を廃止してすべての官職を開放することを期待した。しかし、すでに成立している官僚制を完全に敵に回すような極端な猟官はできなかった。したがって隈板内閣は、官僚からは猟官の行き過ぎを、政党からは猟官の不足を批判され、限られたポストをめぐって自由・進歩両系統が激しく争うこととなった。尾崎行雄（一八五八―一九五四年）文相が、日本の拝金主義の台頭を批判して共和政治に言及して非難を浴び、辞職に追い込まれたときは、自由党系と進歩党系が激しくその後任を争った。また大隈首相が外相を兼任していることに、自由党系は不満で、自由党系政治家の外相任命を要求した。

また政策レベルでは、内閣は戦後経営を簡単に放棄することはできなかった。戦後経営には、自由党・進歩党ともコミットしていたし、また戦後経営の中核部分である軍拡については、方針を変更しないことを陸海軍大臣と約束していたのである。もし大幅な方針修正を行えば直ちに内閣が倒れることは明らかであった。

可能な選択肢は次の三つであった。第一に、戦後経営は継続し、財源は営業税や間接税に求めることであった。それは地主政党としての性格を維持しつつ、政権を維持するのに便利であった。第二は、財源を地租増徴に求めるものであった。それは政権参加には便利であり、都市部での発展を見込めるものの、農村における地盤の縮小の危険があった。そして第三は、戦後経営を縮小することであった。その場合、政権からは離れるおそれがあったが、伝統的な主張は維持することができた。

内閣は以上のうち、第一の方針を追求していたが、結局、内部対立から倒れてしまった。一八九八年十月二十九日、自由党系閣僚は辞表を出し、自由党系だけで憲政党大会を開催し、憲政党の解党を決議し、直ちに自由党系だけで新たな憲政党を結成するという強引な方法で、進歩党勢力を追い出してしまった。自由党系の板垣退助が内務大臣であることを利用した荒業であった。ここに大隈首相も辞表を提出し（十月三十一日）、残った旧進歩党勢力は、やむなく憲政本党を名乗ることとなった（十一月三日）。

山県内閣

隈板内閣が倒れた後には第二次山県内閣が成立し（十一月八日）、まもなく開かれた第十三議会で地

表6-1　枢密院議長

氏　名	在任期間	前　歴	氏　名	在任期間	前　歴
伊藤博文	1888. 4.30-1889.10.30	総理大臣	浜尾新	1924. 1.13-1925. 9.25	枢密院副議長
大木喬任	1889.12.24-1891. 6. 1	元老院議長	穂積陳重	1925.10. 1-1926. 4. 8	枢密院副議長
伊藤博文	1891. 6. 1-1892. 8. 8	宮中顧問官	倉富勇三郎	1926. 4.12-1934. 5. 3	枢密院副議長
大木喬任	1892. 8. 8-1892.11.22	文部大臣	一木喜徳郎	1934. 5. 3-1936. 3.13	宮内大臣
山県有朋	1893. 3.11-1894.12.18	司法大臣	平沼騏一郎	1936. 3.13-1939. 1. 5	枢密院副議長
黒田清隆	1895. 3.17-1900. 8.25	逓信大臣	近衛文麿	1939. 1. 5-1940. 6.24	総理大臣
西園寺公望	1900.10.27-1903. 7.13	枢密顧問官	原嘉道	1940. 6.24-1944. 8. 7	枢密院副議長
伊藤博文	1903. 7.13-1905.12.21	政友会総裁	鈴木貫太郎	1944. 8.10-1945. 4. 7	枢密院副議長
山県有朋	1905.12.21-1909. 6.14	枢密顧問官	平沼騏一郎	1945. 4. 9-1945.12. 3	内務大臣
伊藤博文	1909. 6.14-1909.10.26	韓国統監	鈴木貫太郎	1945.12.15-1946. 6.13	総理大臣
山県有朋	1909.11.17-1922. 2. 1	枢密顧問官	清水澄	1946. 6.13-1947. 5. 3	枢密院副議長
清浦奎吾	1922. 2. 8-1924. 1. 7	枢密院副議長			

表6-2　枢密院副議長

氏　名	在任期間	前　歴	氏　名	在任期間	前　歴
寺島宗則	1888. 5.10-1891. 9.10	枢密顧問官	岡野敬次郎	1925.10. 1-1925.12.23	文部大臣
副島種臣	1891. 9.10-1892. 3.11	枢密顧問官	倉富勇三郎	1925.12.28-1926. 4.12	枢密顧問官
東久世通禧	1892. 3.17-1912. 1. 4	枢密顧問官	平沼騏一郎	1926. 4.12-1936. 3.13	枢密顧問官
芳川顕正	1912. 1. 9-1917. 3.20	枢密顧問官	荒井賢太郎	1936. 3.13-1938. 1.29	枢密顧問官
清浦奎吾	1917. 3.20-1922. 2. 8	枢密顧問官	原嘉道	1938. 2. 3-1940. 6.24	枢密顧問官
浜尾新	1922. 2.15-1924. 1.13	枢密顧問官	鈴木貫太郎	1940. 6.24-1944. 8.10	枢密顧問官
一木喜徳郎	1924. 1.14-1925. 3.30	枢密顧問官	清水澄	1944. 8.10-1946. 6.13	枢密顧問官
穂積陳重	1925. 3.30-1925.10. 1	枢密顧問官	潮恵之輔	1946. 6.13-1947. 5. 3	枢密顧問官

［出典］ 表6-1，表6-2とも日本近現代史辞典編集委員会編『日本近現代史辞典』東洋経済新報社，1978年，803頁。

租増徴案が成立した（十二月三十日）。憲政党が先に挙げた第二の路線を選んだためであった。この山県内閣と憲政党との接近を推進したのは星亨であった。星は政府批判よりも政権に参加して自らの政策を実行することが政党の使命だとして、強引に憲政党を引きずっていったのである。

内閣の方でも、がんらい二・五パーセントの地租を四パーセントとする予定だったところ、これを三・三パーセントにとどめ、五年間限りのこととし、またいくつかの地域で地価修正を行うなどの譲歩をした。その結果、地租は二・九パーセントになった程度であった。

それにしても地租軽減を求めてあれほど激しい対立が繰り広げられたのに、議会開設からわずか八年で、地租増徴が成立したのは画期的な変化であった。

憲政党にとっては、山県内閣への協力は政権参加の一歩にすぎなかった。しかし山県は、政党に多くを譲る気はなかった。地租増徴を実現した直後、一八九九年三月、内閣は勅令によって文官任用令を改正し、各省次官・主要局長・府県知事などを自由任用から資格任用にするなど、政党員が高級官僚となる道を防ぐ措置をとった。そして一九〇〇年になると、文官任用令などの改正を山県閥の牙城である枢密院の諮詢《しじゅん》事項として政党の手の届かぬようにし、次いで陸海軍大臣は現役の大将または中将に限る制度（軍部大臣現役武官制）を定めた。こうして政党の進出に対する防壁を固めたうえで、政党との提携を断絶したのである。

政友会の成立

しかし星と憲政党は、新たな提携の相手として伊藤博文を発見した。伊藤博文は政党を包含する超然主義というかつての理想を断念していなかった。それが星の構想と重なるところが少なくなかった。伊藤に憲政党総裁就任を申し込んで拒絶された星は、逆に憲政党をいったん解散して、伊藤の結成しようとしている政党に参加することとした。それは、一見したところ藩閥に政党が屈服したように見える。幸徳秋水（一八七一－一九一一年）は政友会の成立（一九〇〇年九月十五日）に際して、「自由党を祭る文」を著して、自由民権運動の輝かしい伝統を持つ自由党は死んだと嘆いた。しかし政友会の成立は、政権参加という点では、むしろ政党の勝利と見るべきものであった。

藩閥政府に対する反対派であった政党は、こうして明治憲法を制定した藩閥政治家の最有力者をその党首とすることとなった。これまで、藩閥対政党というのが、基本的な対立の枠組みであった。しかし藩閥の分裂と政党の柔軟化によって、藩閥と結んだ政党と、藩閥の中で超然主義に固執する部分とが、すなわち政友会と山県閥とが政界の二大勢力となる。そしてそれは、控え目に見ても一一年、長く取れば二〇年以上も続くこととなるのである。

第 **7** 章

日清・日露戦争

⬆ポーツマスにおけるT. ローズヴェルト米大統領（中央）と小村寿太郎全権（その右），ウィッテ全権（左端）（1905 年 8 月。写真提供：Photo12）

一　日清戦争

主権線と利益線

一八九〇（明治二十三）年十二月、第一議会の施政方針演説で山県首相は、日本は主権線すなわち領土を守るだけでなく、利益線に対する影響力を確保することをめざさなければならないと述べた。利益線とは、主権線の安全に密接に関連する地域のことであって、具体的には朝鮮半島を指していた。もし朝鮮半島が日本に敵対的な大国の影響下に入れば、日本の安全は危機に瀕すると山県は述べたのである。

このような考え方はとくに珍しいものではない。イギリスは長年ヨーロッパの低地地帯（現在のベネルクス三国の地域）を利益線とし、ここが第三国によって侵されることを嫌い、そういう事態になるとしばしば介入してその独立を回復しようとした。イギリスは、ヨーロッパ大陸の勢力均衡（バランス・オブ・パワー）が保たれているうちはよいが、勢力均衡が破れてどこか一国（スペイン、フランス、ドイツ）がヨーロッパを統合するようになるとイギリスの安全は脅かされると考えていた。低地地帯の独立は、その勢力均衡の指標だったのである。その他、アメリカ合衆国にとっての南北アメリカ大陸や、冷戦期におけるソ連にとっての東欧なども利益線の例である。

朝鮮をめぐる日清対立

さて、このような意味で朝鮮半島を脅かしうる国は、清国とロシアであった。

朝鮮においては、一八七五年の江華島事件と一八七六年の日朝修好条規のところまで述べた（第**4**章参照）。朝鮮は閔妃《ミンビ》（一八五一―一八九五年）政権の下でさらに開国を進め、一八八二年五月、朝米修好通商条約が結ばれた。それより前、一八八一年には軍制改革を開始し、日本モデルによる近代軍の建設に着手した。しかし、これは守旧派の反発を招き、旧軍に対する給料遅配もあって不満が高まり、これを利用して一八八二年七月、大院君《テウォングン》（一八二〇―一八九八年）はクーデタを起こした。日本の公使館は襲撃され、花房義質《よしもと》（一八四二―一九一七年）弁理公使らはかろうじて海上に脱出するという事件が起こった。壬午事変（または壬午軍乱）である。しかしこのとき、清国は断固として介入し、大院君を逮捕して清国の天津に幽閉した。また、済物浦《さいもっぽ》条約が結ばれ、朝鮮は日本に対し、謝罪、賠償をすることとなった。こうして、壬午事変の結果、朝鮮の開国路線は確定したが、そこで明らかになったのは日本の無力、清国の優位であった。清国は、かつての宗属関係を実質化して、朝鮮に対する影響力を強化しようとしていたのである。

壬午事変以後、朝鮮の開国派は、伝統的な清国との関係を維持強化しようとする事大党と、日本をモデルに近代国家の樹立と清国からの独立をめざす勢力（独立党、改革党）とが対立するようになった。一八八四年十二月、清国がインドシナをめぐるフランスとの戦争（清仏戦争）に忙殺されていることを利用して、朴泳孝《パクヨンヒョ》（一八六一―一九三九年）、金玉均《キムオクキュン》（一八五一―一八九四年）ら独立党は、日本と連携の下にクーデタを起こした。しかし清国は再び速やかにしかも断固として介入し、クーデタは失敗した（甲申事変）。こうして事大党政権は、さらに日清戦争まで続くことになる。

甲申事変ののち、一八八五年一月、事後処理のための漢城条約が、そして四月、朝鮮をめぐる日清関係に関する天津条約が結ばれた。天津条約において、日本と清国が朝鮮に出兵せざるをえないときは互いに知らせ合う（行文知照）という条項が含まれていた。

日本の二度の挫折の背景にあったのは、清国の海軍力であった。当時の清国は定遠・鎮遠という当時世界最大級であった七〇〇〇トン級の戦艦を二隻保有しており、四〇〇〇トン級の戦艦すら持たない日本を圧倒していた。一八八六年から八七年にかけて清国北洋艦隊は日本に来航し、デモンストレーションを行っている。

なお、甲申事変に衝撃を受けた日本は、その直後から積極的な海軍軍拡に乗り出している。初期議会でしばしば建艦費が焦点となったのは、このためであった。また陸軍でも、甲申事変の直後より、部隊を大陸作戦用に切り換え始めている。

日本が朝鮮半島に強い関心を持ち続けたもう一つの背景はロシアであった。

ロシアの脅威は幕末以来認識されていた。一八六一年には対馬を占領したこともあった（対馬事件）。一八七三年の征韓派の主張（第**4**章参照）も、ロシアの東漸に対抗するため、朝鮮半島に対する影響力を早期に確保しなければならないというところから出たものであった。一八八五年、シベリア鉄道計画が発表され、九一年にこれが着手されると、その脅威はいよいよ現実のものと感じられた。一八九一年、ロシア皇太子（のちの皇帝《ツァー》ニコライ二世〈Nikolai II, 1868-1918, 在位 1894-1917〉）が日本を訪問し、巡査津田三蔵（一八五四―一八九一年）に襲われた時（大津事件）、政府が津田を死刑にするよう大審院に圧力をかけたことはよく知られているとおりである。大審院はこれに屈しなかったが、その時は政府だけでなく国民の大多数が色を失って狼狽し、全国から謝罪の使節が京都に向かい、中にはそのために切腹する者すらあったのである。ともかく、それほど日本はロシアを恐れており、ロシアの力が朝鮮に及ぶ前に、朝鮮問題を何とかしなければならないと考える者が少なくなかった。

条約改正の成立

ところで、以上に述べたようなロシアのアジアへの進出と、清国との衝突を想定した日本の軍備増強の動きは、条約改正を前進させることとなった。

大隈の挫折（第**5**章参照）の後を受けて条約改正に取り組んだのは青木周蔵（一八四四―一九一四年）であった。青木は外交官出身の最初の外務大臣であって、ヨーロッパ経験も長かった。その最大の特徴は、対等条約をめざし、それまで最も困難であったイギリスを相手として交渉を行ったことであった。青木の交渉は大津事件などで失敗に終わったが、その基本方針は伊藤内閣の陸奥宗光（一八四四―一八九七年）外相に引き継がれた。陸奥は、従来の改正交渉失敗の原因が国内の反対によることが多かったことに鑑み、国内合意の形成をとくに重視し、他方、駐英公使（駐独公使兼任）となった青木はイギリスとの交渉に豊富な経験を生かした。一八九四年七月、日英通商航海条約は調印され、五年後の治外法権の撤廃が合意された。ただし、関税自主権については青木の案よりも後退し、税率を上げるだけで自主権は見送りとなった。関税自主権を含む完全な条約改正の成立は、一九一一年まで待たねばならなかった。

条約改正を可能とした最大の要素は国際関係の変化であった。シベリア鉄道建設によるロシアの東方進出は、国際関係に巨大な影響を及ぼす事件であった。それまでのヨーロッパのアジア進出は海を経由するものであり、イギリスの植民地と海軍力によってコントロール可能なものであった。その意味でシベリア鉄道の建設は、イギリスを中心とする国際秩序全体を動揺させるものであったのである。またロシアは、同時にカスピ鉄道建設によってイギリスのインド支配を側面から脅かしていた。しかも一八九一年には露仏同盟が成立し、ロシアの立場は強化されていた。同年のシベリア鉄道の建設着工も、フランスからの資金によって可能となったものであった。

イギリスは従来ロシアに対抗するため、西アジアではオスマン帝国、東アジアでは清国を利用することを考えていた。しかしこのころから、日本にも注目し始めたのである。

イギリスの態度を変えたのは、もう一つ、経済関係であった。一八八九年、大隈の条約改正交渉が挫折したとき、英『タイムズ』紙はイギリス政府の態度を批判していた。日本との通商の拡大が有利であることはすでに明らかであって、治外法権による限定された特権的貿易は貿易拡大の障害となりつつあると、『タイムズ』は主張したのであった。

日清戦争

さて、日清戦争の発火点は朝鮮における東学党の乱であった。東学とは西学に対抗するもので、儒教・仏教・道教などが混在した民間宗教であった。東学党の乱は一応鎮静したけれども、陸奥宗光外相らは、この機会に清国と戦うことを決意しており、清国に対して朝鮮内政改革に関する要求を共同で提出することを提案し、清国がこれを拒絶すると単独で朝鮮に内政改革を要求し、七月二十三日には朝鮮の王宮を占拠するにいたった。

日清間の戦争は、一八九四年七月二十五日の豊島《ほうとう》沖海戦で始まったが、陸海軍とも日本の圧勝であった。その理由の一つは、組織や訓練を含めた軍事技術に大きな差があったことである。それ以上に重要だったのは政治的近代化の差であった。列国の中には清国の有利を予想するものが多かった。日本の陸軍が一二万人であったのに対し、清国には李鴻章《りこうしょう》（一八二三―一九〇一年）の配下だけで五万人の兵があり、その他動員できる兵力はほとんど無数であるように思われたからである。しかし、実はそれ以上に動員できる兵力はなかった。清国も少し奥に入ると、日清戦争どころか、日本の存在さえ知らない者が少なくなかった。国家の運命を自己の運命と同一視する近代的な意味の国民は、日本の方にはるかに多かったのである。

戦争の結果、一八九五年四月、下関条約が結ばれ、賠償金の他に、台湾と遼東半島が日本に割譲されることとなった。しかしその直後、ロシア・フランス・ドイツの三国による干渉によって、日本は遼東半島を清国に返却させられることとなった。戦勝に酔う国民は大きな衝撃を受け、臥薪嘗胆《がしんしょうたん》が

◆陸奥宗光（一八四四－一八九七年）

陸奥宗光は紀州藩士伊達宗弘の子として生まれた。父も著名な歴史家、思想家であったが、藩内の政争に敗れ、宗光は困窮の少年時代を送らなければならなかった。江戸で学んでいるうち、坂本龍馬、木戸孝允、伊藤俊輔（博文）、勝海舟らと交友を結び、とくに坂本と行動を共にして海援隊の一員となって活動した。

維新後、兵庫県知事、神奈川県令、地租改正事務局長などを務めるが、薩長の横暴に怒って辞職している。西南戦争が起こり、土佐の立志社がこれと連携して政府転覆を謀ったとき、陸奥もこれに加わっていたとして逮捕され、山形次いで宮城の監獄に投獄された。獄中でベンサム（Jeremy Bentham, 1748-1832）を読み、翻訳した陸奥は、伊藤博文らの奔走で一八八三年、特赦で出獄することができた。同年、イギリスにわたり、さらにオーストリアでシュタインについて勉学し、八六年に帰国した。

帰国後は外務省に出仕し、一八八八年に駐米公使となり、兼任メキシコ公使として最初の対等条約の締結に成功する。一八九〇年帰国、農商務大臣となり、議会対策に活躍する。土佐の中島信行は海援隊の仲間であり、自由党の星亨も古くからの陸奥の部下だった。陸奥自身、出馬して衆議院議員となっており、官僚専制政治を嫌う気持ちは変わっていなかった。

第二次伊藤内閣で外務大臣となり、条約改正と日清戦争で活躍したことは本文に述べたとおりである。日清戦争の外交指導を回顧した『蹇蹇録《けんけんろく》』は、日本外交の記録として白眉《はくび》であり、リアリズムの極致を示すものである。結核のため、日清戦争後まもなく死亡した。陸奥の深い影響を受けた人物の一人が原敬で、原の膨大な日記の中で、陸奥の死の場面だけに、しみじみとした感情の吐露が見られる。

合言葉となった。日清戦後経営に政党が協力していったこと（第**6**章参照）には、そのような背景があったのである。

清国分割の進展

日清戦争の結果、それまで「眠れる獅子」としてその潜在的実力に一目置かれていた清国に対し、列強は容赦ない進出を図るようになった。

一八九六年五月、ニコライ二世の戴冠式に李鴻章が出席した機会に、露清防御秘密同盟条約（露清密約）が結ばれた。これは露清両国が日本の脅威に共同で対処することを定めたもので、これを名目としてロシアはシベリア鉄道の一点から清国領土を横断し、沿海州に至る鉄道を建設し、経営する権利を得た（開通後三六年で清国に買い戻し権が発生し、八〇年で無償で清国のものとなるという条件であった）。これが東清鉄道（のちの東支鉄道、北満鉄道）であって、ロシアはここに、露清国境の北部を迂回することなくウラディウォストークに至るルートを確保したのである。そして一八九八年には、三年前に日本から清国に返還させたばかりの遼東半島を租借し、東清鉄道の中心のハルピンから遼東半島の先端の旅順・大連に至る東清鉄道南部支線を建設する権利を獲得した。これによってロシアは、長年の念願であった不凍港を獲得したのである。

同じ一八九八年、ドイツは山東半島でドイツ人宣教師が殺されたことを口実に青島を租借し、フランスは広州湾を租借した。他方、イギリスは旅順・大連および青島に対抗するために威海衛を、広州

図7-1　シベリア鉄道と東清鉄道

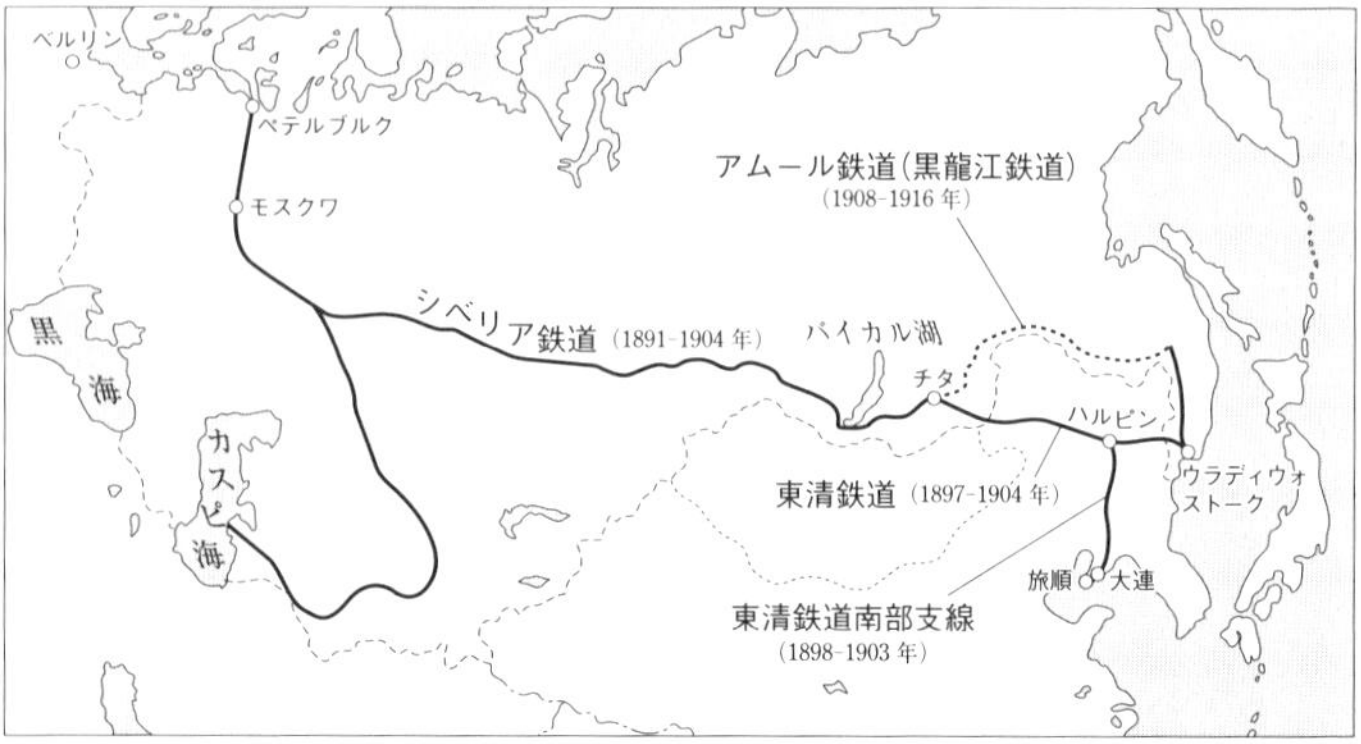

湾に対抗するために九龍を租借した。これに比べ日本は、台湾対岸の福建省について不割譲宣言を行わせた程度であった。

門戸開放宣言

このような事態に不安を覚えたのがアメリカであった。アメリカはキューバ問題をめぐって一八九八年にスペインと戦って勝利し（米西戦争）、半ば偶然からフィリピンまで獲得することとなった。それをきっかけとしてアジアへの関心を深めたアメリカは、中国の植民地化の進展を強く危惧するようになった。アメリカはその建国の経緯からして、ヨーロッパ列強の植民地支配に対して反感を持っていた。同時にアメリカは、中国が列強によって分割され、アメリカの資本が入り込めないようになることを恐れた。ここから、中国のこれ以上の植民地化に反対し、またすでに存在する列強の勢力範囲においても通商については門戸開放機会均等を保障するよう要求することとなった。これが、一八九九年のヘイ（John Milton Hay, 1838-1905）国務長官の門戸開放宣言であった。

これに対し関係国の大部分は原則として賛意を表した。門戸開放宣言はとくに国際法的な性格を持つものではなかったが、アメリカはこれを外交的勝利と受け止め、この路線による東アジアへの進出を強めることになる。

二　日露戦争

戊戌変法と義和団事件

ところで、中国の分割に最も鋭く反応したのは、もちろん中国自身であった。一八九八年六月には、康有為（一八五八―一九二七年）・梁啓超《りょうけいちょう》（一八七三―一九二九年）らによる変法自強運動（戊戌《ぼじゅつ》の変法）が起こっている。これは日本の明治維新（第**3**章参照）をモデルとした改革運動であって、かつての洋務運動が中国の制度をそのままにして技術だけを輸入しようとしたのと異なっていた。しかし、それだけに保守派の反発は強く、西太后《せいたいこう》（一八三五―一九〇八年）を中心とするクーデタが起こり、光緒《こうしょ》帝《てい》（一八七一―一九〇八年、在位一八七四―一九〇八年）は幽閉され、改革はわずか三カ月で終わってしまった。

戊戌変法が中国の植民地化に対する合理主義的反応だったとすれば、非合理主義的反応が義和団事件であった。一九〇〇年五月ごろから勢いを増した義和団は、扶清滅洋をスローガンとした排外運動であった。当時の守旧派政府はこれに裁可を与え、義和団は六月には北京の列国の公使館を包囲するにいたった（北清事変）。

列強の中で直ちに兵力を派遣できるのは日露両国だけであった。しかし、ロシアの場合はその野心が問題だったので、日本の出兵が要請され、日本は事件鎮圧に大きな役割を果たした。日本が直接に得たものは少なかった（賠償金の七・七三パーセント）が、日本にとっては列強の一員として行動することに意味があった。日本はアジアの一員として行動すべきか、あるいは西洋の文明諸国の一員となることをめざすべきか、幕末以来さまざまな人物が議論を繰り返してきた。それはアジア主義と脱亜論という、近代日本の政治思想を貫く問題の一つであった。この義和団事件は、西洋諸国と一緒になって清国と戦うことにより、事実として脱亜入欧の重要な一段階であったのである。

日英同盟

さて、北清事変の結果生じた重要な帰結の一つは、ロシアの満州（現在の中国東北部）占領であった。ロシアは治安の維持を名目に一六万人を超える兵力を満州に送り込み、事変後も容易に撤兵しようとしなかった。事態ははなはだ深刻であった。これまでは中国の植民地化といっても、沿岸部の比較的小さな部分のことであった。ところが今度は、ロシアと地続きで、北京に隣接する広大な地域の問題であった。アメリカは二度目の門戸開放宣言を一九〇〇年に発しているが、そこでとくに中国の領土的保全（territorial integrity）の尊重を謳ったのは、そのためであった。

イギリスもこの事態を深刻に受け止めていた。イギリスはロシアが遼東半島を租借した一八九八年ごろから警戒を強めていた。その直後、植民相チェンバレン（Joseph Chamberlain, 1836-1914）は議会で演説し、アジアとくに清国におけるイギリスの利益はイギリスの伝統的な政策と将来矛盾するかもしれない、と述べたことがあった。すなわち「光栄ある孤立（splendid isolation）」の再検討が始まっていたのである。といっても選択肢は多くはなかった。フランスはロシアの同盟国であったし、アメリカは孤立主義的であり、しかも海軍国であった。ロシアの膨張を阻止するためには陸軍国が必要であった。残るはドイツと日本だけだった。当初の計画は英独日三国同盟であって、ドイツ国内には前向きの動きもあった。しかしドイツはロシアの関心を東に向けることを好み、英独同盟と露仏同盟が対峙《たいじ》するような緊張関係を望まなかった。

最後に残ったのは日本であった。日本の国内では日英同盟論と日露協商論とが対立しており、後者が勝利した場合には、イギリスに対するロシアの重圧はいっそう強まることが危惧された。日本の実力は日清戦争と北清事変で実証されており、しかも陸軍力だけでなく海軍力も備えていた。そのころイギリスは海軍力においてドイツの追い上げを受けており、日本と結べばアジアにおける海軍力に余裕が出て、ヨーロッパにいく分かを引き揚げることが可能となるはずであった。イギリスの「光栄ある孤立」という外交政策は、二強国標準（two-power standard）という海軍政策とセットになっていたものである。世界第二の海軍力と第三のそれとを合わせたものを上回る海軍力を持てば、いかなる同盟も不要となるというわけであった。しかし一八九八年の第一次艦隊法などによるドイツの急速な海軍力増強によって、それも維持困難となっていたのである。

　そのころ日本で政権を担当していたのは桂太郎（一八四七―一九一三年）であった。このうち日英同盟論者は桂首相、小村寿太郎（一八五五―一九一一年）外相、加藤高明（一八六〇―一九二六年）駐英公使などであり、日露協商論者は元老の伊藤・井上らであった。二つの路線は相互に相容れないものではなかった。日英同盟論者といえども日露関係の改善は希望しており、また日露協商論者といえども日英関係緊密化に反対ではなかった。しかしイギリスとの同盟が可能かどうか、そして最悪の場合にロシアとの対決が可能かどうかという判断で、両者の間には少なからぬ違いがあった。日英同盟の原動力は、日本の実力により自信を持った若い世代であって、桂内閣という最初の非元勲内閣で一九〇二年一月に日英同盟が締結されたのは、まことに象徴的であった。

日露戦争

　日英同盟はある程度効果を発揮し、ロシアの政策は一時柔軟となったけれども、まもなく政府内部の権力関係が変化し、対日強硬派が台頭した。ロシアの戦争準備が着々と進むのを見た日本は開戦を決意し、一九〇四年二月、奇襲によって戦争を開始した。事態があまりに不利にならないうちに戦争をしかけたこと、完全な軍事的勝利の可能性が全くなかったことなどの点で、日露戦争は太平洋戦争とほとんど変わらぬほど難しいものであった。違っていたのは、国際環境であり、これに対する日本の指導者の取り組みであった。

　まずイギリスは同盟国として好意的な対応をした。極東に向かったロシアのバルチック艦隊に対し、イギリスはスエズ運河の使用を拒絶し、植民地における燃料の供給などを厳しく制約した。そのためバルチック艦隊の極東到着は著しく遅れたのみならず、艦船は整備不良で速力が落ち、水兵ははなはだ疲労していた。またイギリスは地中海に出ようとする黒海艦隊を、外交的影響力を行使して妨害した。日本海海戦（一九〇五年五月）における日本海軍の圧倒的な勝利は、このイギリスの協力なしには不可能であった。

またアメリカは、対満州貿易の維持発展に利害を感じていたこともあり、門戸開放の原則から、ロシアの政策に批判的であり、日本に好意的であった。

英米の日本支持の最大のものは、外債調達への協力であった。日露戦争の戦費は一七億四〇〇〇万円に上った。これは日清戦争の八・五倍、当時の歳入の三・五倍にあたる巨額であった。このうち租税で賄えたのはごく一部であり、八五パーセントは公債によるほかなかった。そしてその半ばは外債であって、これを賄ったのは英米の市場であった。日本にとって幸いであったのは、アメリカのユダヤ系金融資本が、ロシアのユダヤ人迫害を嫌っていて、日本に好意を示したことであった。

政府も外債募集をきわめて重視し、公債の人気を下げぬよう、公債募集時に華々しい戦果が上がるように作戦を立てたこともあった。その他、良好な国際関係の維持には最大限の注意が払われた。つまり、日露戦争においては軍事が政治に従属していたのであって、それが太平洋戦争との決定的な違いであった。

これに比べ、ロシアに対する世界の支持は弱かった。同盟国フランスは、ドイツとの関係から、ロシアがあまりアジアの問題に深入りすることを好まなかった。ドイツでも、金融資本などはユダヤ人問題もあって、必ずしもロシア支持ではなかった。

このように有利な国際関係をもってしても、日本は一応の勝利しか得られなかった。一九〇五年三月、日本は奉天会戦において勝利したけれども、決定的な打撃を与えるにはいたらなかった。戦場が北へ行けば行くほどロシアは有利となり、これを境に日露の軍事バランスは逆転しつつあった。ロシアはハルピンで決戦を予定し、バルチック艦隊のアジア到着を待って巻き返すつもりであった。ロシアの伝統的な作戦であった。

しかし、日本側もその危険は熟知していた。アメリカも同様であった。そして五月、日本海海戦で日本が勝利したのをきっかけに、米大統領セオドア・ローズヴェルト（Theodore Roosevelt, 1858-1919, 在任 1901-1909）は和平の斡旋に乗り出した。このままではロシアが勝ってしまうと考えたのである。

ロシアが和平に応じたのは、国内の革命情勢によるところが大きかった。これ以上戦争が継続すると、革命情勢が深刻化する可能性があった。同盟国のフランスもこれを恐れ、和平を働き掛けたのである。

講和会議は一九〇五年八月からアメリカのポーツマスで開かれた。会議は難航したが、九月、ロシアは日本の朝鮮における支配的な地位を認め、遼東半島租借権と東清鉄道南部支線の長春以南を日本に譲り、樺太の南半分を割譲するという条件で講和が成立した。しかし、戦争で巨大な犠牲を負わされ、連戦連勝と知らされていた国民は屈辱的講和であるとして激昂し、東京が暴動状態に陥ったことはよく知られているとおりである（日比谷焼き討ち事件）。しかし政府首脳は、いかに民衆が不満でも戦争はここで止めなければならないということを熟知していたのである。

日露戦争は西洋の進出にブレーキをかけたという点で、世界史的な大事件であった。第二次世界大戦後、新たに独立した国々の指導者の中には、若いころに日露戦争における日本の勝利を知り、発奮した人々が多かった。

日露戦争は日本にとっても近代を二分する大事件であった。それまでの日本の課題は対外的独立の完成であった。それを最終的に達成したのが、日露戦争であった。その意味で日本の課題は、それまでは自明であった。しかしこれ以後、日本が歩むべき道はかえって難しくなってくるのである。

第8章

帝国の膨張

⇧後藤新平（写真提供：時事通信社）

一　韓国併合

日露戦争の結果、日本は朝鮮半島における支配的な地位に関し、列国から承認を取り付けることに成功した。一九〇五（明治三十八）年七月には桂・タフト協定によってアメリカが、八月には第二次日英同盟によってイギリスが、そして九月にはポーツマス条約によってロシアが、それぞれ韓国における日本の支配的な地位を承認した。

このような列国の支持を背景に、十一月、日本は韓国に圧力をかけて第二次日韓協約を締結した。すでに日露戦争のさなか、一九〇四年八月には第一次日韓協約が締結されており、韓国は日本の推薦する人物を顧問に雇い、また重要な外交案件についてはあらかじめ日本と協議することを約束させられていたが、第二次協約はさらに進んで、日本が韓国の財政・外交の権利を掌握するものとしていた。そのために日本は韓国統監府を設置し、元老の伊藤博文を初代統監に任命したのである。

そして一九〇七年六月、オランダのハーグで開かれた万国平和会議に韓国皇帝（高宗《コチョン》〈一八五二―一九一九年、在位一八六三―一九〇七年〉）が密使を送り、日本の圧政を列国に訴えると（ハーグ密使事件）、日本はこれを咎《とが》めて皇帝を退位させ、第三次日韓協約を結び、軍隊を解散させるなど内政の権限をも掌握し、いっそうの保護国化を進めた。

一九〇九年一〇月、ロシアに向けて旅行中であった前統監の伊藤博文がハルピンで韓国の独立運動家安重根《アンチュンクン》（一八七九—一九一〇年）に暗殺されると、これをきっかけに日本はさらに圧力をかけ、一九一〇年八月、韓国併合を断行し、初代総督には寺内正毅《まさたけ》（一八五二—一九一九年）陸軍大臣を起用した。このように韓国の抵抗は裏目裏目と出て、かえって日本の植民地化を促進することとなってしまったのである。この間、義兵による抵抗運動は起こったが、次々と鎮圧され、列強もまた韓国に対してほとんど同情を示さなかった。

明治の初めより、日本外交の最大の目標は朝鮮の独立であった。朝鮮半島が敵対的な第三国の支配下に陥らないようにすることであった。日清・日露両戦争も、朝鮮の独立が最大の眼目であった。ところが日本は、結局、朝鮮を自らの支配下に収めてしまった。それははなはだしい矛盾のようであるが、帝国主義の時代においては、他国の支配を阻止するということは、自ら支配することをしばしば意味したのである。

このようにして、かつて「利益線」（第**7**章参照）であった朝鮮半島が「主権線」に入った結果、今度は満州が日本の「利益線」となった。それは朝鮮以上に多くの列国が関係する国際政治のフロンティアであった。それまでの日本外交が、独立の達成を基本的な課題としていたのに対し、日露戦争以後の対外政策は、満州権益の維持強化を基本目標として展開されることになるのである。

二　日本の満州政策

満州問題と国際関係

さて日本が満州においてロシアから継承した権益の中心は、旅順・大連の租借権と東清鉄道南部支線（長春―旅順・大連間）の経営権であった。日本は旅順・大連については、一九〇六年八月、これを関東州と名づけ、関東都督府を設置して（都督は陸軍現役大将または中将とされた）、これを統治させた。また鉄道については、同年十一月、南満州鉄道株式会社（満鉄）を設立し、鉄道以外にもさまざまな経済活動を行わせることとし、その総裁には台湾経営において手腕を発揮した後藤新平（一八五七―一九二九年）を任命した。

ところで、日本の満州権益の基礎は必ずしも強固ではなく、たとえば旅順・大連の租借権は、一九

◆後藤新平（一八五七―一九二九年）

後藤は水沢藩に生まれ、戊辰戦争の敗者として、苦学して医学を学び、若くして名古屋の病院長兼医学校長になった。しかし患者を治すよりも病気を未然に防止することを考え、衛生行政を志して内務省に入った。ドイツ留学後、衛生局長となるが、相馬事件に関係して失脚した。再び世に出たのは、日清戦争の後の復員兵士の検疫作業を成功させたときであった。これで親しくなった児玉源太郎が台湾総督に任命されたとき、請われて民政長官（当初は民政局長）の地位についた。

衛生局時代以来、後藤は徹底した調査をすることで知られたが、台湾でも徹底して慣習を調査し、その上に近代文明の移植を図った。文明は機械的に移植するのではなく、旧慣の尊重の上に植え付けられねばならなかった。これを後藤は生物学の原則（物理学の原則との対比）と述べている。その方式により、後藤は台湾でアヘンを根絶し、都市計画、鉄道、学校などのインフラを整備し、サトウキビ産業を育成した。

満鉄総裁に就任を要請されたのは、その手腕を見込まれてのことであった。満鉄総裁として後藤は、大胆で効果的な鉄道経営を行うと同時に、現地に溶け込み現地住民に支持されることを重視し、大規模な都市計画と病院・学校の建設を行い、たちまち満鉄の経営を軌道に乗せた。第二次桂太郎内閣では、後藤は逓信大臣と鉄道院総裁を兼任し、事実上の初代国鉄総裁として、さまざまな新しいアイディアを実現した。

第三次桂内閣に後藤は再び入閣し、桂新党にも参加したが、加藤高明と対立して脱党し、一九一六年には寺内正毅内閣の内務大臣ついで外務大臣として活動した。しかしこの時期はシベリア出兵など、失敗も多かった。

その後、東京市長（現在の東京都知事）となった後藤は、都市計画に取り組むが、政友会などの反対で成功せず、また関東大震災後の第二次山本権兵衛内閣では内務大臣として帝都復興に取り組んだが、やはり充分な成功を収めることができなかった。晩年は、日ソ国交樹立に取り組んだ。

後藤は近代日本が生んだ傑出した政治的企業家と言ってよいだろう。ただ、後藤は自前の政治力は充分ではなかった。児玉のような強力な政治家に支えられて初めて卓越した能力を発揮できる人物だった。昭和天皇も晩年のインタビューで、後藤のスケールの大きな仕事を懐かしんでいる。

二三（大正十二）年までであった。また、清国の抵抗、列国との競争があり、日本の経済力は脆弱《ぜいじゃく》であった。しかも清国の抵抗は列国の外交的・財政的支持を背景とすることが多く、また日本は外国から資金を導入しなければならなかった。そのため、日本は列国との関係について、とくに慎重な配慮をする必要があったのである。

　日露戦争後、日本が最も懸念していたのは日露関係であった。ロシアの極東陸軍はまだ健在であって、ロシアが復讐戦に出ることを、日本は極度に恐れていた。ところが、やはりこれを危惧していたのが、ロシアの同盟国フランスであった。フランスはロシアがアジアの問題にあまり深入りすることを好まなかったのである。こうしてフランスは日露の和解を斡旋し、事実上それを条件として日本に借款の供与を申し出た。その結果、結ばれたのが一九〇七（明治四十）年六月の日仏協商であり、七月の第一次日露協約であった。

　これに対し、日露戦争前より悪化したのは日清関係と日米関係であった。日露戦争は世界の被抑圧民族の民族的自覚を促したけれども、清国についてもそれは同様であった。清国はそれまで満州を祖先の地として特別扱いをし、漢民族の移住を厳しく制限していたが、一九〇七年には他の中国本土と同様の制度を実施し、東三省（満州の別称。現在の遼寧・吉林・黒龍の三省を指す）総督に徐世昌《じょせいしょう》（一八五五－一九三九年）、奉天・巡撫に唐紹儀《とうしょうぎ》（一八六〇－一九三八年）を起用した。彼らはいずれも、当時清朝最大の実力者であった袁世凱《えんせいがい》（一八五九－一九一六年）に近い有力者であって、満州回復にかける清朝の熱意が、その任命に示されていた。

他方アメリカは、門戸開放政策の立場から、それまで日本に対して好意的な立場をとっていた。しかし戦後の日本の満州政策は、アメリカの期待したほど開放的なものではなかった。日本の軍政は戦争終了から一年間続き、この間外国人の行動は厳しく制限された。その後も日本は、莫大な犠牲を払ったこの土地に対して特殊な感情を持ち、外国に対して往々にして閉鎖的な態度をとった。日本の政策の閉鎖性が、当時の国際関係の許容範囲を逸脱していたかどうかは、議論の余地のあるところであるが、アメリカ国務省の中には、日本の満州政策は門戸開放の原則に違反するものであるという非難が高まってきた。

アメリカの対日批判を最も歓迎したのは清国であった。とくに唐紹儀はコロンビア大学で学んだ親米派だったこともあって、奉天総領事のストレイト（Willard Dickerman Straight, 1880-1918）と接近し、満州における事業に興味を待つ鉄道王ハリマン（Edward Henry Harriman, 1848-1909）らの関心を引き、アメリカ資本の導入によって、日本による満州の勢力圏化を阻止しようとした。

ところで、アメリカ本土では一九〇六年より日本人移民排斥問題が顕在化し、日米関係をさらに刺々《とげとげ》しいものとしていた。T・ローズヴェルト大統領は、日本側の主張や感情に理解を示したが、アメリカを白人国として維持するために、どこかに日本の膨張の捌《は》け口を認め、それがアメリカに向かわないようにしなければならないと考えた。こうしてローズヴェルトは国務省の意見を抑え、日本の満州政策を黙認する態度をとった。彼の政権末期、一九〇八年十一月に結ばれたルート・高平協定は、その立場を打ち出したものであった。

ドル外交の展開と日露の接近

ところが、一九〇九年三月にタフト（William Howard Taft, 1857-1930）が大統領に就任する（在任1909-1913）と、彼は国務省の極東政策をそのまま受容するようになった。

国務省の計画の中心にあったのは、アメリカ資本によって満鉄と並行して満州を南北に走る鉄道を建設することであった。一九〇七年に営業を開始した満鉄は、たちまち満州における物資輸送に独占的な地位を確立して、予想を超える利益をあげつつあった。満鉄と並行する鉄道によってその独占を破ることが、満州における門戸開放を実現する最も有効な方法であると彼らは考えた。こうして構想された鉄道の一つが、一九〇九年の錦州と愛琿《アイグン》とを結ぶ錦愛鉄道敷設計画であった。清国にアメリカから資金を供給し、満鉄と東清鉄道とを買い上げさせようという、同年末の満州鉄道中立化案も、同趣旨だった。これらはドルを武器とする挑戦として、ドル外交と呼ばれた。

日本はすでに一九〇五年、満鉄の付近にこれと並行する鉄道を作らないという約束を清国から得ていた。そしてこの並行線禁止協定によって、新法鉄道計画（新民屯―法庫門）を挫折させたこともあった。しかし、錦愛鉄道になると満鉄の付近とは言いにくかったし、外資に依存することの多い日本としては、アメリカの金融資本との対立はなるべく避けたかった。錦愛鉄道の建設は好ましくないが、これに反対するのは無理だというのが、日本政府の判断であった。

ところがアメリカの計画は、同時にロシアの北満州における権益を脅かし、ロシアの強い反発を招いてしまった。ここに日露両国は共同してドル外交に対抗することとなり、さらに進んで一九一〇年

図8-1　満州における日露の勢力圏

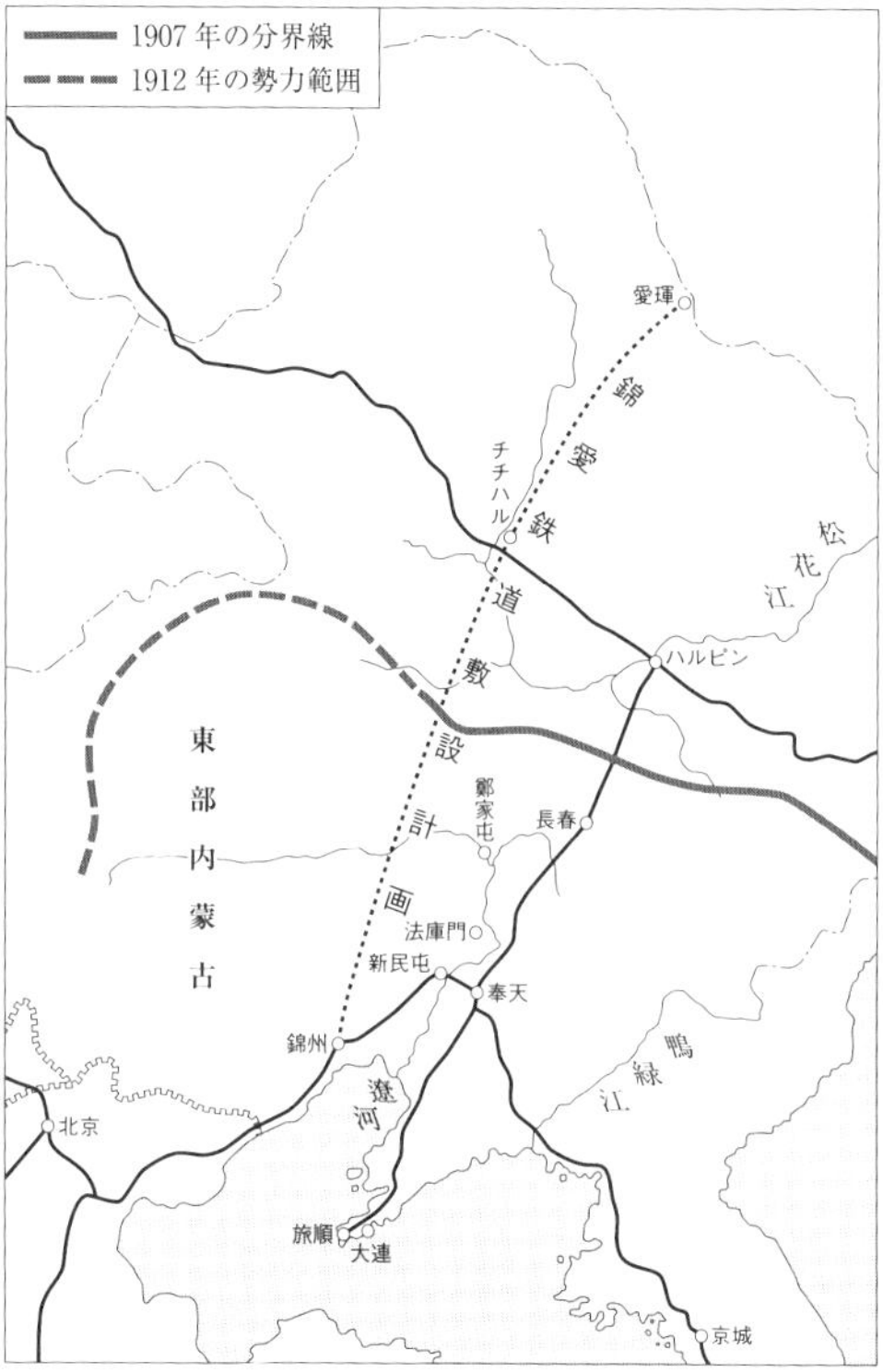

七月には第二次日露協約を締結し、南北満州における両国の権益を相互に保障し合う約束をしたのである。アメリカはその後も満州に対するドル外交を繰り返したが、日露は提携してこれに対処し、英仏の暗黙の支持を得て、次々とこれらを挫折させていった。その結果、満州およびその西方の内蒙古では、日露を無視した投資計画は困難であるという認識が列国の間に広がっていった。一九一二年になると、日露両国は第三次協約を結び、満州のみならず内蒙古についても、日本は東部内蒙古、ロシアは西部内蒙古をそれぞれ勢力圏として相互に承認・尊重することを取り決めるにいたった。

日露戦争の直後から一九〇八年ごろまで、日本政府が勢力圏とみなしていたのは、南満州の中でも、遼河以東あるいはせいぜいその西岸までであった。ところがアメリカのやや性急かつ拙劣な外交と、ロシアの強硬な態度により、やがて南満州全域を、そしてさらに東部内蒙古までを日本は勢力圏とみなすようになり、満州権益という言葉に代わって、満蒙権益という言葉も、しばしば用いられるようになったのである。

このことからも理解されるように、日本外交の最も重要なパートナーはロシアとなっていた。これに比べイギリスは、アメリカとの関係を重視する立場から、日本に対する支持はやや曖昧《あいまい》となっていた。ただ日本は、ロシアだけに依存するわけにはいかなかった。ロシアは何といっても潜在的には巨大な軍事的脅威であったし、またイギリスの資本は日本にとって必要不可欠であったからである。

三　第一次世界大戦と日本

中国革命

さて、一九一一年の秋ごろ、日本の中国政策は一つの転機を迎えていた。ポーツマス条約（第**7**章参照）や北京条約で認められた権益はほぼすべて現実化されていた。アメリカのドル外交の失敗によって、満蒙の勢力圏化にはほぼめどが付いていた。朝鮮と満州を結ぶ直通鉄道をはじめ、必要最小限の鉄道網は整備されていた。そのため、今後の目標はかえって曖昧となっていた。満蒙権益をさらに強化すべきか、満蒙だけにとらわれずに南方へ進出すべきか、あるいは中国政府に対する影響力の強化をめざすべきか、いくつかの方向が考えられた。ちょうどそこに起こったのが辛亥《しんがい》革命であった。

清国では、日清戦争後から、清朝打倒と共和政体の樹立をめざす運動が起こっていた。日露戦争によってそのナショナリズムはさらに高まり、各地で武装蜂起が起こるようになっていた。辛亥の年、一九一一年十月の武昌における蜂起（起義）がついに成功して拡大し、各省は清朝からの独立を宣言し、やがて孫文《そんぶん》（一八六六―一九二五年）を臨時大総統に選出して北方の清朝と対峙するにいたった。

この時日本の朝野には、清朝を援助してその代償として満蒙権益をさらに強化すべきだとする意見や、むしろ革命派を援助する方が日本の利益になるという意見や、はなはだしきにいたっては満州の独立あるいは併合を唱える者すらあった。しかし政府は、イギリスと提携して清朝を立憲君主制に導くことをめざした。

ところが、革命は清朝の実力者、袁世凱によって収拾されることになり、清朝は一九一二年二月に滅亡して中華民国が成立し、袁世凱が臨時大総統となった。清朝は袁世凱を起用して革命派を鎮圧しようとしたが、袁世凱は革命派と妥協して、権力を掌握することを選んだのである。その背景にあったのは、中国の統一と安定を期待するイギリスだった。

しかし、まもなく袁と革命派との対立は激化し、一九一三（大正二）年七月にはいわゆる第二革命が勃発する。この時も日本ではさまざまな政策が議論されたが、袁がたちまち革命派を鎮圧し、中国の動乱につけ込むことはできなかった。

このように、中国の動乱は日本の膨張につながらなかった。中国の統一と安定に最大の利害関心を持つ国はイギリスであり、イギリスが袁世凱を支持している限り、日本の中国進出には限界があった。

先にも述べたように、イギリスの外交的支持と財政的な協力は、日本にとっても必要不可欠なものであったからである。

二十一カ条要求と反袁政策

決定的な変化は一九一四年夏に起こった。七月にオーストリアとセルビアの間で勃発した戦争は、まもなく英仏独露を巻き込む未曾有《みぞう》の世界大戦に発展した（第一次世界大戦）。ここにヨーロッパ列強はアジアの問題に介入する余力を失い、むしろ日本の好意を求めることとなった。ヨーロッパ列強の外交的・財政的支持に依存することの多かった袁世凱政府の日本に対する抵抗力も弱まり、日本の経済力も、戦争中に飛躍的に向上していく。日本の中国政策を制約していた三つの基本要因が、ここに大きく変化し、それに応じて日本の大陸膨張も積極化したのである。

まず大隈内閣は、加藤高明外務大臣のリーダーシップによって、積極的に大戦に参加した。イギリスは日本の野心を警戒し、その参戦に条件を付けようとしたが、日本はこれを押し切って八月下旬、ドイツに対し宣戦を布告した。そしてドイツの根拠地である膠州湾を陥落させた後、翌一九一五年一月、日中間の懸案を一挙に解決することを目的として、中国に多数の要求を提出し、交渉に入った。二十一カ条要求として知られる悪名高いものが、これである。

その内容は、第一に、山東省におけるドイツ権益の主要部分を日本に譲渡すること、第二に、満鉄と関東州租借地の期限延長、満蒙における鉄道などに関する借款優先権の明確化、土地所有権の承認など、満蒙権益の強化に関するものであった。また第三は、揚子江流域の漢冶萍公司《かんやひょうこんす》に関するもの、第四は、中国沿岸部の不割譲宣言、そして第五は、顧問傭聘《ようへい》、警察改善、日本からの武器の購入など、その他の諸項目であった。

二十一カ条要求は、今日でこそ日本の帝国主義を代表する侵略的な政策のように言われているが、そのころの世界の常識では、特に侵略的な政策というわけではなかった。むしろ当時の日本では、これでもなお不充分だという政府批判が強かった。

二十一カ条要求の重点は、山東半島の問題を別とすれば、第二号の満蒙問題であった。その要求の多くは日本がすでに事実上享受しているものであった。したがって日本側では、現実の事態の確認を求めただけであるという意識があった。しかし、それらの権益が明文化されれば、その上にさらに慣習的な権益が発生することが予想されたから、中国が抵抗したのは当然であった。こうした認識のギャップもあって、交渉は難航した。中国はまた列強とくにアメリカの介入を期待し、これに日本側の外交の不手際も加わって、日米関係もはなはだ紛糾することとなった。交渉は、日本の最後通牒を中国が受け入れて、五月に終了した。日本はいくつかの新しい権益は得たものの、同時に中国とアメリカの強い不信を招くなど、大きな問題を残した。

二十一カ条要求からしばらくして、七月に大浦兼武内務大臣瀆職《とくしょく》事件が起こると、加藤外相は大隈首相と意見を異にして内閣を去る。そのあと中国政策に大きな力を待つようになったのは参謀本部であった。とくに一九一五年秋から年末にかけて、田中義一（一八六四―一九二九年）と上原勇作（一八五六―一九三三年）という有力者が参謀次長と総長に就任して、参謀本部の発言権は強まった。

ところが一九一五年秋には、中国では袁世凱が帝政の復活を計画し、自ら皇帝になろうとして運動を始めていた。それにはある程度の混乱が伴うことが予想された。これに対し、この際、袁世凱を支持して貸しを作り、今後の中国問題を有利に運ぶべきだと主張するグループがあった。他方で、袁世凱は外国の脅威を言い立てて国内統一を図るのに長じており、取引をするのは危険であるから、この際、袁を失脚させることが日本の利益だと説くグループがあった。大隈内閣は迷った末、第二の立場を選び、一九一六年三月の閣議では、袁世凱の没落をめざすという、史上にも稀な乱暴な決定を行っている。

そして参謀本部を中心として、南方の反袁世凱の軍閥、中国国民党、そして満州では清朝の復興をめざす宗社党、中国からの分離独立を求める蒙古王族、それに独立した勢力となろうとする張作霖《ちょうさくりん》（一八七五―一九二八年）を同時に援助するという壮大な謀略に着手する。その結果、袁世凱は苦境に立ち、一九一六年六月に急死してしまう。しかし日中関係は、二十一カ条に続いて、大きな混乱に陥ってしまったのである。

寺内内閣の中国政策

一九一六年十月に成立した寺内内閣は、大隈内閣の中国政策を転換しようとした。日中関係の改善、そして対列国関係とくに対米関係の改善が、彼らの目標であった。中国に対しては、内政干渉をやめ、威圧的な政策を避けると同時に、親日的な段祺瑞《だんきずい》（一八六五―一九三六年）の政権が成立すると、これに対して借款を供与し、日中の結び付きを強化しようとした。また列国に対しては、大戦への協力を一段と強化し、その代償として、戦後の講和会議で日本が要求するであろう山東半島と赤道以北ドイツ領南洋諸島に関する要求を支持するよう約束を取り付けた。

列国の中で最も難しい関係にあったアメリカに対しても、アメリカがドイツに対して一九一七年四月に参戦したのをきっかけに、前外相石井菊次郎（一八六六―一九四五年）を特使としてアメリカに派遣し、石井・ランシング協定を結ばせた。その中には、「合衆国及日本国両政府ハ領土相近接スル国家ノ間ニハ特殊ノ関係ヲ生スルコトヲ承認ス。従テ合衆国政府ハ日本国カ支那ニ於テ特殊ノ利益ヲ有スルコトヲ承認ス。日本ノ所領ニ接壌《せつじょう》セル地方ニ於テ殊《こと》ニ然リトス」という一節があった。長年門戸開放政策で日本の満蒙特殊権益を批判してきたアメリカが、日本の立場に最も近づいた瞬間であった。

日中提携と列国協調とはがんらい、矛盾を孕《はら》んだ政策であった。日中提携は、他の列国以上に日本が中国と密接な関係を結ぶことを意味していたからである。しかし寺内内閣は、世界大戦という有利な状況を利用して、この二つの原則を両立させようとしたのであった。

シベリア出兵と西原借款

このような情勢を大きく変えたのが一九一七年十一月のロシア十月革命であった。帝国主義戦争を否定する立場から、ボルシェヴィキ政権は対独戦争を中止し、翌一九一八年三月にはブレスト・リトフスク講和条約を結んだ。これはロシアにおける親独派の勝利と受け止められ、ドイツ勢力がロシアと結んで東に進出することまで危惧されるようになったのである。

寺内内閣の対外政策の根底にあったのは、西洋諸国とくに隣接するロシアに対する恐怖感であった。西洋列強が東アジアに本格的に進出してくる時、日本が提携すべき国は中国以外にはなかった。それゆえに日中提携は重視された。また、もちろんそのような事態を避けるため、列強とくにロシアとは友好関係を積み重ねなければならないと考えられた。ところが、ロシア革命によって対列強提携の基軸ともなるべきロシアが倒れ、しかも独露提携・東漸が実現しそうに見えた。これに対応するためにまず必要なのは、日中提携の強化であった。寺内内閣が列国間の了解を大幅に逸脱して中国に巨額の借款を供与し始めた（西原借款）のは、そのためであった。

シベリア出兵も、こうした認識と関係していた。十月革命でロシアが世界大戦から離脱することが決定的となると、英仏は干渉戦争を提起した。革命政権を打倒して東部戦線を再建しなければ、ドイツが全力を西部戦線に投入してくるという判断だった。日本側でも、革命政権を打倒すべしという議論もあり、混乱に乗じて日本の領土ないし勢力圏を拡大しようとする主張もあった。もちろん慎重論も強かったが、アメリカがチェコ軍団救出（オーストリア＝ハンガリー帝国からの独立をめざすチェコ軍が、同帝国軍から離脱してロシア側に加わっていたところ、ロシア革命で行き場を失っていたもの）のための共同出兵を提起したことから寺内内閣は出兵を決断し、一九一八年八月、実施に踏み切った。

しかし独露の提携・東漸は幻影であった。それゆえ、西原借款もシベリア出兵も大失敗に終わってしまった。西原借款によって中国に投資された巨額の資金は回収できなかったし、シベリア出兵は数年にわたって数億円の資金を浪費し、数千の犠牲者を出す有り様であった。寺内内閣は前半一年間にはかなりの成果を上げたが、ロシア革命以後方向を見失ってしまったのである。

日露戦争の勝利以来、日本は満州権益の確立を中心として対外膨張に力を注いできた。そして日本は、アメリカの外交の拙劣さやロシアの対応などの偶然もあって、当初期待していた以上の勢力圏を南満州および東部内蒙古に作り上げることに成功した。しかしそれは、資本の不足を力でカバーし、列強間の対立を利用した、基礎の弱い帝国主義であった。ところが大戦後には、そうした帝国主義列強が崩壊あるいは弱体化し、帝国主義そのものが批判にさらされることとなる。とくに問題は、日本の最大の批判者であったアメリカの勢力が、並ぶもののない存在となったことであった。ここに日本は全く新しい課題に直面することになるのである。

第9章

政党政治の発展

⬆原敬（写真提供：時事通信社）

一　日露戦争後の藩閥―政党関係

伊藤内閣から西園寺内閣へ

政党政治の発展については、第**6**章で、一九〇〇（明治三十三）年九月、政友会の成立のところまで述べた。その直後、山県有朋首相は辞職して後任に伊藤博文を推した。そこには、結成間もない政友会に政権を渡して混乱させようとする意図があった。十月、伊藤はやむなく第四次内閣を組織したが、山県の影響下にある貴族院の反発には悩まされた。また、旧憲政党の実力者星亨が東京市会の疑獄に巻き込まれて逓信大臣辞職に追い込まれたこともあって、党内を掌握し切れず、わずか七カ月で政権を手放してしまった。一九〇一年五月のことである。

伊藤の辞職後には、井上馨が組閣に失敗し、結局、六月に山県閥の桂太郎が内閣を組織した。井上は伊藤の盟友であったから、これは、藩閥内部における伊藤系の後退と山県系の台頭を示すものであった。桂内閣は、小山県内閣と呼ばれ、次官内閣と呼ばれたように、山県を背景とする小物の内閣だと見られていた。しかしそれは同時に、新しい世代の登場を意味していた。その対外政策における意味についてはすでに述べたとおりである。

この桂内閣に対し、政友会の行動は難しかった。伊藤は政友会総裁であると同時に元老であり、無責任な政府批判はできなかった。とくに日露戦争（第**7**章参照）が近づき、軍備強化に関連する増税が問題となったときはそうであった。結局、戦争が近づいた一九〇三年七月、伊藤は政友会総裁を辞職して枢密院議長となり、後任総裁には西園寺公望（一八四九―一九四〇年）が就任した。この間、伊藤の独断的な政府接近によって、脱党者が相次ぎ、政友会は衆議院の過半数を失い、一九〇三年には、議席率三四パーセントまで落ち込んでいた。

しかし一九〇四年二月に日露戦争が勃発すると、政党は挙国一致を標榜して政府に協力した。とくに政友会は戦争終結に際し、世論が講和条約を激しく批判したとき、政府支持の立場をとった。これが契機となって桂内閣と政友会との間には政権授受の約束ができ上がり、一九〇六年一月、第一次西園寺内閣が成立する。第四次伊藤内閣は政党内閣とはいえ、やはり元勲の内閣であった。これに対し、西園寺内閣の成立は、講和問題への対応が鍵であったことからもわかるように、政党が体制の正統な一員として受け入れられるようになったことを意味していた。

桂園時代と藩閥

桂から西園寺への政権授受の約束が成立した一九〇五年秋ごろから、第一次西園寺内閣、第二次桂内閣を経て、第二次西園寺内閣末期の一九一二（大正元）年秋ごろまでを桂園時代と呼んでいる。この時代は、明治憲法体制の下では最も安定した時代であった。二度の総選挙はいずれも任期満了にともなうものであったし、政権の移動は前任者と後任者の間の了解によって、ほぼ円満に行われた。

安定の原因の第一は、対外政策における一致であった。当時の最大の課題は満州権益の確立であり、桂内閣の方がより積極的ではあったが、西園寺内閣もこれを推進する立場にあった。また安定の第二の理由は、官僚と政党という政界の二大分野に、それぞれ山県閥と政友会という安定した多数派が存在し、両者が相互に勢力を競いながらも、全体としては提携して相互の政権を支持し合ったことである。それでは、両者はどのような状況にあったのか、まず藩閥の方から見てみよう。

日露戦争後の藩閥を特徴づけるのは、山県閥の優位であった。薩派の凋落《ちょうらく》と長派における伊藤系の後退により、山県閥は藩閥を代表する存在となっていた。この山県閥の中心は桂太郎であり、また三代の内閣で陸相を務めた寺内正毅であった（陸相在任一九〇二－一九一一年）。山県閥のような巨大な集団をとりまとめていく力は、すでに現場を離れていた山県から、桂や寺内らに移りつつあった。

ところで山県・桂・寺内は全員陸軍軍人であって、山県閥の最大の拠点は陸軍であった。桂園時代を通じてこの陸軍を支配していたのは寺内であった。日露戦争の前に陸軍大臣に就任した寺内は、九年半その地位にとどまり、ライバルの児玉源太郎（一八五二－一九〇六年）の死もあって陸軍に圧倒的な力を築いた。とくに寺内は陸軍省に腹心の長州人を多く用いるとともに、参謀本部の権限を削減し、これを陸軍省に従属させていった。

このように陸軍はその指導者を政界最高の地位に擁していたが、陸軍の政策が積極的に実現されることはむしろ少なかった。陸軍軍備拡張について見ると、桂は第二次内閣で蔵相を兼任して緊縮政策を実行したように軍拡に消極的であり、寺内も国家指導者としての立場から桂の方針に同調していた。むしろ海軍でドレッドノート型戦艦の登場という大きな技術革新があり、これに追い付くため、海

図9-1　戦艦薩摩と戦艦ドレッドノート

戦艦薩摩（主砲2基4門）

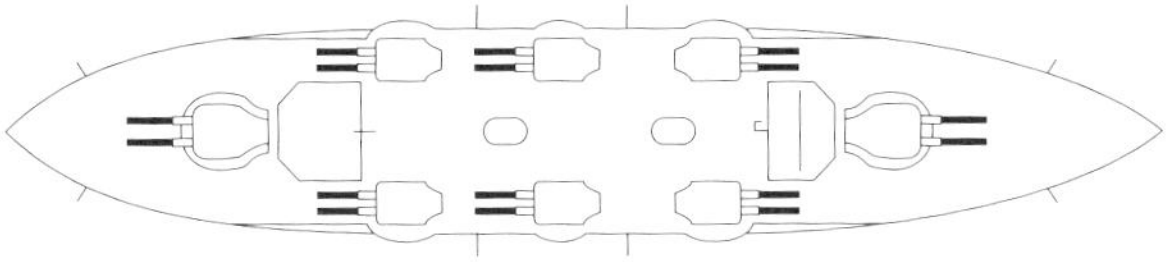

戦艦ドレッドノート（主砲5基10門）

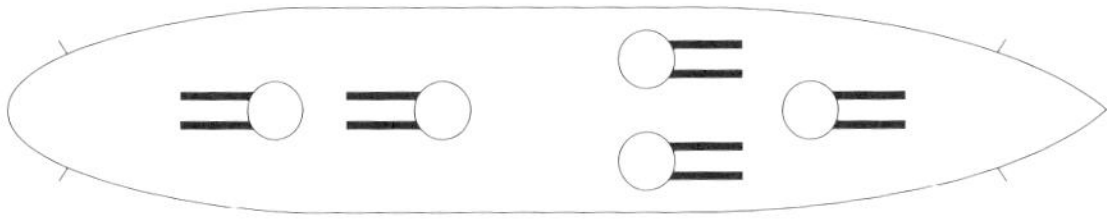

軍軍拡の方が先行することとなった。この新型戦艦は、イギリスが一九〇六（明治三十九）年に就航させたもので、従来の一八ノットを超える二一ノットの速度を誇り、かつ従来の倍以上の数の主砲を備えたものであった。以後、世界的にこれが標準となり、さらに一九一二年にはスーパードレッドノート型が登場して、従来の戦艦を一挙に旧式のものとしてしまったのである。

さらにまた、陸軍の期待する大陸への膨張についてみても、桂や寺内の政策は、西園寺系の勢力よりは積極的であったが、陸軍内部では最も穏健な方に属していた。要するに桂も寺内も、陸軍指導者としての立場よりも藩閥ないし国家指導者としての立場を優先し、積極的な陸軍軍拡や中国政策については、むしろこれを抑える方に回ったのである。

このような現状に対し、やがて陸軍内部から反発が生まれてくる。かつて大きな力を持っていた薩摩を中心に、薩摩の有力将軍上原勇作を擁立し、人事刷新、参謀本部強化、積極的大陸政策などを実現しようとする動きがそれであった。次代の長州の指導者と目されながら、人事刷新などの主張において共鳴し、この動きに接近したのが田中義一である。そして一九一一年、田中は軍務局長に、一二年、上原は陸軍大臣に就任する。このような勢力が山県閥の最大の拠点である陸軍に台頭したことは、桂園時代の安定を大きく動揺させる可能性を持っていた。実際、彼らが提起した二個師団増設問題によって、桂園の結び付きは最終的に崩壊することとなるのである。

桂園時代と政党

他方、政党の方で目に付くのは、自由民権運動の流れを引く勢力の後退であった。より民党的であった憲政本党は、結党以来政権に参加できず、その勢力も徐々に後退して、第十回総選挙では、政友会の三分の一近くにまで落ち込んだ。また政友会でも旧自由党系の勢力は没落していった。西園寺総裁の下に新しく政友会の実権を握ったのは、九州派の松田正久（一八四五―一九一四年）と東北派・関東派を率いる原敬（一八五六―一九二一年）であった。とくに原は、星亭が一九〇一年に暗殺されたのち、関東派の地盤とそのビジョンとを継承していった。

原によれば、政党は単なる反対勢力ではなく、国政を積極的に担う存在でなければならなかった。そのためには、まず党内リーダーシップの確立が必要であった。強力なリーダーシップなしに、他の政治勢力と効果的な妥協や取引をすることは不可能だったからである。そのために原は潤沢な政治資金を中央に集中し（西園寺は住友、原は古河財閥と縁が深かった）、ポストや利権をばらまくことを辞さなかった。原の意図は成功し、党員は総裁・幹部の指導を従順に受け入れるのが普通となった。その背景には有権者数の著しい増加があった。そのころ、一九〇〇年の選挙法改正や日露戦争時の増税によって有権者数は初期議会のころの三・五倍となっており、選挙にいっそう金がかかるようになり、党員は幹部に対する依存を強めていたのである。

原はまた、官僚出身者や財界人の入党を積極的に推進した。かつて政党が官僚組織に入り込んだため、官僚を政党に敵対させてしまったが、今度は逆に官僚を入党させようとしたのである。それは政

表 9-1　有権者数増加の主なもの

総　選　挙	有権者数	備　　　　考
	万人	
第 1 回（1890 年）	45.1	直接国税 15 円以上
第 6 回（1898 年）	50.2	
第 7 回（1902 年）	98.3	直接国税 10 円以上
第 9 回（1904 年）	76.2	
第 10 回（1908 年）	159.9	主に日露戦時増税による
第 13 回（1917 年）	142.2	
第 14 回（1920 年）	306.9	直接国税 3 円以上
第 15 回（1924 年）	328.8	
第 16 回（1928 年）	1,240.9	第 1 回男子普通選挙

［注］ 大幅な増加のあった選挙とその直前の比較。1,000 人以下四捨五入。

権担当能力の向上につながるものであり、また財界人の入党は政治資金の面でも有利なものであった。原は二度の西園寺内閣で内務大臣を務め、老朽淘汰《とうた》新進抜擢《ばってき》の名目で大人事異動を行った。その結果、抜擢された者は事実上政友会系となる者が多く、のちに入党する者も少なくなかった。

他方、原は、地方で積極的な産業基盤育成政策を行い、それによって同時に政友会の地盤を強化しようとした。その典型は鉄道政策であった。全国の主要な鉄道は一九〇六年ごろにはほぼ整備され、大部分国有化されていた。その次の課題には、幹線の輸送力の重点的強化と、鉄道網をさらに拡大することがあった。このうち前者を重視したのが、初代満鉄総裁から第二次桂内閣の鉄道院総裁となった後藤

新平であった。後藤は、東海道本線などの幹線は輸送力の大きい広軌軌道として、大陸の鉄道網に接続させるべきだと考えた。しかし原は、鉄道網の地方への拡大を重視した。それは、のちに我田引水をもじって我田引鉄と言われたように、政友会の地盤の強化にも寄与する政策であった。同様に原は、道路・橋梁・港湾の建設などによって、地方の産業基盤の整備と政友会の地盤の強化を共に追求した。この種の政策は以前にもあったが、これを大規模かつ体系的に展開した最初の政治家は原であった。

こうした原の指導によって、政友会は安定した多数を確保し、これを着実に伸ばしていった。この政友会の発展で追い込まれたのは憲政本党であった。その内部には、伝統的な反藩閥路線と、政友会への対抗をまず重視せよとする新しい路線とが争っていた。前者は政友会との提携を重視するため横断論（非改革派）、後者は藩閥への接近を意味したので縦断論（改革派）と呼ばれた。路線対立は、一九一〇年に憲政本党が国民党となっても変わらず、改革派が勢力を増しながらも、非改革派を圧倒し

◆原敬（一八五六－一九二一年）

原は南部藩の家老の家に生まれ、戊辰戦争の敗者に対する差別と貧困の中で苦学し、いくつかの新聞社を転々としたのち、一八八二（明治十五）年、外務省に入った。天津、パリなどに勤務したのち、農商務省に移って陸奥宗光に知られ、陸奥外務大臣の下で通商局長、次官を務めた。朝鮮駐在公使を最後に退官し、大阪毎日新聞社長となった。

一九〇〇年、伊藤博文の政友会結成に参加し、第四次伊藤内閣において、中途辞職した星亨に代わって逓信大臣となり、以後、第一次・第二次西園寺内閣、第一次山本内閣で内務大臣となり、大学卒の官僚を抜擢し、大きな勢力を築いた。

政友会では、西園寺総裁の下で、九州派の松田正久と共に三頭政治と言われた。しかし、実際に桂太郎などとの交渉にあたり、重要政策を推進したのは原であった。とくに鉄道の敷設を推進し、これを政友会の地盤の強化と結び付け、我田引鉄と言われた。

一九一三（大正二）年、西園寺が政友会総裁を辞すると、一九一四年、その後の総裁に就任し、一九一八年、寺内内閣が崩壊後に、衆議院議員として最初の首相となった。原内閣は、陸相、海相、外相を除く全閣僚ポストを政党員が占めた、最初の本格的な政党内閣であった。

原内閣は、中学校、高等学校、大学を増設して高等教育の振興を図り、産業育成を行った。また原は、明治末期以来、アメリカの影響力を高く評価した。日本で最初の親米外交指導者は原であり、その中国政策も、対米協調の観点から行われることが多かった。

原はがんらい一山と号した。それは「白河以北一山百文」と言われた悔しさを刻み込んだものであったが、あまりに露骨なので、のち逸山と変えている。少なくとも明治後半から、原は華族となるのを拒否し、衆議院議員として終始した。原の多くの政策は、薩長によって築かれた明治国家の権威主義的性格を払拭《ふっしょく》することに向けられていた。その墓にも、官位などは一切書かず、「原敬之墓」の四字のみとするよう遺言していた。

原は政治家の弱点をよく知り、これを手なずけるための猟官をためらわない鉄腕宰相であった。それに対する批判から一九二一年に暗殺されたが、これは現職総理大臣としては最初のことであった。

原自身は清潔な人物で、死後には多くの借金を残していた。原が残した詳細な日記は、近代日本政治史の白眉《はくび》であり、これなしに原の活躍した時代の政治を分析することは不可能である。その意味で、原は今なお研究者を呪縛し続けている。

切れない状況であった。これがのちの桂新党（立憲同志会）結成の背景となるのである。

二　大正期の藩閥－政党関係

大正政変

さて、桂と西園寺の提携は、一九一二（大正元）年末に断絶し、大きな政治危機を引き起こすこととなる。その契機となったのは陸軍の二個師団増設問題であった。

陸軍が師団増設を要求したのは、第一に、中国で辛亥革命（第8章参照）が起こり清朝が倒れていたためである。その後に予想される混乱に備え、陸軍は朝鮮に師団を設置することを希望したのである。また陸軍は、ロシアがシベリア鉄道の複線化とアムール鉄道（黒龍江鉄道）の建設を進め、ヨーロッパ・ロシアとシベリアおよび沿海州との輸送能力を著しく強化しつつあること（第7章参照）に注目し、これに備えるべきだと主張していた。

師団増設計画のより根本的な背景は、そのころ日本の対外政策が一つの転機を迎えていたことであった。先にも述べたように、一九一一（明治四十四）年秋には満州権益の確立というそれまでの課題がほぼ達成され（第8章参照）、新たな対外政策目標の設定が必要となっていた。ところがこれに先立つ数年間、海軍軍拡が先行し、少なくとも陸軍中堅層の目から見て、日本の大陸進出は活発さを欠いていた。このような現状を打ち破るために一九一三年度予算に向けて、一九一二（大正元）年秋に上原・田中の陸軍中堅層が提起したのが、この師団増設問題であったのである。

しかし、西園寺内閣は行政整理を進める立場から、陸軍の主張を認めなかった。そのため上原陸相は辞職し、しかも陸軍は後任を出すことを拒んだので、十二月に内閣は倒れた。後継内閣の選考は難航したが、結局、桂が三度目の組閣をすることとなった。桂は明治天皇の死後、新帝の周辺に有力者が必要だという理由で、八月から内大臣兼侍従長として宮中に入っていた。桂に実権を奪われることを嫌った山県の意向によるものであった。しかし、政治的になお野心のあった桂は、宮中に閉じ込められることを好まず、この機会をとらえて宮中を出たのである。

しかし、世論は桂を政変の黒幕と見て、厳しく批判した。桂はしかも宮中を出るにあたって詔勅を受け、また海軍大臣を留任させるためにも詔勅を利用したので、世論はさらに激昂し、激しい大衆運動に発展した。これが第一次護憲運動である。

これに対し桂は、陸海軍軍備拡張計画の延期、軍部大臣現役武官制（第**6**章参照）の廃止、植民地総督武官制の廃止など、世論に歩み寄った進歩的な政策を用意し、自ら政党を結成し、また西園寺との長年の交友を利用して政友会の批判を鎮静化しようとしたが、世論の興奮の前にすべてが裏目に出てしまい、組閣後わずか二カ月で辞職を余儀なくされた（大正政変）。

大正政変はいくつもの対立が重なり合って起こったものである。政党と官僚、陸軍と海軍、政党と政党、長州と薩摩などの対立が重なり合っていた。しかし最も重要であったのは、おそらく満州権益確立以後の中国政策の方向をめぐる対立であった。そこにおける積極派と漸進派の対立、とくに陸軍中堅層の動きが鍵であった。

桂の後には薩派の海軍大将山本権兵衛（一八五二―一九三三年）が政友会の支持を得て内閣を組織した。山本は藩閥の一員であったけれども、軍部大臣現役武官制の廃止（予備役・後備役も可とする）、文官任用令の改正など、軍や官僚の特権を縮小する政策を断行した。しかし一九一四年初め、海軍軍備をめぐる海軍内部の汚職が発覚し（シーメンス事件）、これを契機に総辞職に追い込まれた。

その後には大隈重信が一五年ぶりに組閣した。与党となったのは桂（一九一三年十月没）によって結成されていた立憲同志会であった。同志会には、国民党改革派や桂系の官僚出身者があったほか、山県系官僚の大浦兼武が参加しており、内閣は長州閥・陸軍に近く、積極的大陸政策派の立場にあった。このように、一九一二年の二個師団増設問題の登場から二年間は、大陸政策の方向をめぐる対立によって引き起こされた激動期であったのである。

第一次世界大戦期の藩閥と政党

大隈内閣は、成立当初は少数党の内閣であった。ところが一九一四年七月、第一次世界大戦が勃発すると、積極的大陸政策派に有利な状況が生れる。この状況を背景に、内閣は、二個師団増設と政友会打破とをめざして一九一四年末に議会を解散し、大隈首相を陣頭に立てて積極的に選挙戦に臨んだ。大隈はすでに七十六歳であったが、全国各地を遊説し、汽車を停めては集まった群衆に演説するという壮健ぶりであった。大隈周辺では、また全国の支持者に電報を打ち、大隈の演説をレコードに吹き込んで送った。閣僚が積極的に選挙戦に臨んだことでも、この選挙は前代未聞であった。その結果は与党の大勝であった。日本の選挙では与党の勝利と野党の敗北はごく普通のことであるが、このときほど劇的な結果が出たことはなかった。その原因は、長年不遇の地位にあった大隈に対する同情から沸き起こった大隈ブームと、これを巧みに利用した現代的な選挙手法の導入であった。

一九一六年十月、大隈内閣が首相の高齢と中国政策の行き詰まりによって総辞職した後、山県閥の寺内正毅が内閣を組織した。これとほぼ時期を同じくして、立憲同志会を中心とする大隈内閣与党三派は合同して憲政会を組織し、寺内内閣を威圧した。しかし寺内は政友会および国民党と接近し、一九一七年初頭に議会を解散し、四月の総選挙で憲政会の多数を打破した。

政友会では、一九一三年、西園寺が総裁の地位を辞し、翌年六月、原敬が総裁となっていた。そして大隈内閣の選挙によって大打撃を受けながら、元老の山県に接近し、事態の打開を図っていた。そして、寺内内閣の成立と一九一七年の選挙によって、ようやく第一党の地位を回復し、内閣に影響力を及ぼしうる地位に復帰したのである。そしてこの地位を利用しつつ、一九一八年に寺内内閣が首相の病気と米騒動によって行き詰まると、これに代わって内閣を組織することとなるのである。

三党鼎立論の挫折

元老の山県は次のような議論を三党鼎立《ていりつ》論と呼び、自らの理想としていた。すなわち、議会には通常二つの大きな政党があるが、それ以外に藩閥の影響下にある第三党を確保し、かつ二大政党の勢力が近接していずれも過半数をとれないように工作する。そして二大政党の一つと第三党の提携によって政権を維持し、この政党が政府に反抗するときには提携を断絶し、もう一つの大政党と第三党の提携によって政権を維持する。かくして政府は政党の「横暴」に左右されず、その施策を行うことができる、というのであった。

実はこれに近いことが起こったのが、大隈・寺内両内閣の時期であった。政友会と立憲同志会がいずれも山県の好意を求め、山県から見れば、政友会の勢力を同志会によって打破し、憲政会の勢力を政友会によって打破することができたのである。しかし三党鼎立論は、寺内内閣末期には行き詰まり、山県は長く嫌っていた政党内閣を認めざるをえない立場に追い込まれる。

三党鼎立論が不可能となった理由の第一は、同志会と憲政会の実権が、加藤高明総裁および加藤を支持する若槻礼次郎（一八六六―一九四九年）・浜口雄幸《おさち》（一八七〇―一九三一年）ら比較的若い官僚出身政治家によって掌握されたことであった。親英派の加藤をはじめ、彼らは官僚的進歩主義者であって、イギリス風の政党政治を理想とし、藩閥との接近を嫌った。このため、寺内内閣の末期、内閣と政友会が対立したときにも、その与党を政友会から憲政会に切り換えることはできなかったのである。

もう一つ、三党鼎立論を不可能ならしめたのは、藩閥の中核であった陸軍が、藩閥から離脱していったことである。田中や上原を中心とする陸軍中堅層が、桂園時代の陸軍のあり方に不満であったことはすでに述べた。彼らによる陸軍の自己主張が、前章で述べた反袁政策その他の積極的大陸政策の背景にあった。彼ら陸軍中堅層と寺内に代表される上層部との対立は、寺内内閣においていっそう明

表 9-2　衆議院会派別議席数（議席率）の変遷

	政友会	憲政本党	帝国党	その他・無所属	総数
1900年9月 政友会結成	155 (52)	67 (22)	12 (4)	66 (22)	300
1902年8月 第7回総選挙	190 (51)	95 (25)	17 (5)	73 (19)	376
1903年3月 第8回総選挙	175 (47)	85 (23)	17 (5)	99 (26)	376
1904年3月 第9回総選挙	133 (35)	90 (24)	19 (5)	137 (36)	379
	政友会	憲政本党	大同倶楽部	その他・無所属	総数
1905年12月 大同倶楽部結成	149 (39)	98 (26)	76 (20)	56 (15)	379
1908年5月 第10回総選挙	187 (49)	70 (18)	29 (8)	93 (25)	379
	政友会	国民党	中央倶楽部	その他・無所属	総数
1910年3月 国民党および中央倶楽部結成	204 (54)	92 (24)	50 (13)	33 (9)	379
1912年5月 第11回総選挙	211 (55)	95 (25)	31 (8)	46 (12)	381
	政友会	国民党	立憲同志会	その他・無所属	総数
1913年2月 立憲同志会結成	188 (49)	43 (11)	93 (24)	57 (15)	381
1915年3月 第12回総選挙	108 (28)	27 (7)	153 (40)	93 (24)	381
	政友会	国民党	憲政会	その他・無所属	総数
1916年10月 憲政会結成	111 (29)	28 (7)	197 (52)	45〈欠員を含む〉 (12)	381
1917年4月 第13回総選挙	165 (43)	35 (9)	121 (32)	60 (16)	381

［注］　かっこ内は%。

確化する。陸軍では第一次世界大戦による軍備の飛躍的発展に対応するため、積極的な軍備拡充計画を樹立するが、寺内は国民負担軽減と海軍との均衡の観点から、これを認めようとしなかった。陸軍の立場にむしろ近かったのは、積極的な産業基盤充実を唱える政友会の方であった。陸軍の方でも、そうした基盤なしに軍備近代化が不可能であることを悟るようになっていた。こうして陸軍は一九一八年には政友会に接近し、原内閣が成立すると田中が陸軍大臣に就任することとなるのである。

桂園時代には、藩閥と政党の多数派同士が提携したが、その結果、勢力を伸ばしたのは政友会であった。それは、藩閥が政党を操縦しようとしても、憲政本党ないし国民党が藩閥に積極的に接近しようとしなかったからである。ところが桂新党の結成により、二大政党が藩閥との提携を求めるようになり、その結果、一九一三－一九一七年の激しい政党操縦と政党対立が生まれた。ところが憲政会が再び反藩閥的となると、政党操縦はまた困難となった。しかも藩閥の中核であった陸軍が藩閥から離脱し始めていた。こうしてかつての桂園提携と同様の藩閥と政友会との提携が復活した。しかし両者の関係は、桂園時代に比べ、著しく政党に有利に傾いていたのである。

その背景には、国民の世論と知識人の活動があった。吉野作造は『中央公論』大正五（一九一六）年一月号に「憲政の本義を説いて其有終の美を済すの途を論ず」を発表し、これ以後、政党政治と国際協調外交を説いて、一九二〇年代の世論をリードしていくのである。

第**10**章

国際協調と政党内閣

🅐幣原喜重郎（1931 年 1 月。写真提供：毎日新聞社/PANA）

一　原内閣

原内閣の成立

一九一八（大正七）年九月、原敬の率いる政友会内閣が成立した。これまでにも政党を基礎とする内閣はいくつかあったが、首相はいずれも華族であって、大隈伯爵（就任当時、以下同様）であり、伊藤侯爵であり、西園寺公爵であった。衆議院に議席を持ち、爵位を持たない首相は、原が最初であった。政党政治にとって、下院の上院に対する優越は不可欠の条件の一つである。その意味で、原首相が「平民宰相」として世論の喝采を浴びたのは当然であった。

それからまもなく、十一月には第一次世界大戦が終了した。前年のロシアに続いてドイツも崩壊し、また英仏も著しく疲弊していた中で、実力と理念の双方において世界を圧倒していたのがアメリカであった。日本においても新しい政党政治の時代がやってきたことが、こうした国際情勢の変化によって一段と強く意識されたのである。

原の政策は、従来から積極政策として知られていた。桂園時代以来、積極的な鉄道網の拡大などによって、地方の産業化を促進したことについては、すでに述べた（第**9**章参照）。その他、積極政策の一つとして注目すべきものに、中高等教育の振興があった。それまで日本には東京・京都など五つの帝国大学があるだけで、私立大学は帝大と同様の資格を認められていなかった。また高等学校は、第一から第八まで、全国に八つしかなかった。原内閣は官公立の大学を増設するとともに、慶應義塾・早稲田などの私立大学に基本的に帝国大学と同じ資格を与えた。そして高等学校も大幅に増設し、専門学校や中学校についても積極的な増設・拡充を図ったのである。それは、第一次世界大戦を契機とする日本の産業の飛躍的発展に対応すると同時に、国民の教育水準の向上に応じて、高等教育の門戸をより広く開こうとする政策であった。

積極政策と並んで原内閣の政策を特徴づけるのは、政治機構の政党化であった。明治国家の政治システムには、国家本位や国家機密などを理由に、政党その他の民間人の任命を排除した部門が多かった。たとえば朝鮮や台湾の総督は現役の大将または中将でなければならなかった。原はこの制度を改革し、陸軍の牙城であった朝鮮の総督には海軍大将の斎藤実（一八五八—一九三六年）を、また台湾の総督には山県閥の官僚田《でん》健治郎（一八五五—一九三〇年）を起用した。また、これまで官僚出身者が任命されるのが慣例であった貴族院勅選議員や枢密顧問官に、議会政治家・財界人・学者などを起用した。勲章・位階・華族創設などについても、これまでの官僚偏重を改めるよう努力している。

以上のように原は、明治国家の極度に中央集権的・官僚主義的な性格を弱め、その脱権威主義化を図ったのである。しかし、権威主義に風穴を開けるための道具は政友会であった。地方利益の振興は政友会の地盤の強化と、結局は結び付いていた。その点では、鉄道の敷設も高等学校の新設も同様であった。政治機構の開放も、結局、政友会員ないしそのシンパを送り込むことであった。そして、たとえば満鉄の指導部が政友会系によって占められると、それは政友会の資金源となっていった。

原が一九二一年十一月に暗殺された時、世論は原に対して冷淡であった。テロを非難する一方で、原の方にも責任があるという反応が多かった。このように原は、政党の力を確立すると同時に、政党に対する世論の不信をものちに残すこととなった。最初の「平民宰相」が、現職で暗殺された最初の首相となったことは、日本の政党政治の不幸な運命を象徴するものであった。

原敬没後

原がその死後に残した負の遺産はそれにとどまらなかった。原は余りに強力な政治家であったため、そのライバルをいずれも極端なまでに弱体化させてしまった。一九一九年、原は選挙法を改正して選挙権を拡大するとともに小選挙区制度を導入し、翌二〇年に普通選挙権を求める運動が高まると、議会を解散して五月の第十四回総選挙で大勝を収めた。その結果、四六四議席のうち政友会は二七八、第二党の憲政会は一一〇という極端な不均衡が生じた。議会外における潜在的反対派である山県閥に対しても、原はこれを追い詰め、弱体化させていった。

その結果、原ののちに政権担当能力を持つ者が存在しなくなってしまった。原暗殺後に首相となったのは、原内閣の蔵相高橋是清《これきよ》（一八五四―一九三六年）であった。しかし、高橋は政友会では比較的新参であり、大政友会を統率する能力の持ち主ではとうていなかった。党内には反高橋総裁派が生じ、党内対立から内閣はわずか半年で倒れた。

次に成立したのは海軍大将の加藤友三郎（一八六一―一九二三年）の内閣であった。加藤はワシントン会議の全権であって、政友会には近かった。政友会は、政権がとれないことには不満であったが、野党の憲政会に政権が行くことを恐れ、やむなくこの内閣を支持した。

そして加藤が一九二三年八月に死ぬと、九月、山本権兵衛が二度目の内閣を組織した。山本内閣は、後藤新平・田中義一・犬養毅（一八五五―一九三二年）・田健治郎ら首相級の政治家を網羅した大型内閣であり、普通選挙の実現を構想し、関東大震災（一九二三年九月）の復興にも雄大な計画を樹立した。しかし、この内閣も政友会の反対によって震災復興計画を著しく傷つけられ、次いで起こった摂政宮暗殺未遂事件（虎ノ門事件）の責任をとって辞職してしまった。このように、原敬没後の政友会は、その絶対多数の力に見合った責任あるリーダーシップを生み出せなかったのである。

しかし、その次に一九二四年一月清浦奎吾が組閣の大命を受け、貴族院を基礎として組閣を開始すると、さすがに政友会も動揺した。高橋総裁派は、非政党内閣が三度続くのは認められないとして、普通選挙を旗印に他の政党とも組んで内閣と対決すべきだと主張したが、反総裁派はもう一度だけ待つべきだとして従わず、脱党して政友本党を名乗り、清浦内閣を支持した。これに対し、政友会・憲政会・革新倶楽部の三派は護憲三派を結成し、普通選挙実現、貴族院改革などを旗印に第二次護憲運動を起こした。それは大正初期の第一次護憲運動（第**9**章参照）のような自然発生的な勢いには欠けていたが、五月の選挙で勝利したため、清浦内閣は辞職し、三派は連立内閣を組織することとなった。これが本格的な政党内閣の時代の始まりである。それを検討する前に、一九二〇年代前半の外交に移ろう。

二　ワシントン体制

ワシントン体制の成立

第一次世界大戦は、世界秩序のあり方に大きな変化をもたらした。列強間の勢力関係に大きな変化が生じたのみならず、民族自決・平和主義・公開外交など、戦前には考えられなかった新しい理念が唱えられ、受容されることとなったのである。こうした新たな世界秩序を具体化したのが、一九一九年六月のヴェルサイユ講和条約であった。しかし、それはあくまでヨーロッパ中心のものであった。これに対し、東アジア・太平洋地域に戦後の国際秩序を確立するために開かれたのがワシントン会議（一九二一年十一月―一九二二年二月）であった。そこでは、中国に関する九カ国条約、海軍軍縮条約など、多くの条約や交換公文が成立した。これらによる国際秩序を、西のヴェルサイユ体制に対して、ワシントン体制と呼んでいる。

アメリカが会議の開催を提議してきたのは一九二一年七月であった。この招請に、日本では大きな不安を持つ人が多かった。列強の中で、アメリカは従来から日本の対外政策に最も批判的な国であり、二十一カ条要求からシベリア出兵に至る日本の政策（第**8**章参照）が非難の的となることが危惧されたのである。実際、会議ではいくつか日本に不利に見える決定がなされている。門戸開放の原則が、東アジアの国際秩序の原則として確立され、日本はいくつかの権益を放棄することとなった。また、日本の膨張を支える役割を果たすものとして，アメリカが批判していた日英同盟は，その主張どおり解消され，さしたる意味のない太平洋に関する日英米仏四カ国条約に置き換えられてしまった。それほど日本にとって不利なものであったとしたら，なぜ日本はワシントン体制を受容したのであろうか。

第一に，日本にとって対米協調以外に有力な選択肢がなかったことが挙げられる。日露戦争以後，日本は露仏英と組んでアメリカの批判を退けてきたけれども，ロシアが崩壊し，イギリスも弱体化して一段とアメリカ寄りになっていた当時，日本にとってアメリカと対抗するために提携すべき列強はもはや存在しなかった。中国もまた，いっそうアメリカ寄りになっていた。またアメリカは，実力においてだけでなく，知的・道徳的影響力においても抜きん出ており，世界が見習うべきモデルと見る人が少なくなかった。そのアメリカと対抗することは，いかにも無謀と思われた。

第二に，日米間の重要な争点について，妥協が成立したことである。争点の一つは満蒙問題であった。満蒙を自己の勢力圏と考え，その確保を狙う日本と，門戸開放原則をいっそう明確化し，勢力圏を否認しようとしていたアメリカとの間には，大きな距離があるように見えた。同じ問題は，これより前，一九二〇年の新四国借款団の結成において，すでに生じていた。この借款団は，中国に対する借款が従来しばしば帝国主義の手段となったことに鑑み，すべての対中国借款を列国共同の事業としようとして構想されたものであったが，日本には，満蒙に関する借款は共同事業の範囲外とすべきだと主張する者が多かった。この問題を解決したのは原首相であった。原は，満蒙を地域として除外することは主張しない代わり，満鉄などすでに現実化されている満蒙権益については借款団の共同事業の範囲から除き、日本の権益の中でもまだ未着手のものについては借款団に提供するという形で、妥協を成立させたのである。

この線がワシントン会議にも基本的に貫かれた。中国に関する九カ国条約において、門戸開放・機会均等は従来にも増して厳格に規定されたが、その一方で、すでに確立された列強の権益にはお互いに手を触れないという趣旨の妥協が行われた。

もう一つの争点は、海軍軍縮であった。アメリカが、米英日の主力艦のトン数を五・五・三の比率とするよう提案したのに対し、日本海軍には、技術的な見地から、米海軍に対抗するにはアメリカの七割の艦船の保有が不可欠だという主張が多かった。しかし、トン数以外に、太平洋における軍事基地強化の禁止が合意されたため、西太平洋における日本の地位は相対的に有利となった。しかも、当時、最大の建艦計画を持っていたのはアメリカで、その経済力はとうてい日本の及ぶところではなかった。五・三の比率は、建艦競争に比べれば、はるかに日本に有利なものであった。当時、海軍きっての実力者であり、会議の全権の一人であった加藤友三郎海軍大臣は、大局的な見地から五・五・三の比率を受け入れることとし、視野の狭い技術論を排して海軍をまとめたのである。

第三に重要なのは、日米経済関係であった。日露戦争で巨額の外債を英米で調達した日本は、第一

◆幣原外交と田中外交

幣原喜重郎（一八七二―一九五一年）は大阪に生まれ、一八九五（明治二十八）年に東京帝国大学を卒業して翌年、外務省に入った。岩崎家の女婿であり、加藤高明とは義理の兄弟にあたる。エ

リート・コースを歩み、外務次官、駐米大使を務め、ワシントン会議においても全権として活躍した。第一次・第二次加藤、第一次若槻、浜口、第二次若槻の五代の内閣で外務大臣を務めた。米英との協調、中国への内政不干渉、経済主義などを核とする幣原外交を行ったが、経済活動の基礎たる条約上の権利は重視しており、中国の関税引き上げや日本資本の工場におけるストライキなどについては比較的強硬な態度をとっている。

他方で田中義一（一八六四―一九二九年）は長州出身で、原内閣と第二次山本内閣で陸軍大臣を務めた。在任中に在郷軍人会を組織し、国民と軍との関係の強化に努めていた。一九二五年、政友会の総裁に就任し、憲政会内閣の中国政策を軟弱だと批判し、積極外交を標榜した。一九二七年、政権を奪取すると田中首相は外務大臣を兼任して、総合的中国政策のためと称する東方会議を開き、山東出兵を行った。しかし、実際には田中はワシントン体制の枠内での強硬政策で、中国本土で蔣介石と妥協し、満州では張作霖を支持しつつ日本の勢力を拡大する路線をとった。

ところが陸軍の中には、実力で満州を掌握すべきだという考えが台頭し、その一人が河本大作で、彼によって行われたのが張作霖爆殺事件（一九二八年六月）であった。田中はいったん河本の処分を考えたが、陸軍の中には反対が強く、考えを変えた。これを天皇に咎《とが》められ、辞職することとなった。

のち、ポツダム宣言は、日本における民主主義的傾向の復活強化を謳った。日本側でもアメリカから戦犯とされる可能性が乏しいことが首相候補の条件だと考えられた。そこで浮上したのが、幣原喜重郎であり、田中義一外相時代の次官であった吉田茂だった。満州事変以前には対立した両者だが、満州事変以後の激しい外交の時代の中では、むしろ共通の立場にいたのである。

次世界大戦によって総合的には債権国へと転換したが、英米に対しては依然として債務国であった。大戦後、日本の貿易収支は再び赤字基調となり、日本の立場は苦しいものであった。その中での救いは、まずアメリカに対する生糸の輸出であった。アメリカの中産階級は、戦後の繁栄の中で、かつて貴族や富豪のものであった贅沢品を身に付けるようになっていたのである。日本の農村では、戦後慢性的な不況が続いていたが、それが決定的にならなかった理由の一つは、生糸の輸出であった。

対外経済関係のもう一つの希望は、中国に対する綿製品の輸出であった。その原綿はアメリカから来ていた。要するに日本の対外経済関係が致命的なまでに悪化しないのは、対米関係によるところが大きかった。経済的にも、日本の将来はアメリカとの友好の中にあると思われていたのである。

第四に重要なのは、中国とソ連が弱体であったことである。もし中国が強力であったならば、アメリカは日本の権益を、簡単に黙認することはできなかったであろう。またソ連が強力であったならば、日本の陸軍は、満蒙権益に対する確実な保証がない限り、ワシントン体制を受け入れなかったであろう。中ソの抵抗が無視しうる程度であったことが、ワシントン体制の成立の重要な前提であった。

ワシントン体制の崩壊

ところが、以上の条件が一九二〇年代の後半には次々と消滅する。そしてそれとともに、ワシントン体制は崩壊に向かうのである。

第一に、中国のナショナリズムの発展である。一九二〇年代の前半まで、イデオロギー的にはともかく、実力の面でははなはだ無力であった広東の国民政府は、一九二四年の第一次国共合作以後、ソ連の援助によって急速に力を付け始める。そして一九二六年になると蔣介石《しょうかいせき》（一八八七―一九七五年）を指導者として北伐を開始し、世界の予想に反して次々と軍閥に勝利し、二八（昭和三）年には中国を統一することに成功する。その際、最大のスローガンとなったのは反帝国主義であって、その主張の中には関東州・満鉄の返還までが含まれるようになってきた。日本は列国に対しては満蒙権益を確保したものの、中国からこれを脅かされるようになったのである。

しかも第二に、一九二〇年代後半にはソ連が軍事強国として復活を始める。一九二八年のスターリン（Iosif Vissarionovich Stalin, 1879-1953）独裁の完成後、ソ連は重工業の建設に力を入れ、着々と成果を上げていた。そして一九二九年に東支鉄道（東清鉄道）をめぐる中ソ紛争が起こると、ソ連は断固として実力を行使し、中国に対して圧勝した。こうして日本は、満蒙権益を南から脅かされたちょうどその時に、北からの脅威にもさらされるようになったのである。

さらに一九三〇年には、補助艦の制限を目的とするロンドン海軍軍縮会議が開かれた。アメリカの狙いは、ワシントン会議と同様、五・五・三の比率であった。ところが、数年前に比べ、輸送技術の進歩によって西太平洋におけるアメリカの力は相対的に向上していた。しかも補助艦建造技術では、日本は比較的進んでいた。そのため、補助艦を対米六割とされることは、日本にとって前回の主力艦の場合以上に苦痛であった。そして当時の海軍には、加藤友三郎のような強力な指導者が存在しなかった。軍縮条約自体は浜口内閣の努力によって四月に成立するが、海軍の望んだ対米七割は達成できなかった。それゆえ海軍内部の反対は強く、海軍以外の勢力とも提携して反対運動を展開したため、のちには大きなしこりが残ったのである。

そのころ、一九二九年十月にアメリカで勃発した世界大恐慌が、日本にも深刻な影響を及ぼしていた。大恐慌はシルク・インダストリー（絹産業）を直撃し、日本の生糸の対米輸出は激減することとなった。しかも、浜口内閣の金輸出解禁政策の実施（一九三〇年一月）が、運悪く大恐慌勃発の時期に重なったため、日本経済に対する衝撃はいっそう大きなものとなってしまった。さらに一九三〇年六月のスムート・ホーリー法の成立によって、アメリカが極端な高関税政策をとったため、日本の対米輸出はさらに大きな打撃を受けたのである。

大恐慌の影響はそれだけではなかった。それまでアメリカは世界のモデルと見られることが多かったけれども、そのイメージは大きく傷ついた。日本ではとくにマルクス主義の影響が強かったため、資本主義の没落がついに始まったと見る知識人が少なくなかった。逆に上り坂にあるように見えたのは、ムッソリーニ（Benito Mussolini, 1883-1945）のイタリアやスターリンのソ連であり、まだ政権はとっていなかったがドイツにおけるナチスであった。デモクラシーと資本主義はもう終わりではないか、新しく全体主義の時代が始まるのではないかと感じる人が少なくなかった。

そしてそのころ、かつての原敬のような強力なリーダーシップを持った指導者は、もはや存在しなかった。それがワシントン体制の崩壊の最終的な原因であった。では何故、いかにして強力なリーダーシップは失われてしまったのか。この観点から、政党内閣の時代を分析してみよう。

三　政党内閣の時代

表10－1は、一九二四（大正十三）年に成立した加藤高明内閣から三二（昭和七）年に総辞職した犬養内閣に至る七代の政党内閣について、その与党と崩壊原因を簡単にまとめたものである。

まず気づかせられることは、内閣の寿命が著しく短いことである。つまり短命と不安定が最大の特徴であった。

しかもその短命は、衆議院における不信任や総選挙における敗北によるものではなかった。実際、三派連立の第一次加藤内閣を別として、どの内閣も少数派内閣として成立しながら、総選挙をすると必ず多数党となっている。田中内閣時の第十六回総選挙では政友会が解散前の一九〇から二一七へ、浜口内閣時の第十七回総選挙では民政党が一七三から二七三へ、犬養内閣時の第十八回総選挙では政友会が一七一から三〇一へ、それぞれ勝利している。第十六回総選挙から普通選挙が実施されたわけであるが、無産政党の進出によって選挙のスタイルが変わるようなことはなかった。むしろ有権者の増加によって伝統的な地盤だけでは選挙が難しくなり、政権を利用した政治資金の調達や、国家機関を使った選挙干渉が著しくなった面もあった。

それゆえ野党は、何をおいても政権を獲得することに奔走することとなった。そのため、首相奏薦に決定的な力を持つ元老の西園寺公望に接近し、反対党のスキャンダルを暴き、重病の総理大臣を議

表10-1　政党内閣とその崩壊

内閣成立年月日	内　　閣	崩壊原因
1924年6月11日	第1次加藤高明内閣（憲政会・政友会・革新倶楽部）	3派連立の崩壊
1925年8月2日	第2次加藤高明内閣（憲政会）	加藤首相の病死
1926年1月30日	第1次若槻礼次郎内閣（憲政会）	枢密院による緊急勅令案の否決
1927年4月20日	田中義一内閣（政友会）	張作霖爆殺事件処理をめぐる天皇の不信任
1929年7月2日	浜口雄幸内閣（民政党）	テロによる浜口首相の病状悪化
1931年4月14日	第2次若槻礼次郎内閣（民政党）	満州事変後の政局をめぐる閣内不一致
1931年12月13日	犬養毅内閣（政友会）	犬養首相の死（五・一五事件）

会に引きずり出すこともいとわなかった。また軍や枢密院のように、政党政治に敵対的な集団と提携したり、また政党政治を否定する原理に訴えたりすることも辞さなかった。

護憲三派内閣（第一次加藤高明内閣）においては、公約であった普通選挙法が成立する（一九二五年三月）や否や政友会は倒閣に走り、高橋是清を引退させて田中義一を総裁に迎え入れ（四月）、革新倶楽部と合体して議席数を増やし（五月）、税制改革をめぐる閣内不一致で内閣を倒したが、加藤に大命が再降下して、そのもくろみは外れた。

第二次加藤内閣は、しかし、加藤が病没したため半年で倒れ、続いてやはり憲政会の若槻礼次郎が内閣を組織した（一九二六年一月）。この若槻内閣に対し政友会は執拗なスキャンダル攻撃を行い、また憲政会の中国政策を無為無策と攻撃し、結局、枢密院の力を借りて、これを倒した（一九二七年四月)。

こうして成立した田中内閣であったが、人気は低迷し、第十六回総選挙において、鈴木喜三郎(一八六七—一九四〇年)内務大臣は、選挙の結果によって政権が移動することは天皇大権に反すると、政党政治を否定する議論を行う有り様だった。また田中内閣は中国政策の転換を唱えたが成功せず、山東出兵を行い、北伐軍と衝突して済南事件を起こした(一九二八年五月)。そして、張作霖爆殺事件(一九二八年六月)の処理を誤って天皇の不信任を受け、辞職することとなった(一九二九年七月)。

田中内閣ののちには、民政党(憲政会と政友本党が一九二七年六月に合同して成立)総裁の浜口雄幸が内閣を組織した。浜口内閣がロンドン海軍軍縮条約を締結した時、政友会は、内閣が海軍軍令部の意見を不当に無視し、統帥権《とうすいけん》(第**5**章参照)を干犯《かんぱん》したと非難した。浜口首相はテロによって重傷を負って退き、その後を受けた第二次若槻内閣は満州事変を処理することができず、閣内不一致を起こして辞職した。

これに代わった犬養毅政友会内閣は、民政党の不人気に乗じて第十八回総選挙で大勝したが(一九三二年五月)、海軍士官を中心とする五・一五事件によって倒れた。

このような過激な政争において、政党は自ら国民の不信を招き、政党政治に敵対的な政治集団を力づけ、政党政治と矛盾する政治原理を利用しようとした。政党政治の基礎を掘り崩していったのは、ほかならぬ政党自身であった。一九三〇年代から、日本経済が行き詰まってきた時、国防の危機を訴え、満蒙権益の危機を訴えた軍の台頭に、政党はとうてい対応することはできなかったのである。

なお、以上の政党政治の時代を通じて、「憲政の常道」という言葉がしばしば使われた。内閣が政策的に行き詰ったときには、辞職して野党第一党に政権を渡すべきだという主張であった。しかし、憲政の常道が制度化されたことは一度もなかった。こういう主張をしたのは、主に野党であって、憲政常道論によって政権を獲得しようとした。しかしいったん与党となると、たちまちそういう主張は忘れて政権にしがみつくのが普通であった。

にもかかわらず、事実として与野党間の政権交代が続いたのは、首相の奏薦の任にあたった元老が比較的公平な判断をしたからであった。山県有朋が没した（一九二二年）のち、残された元老は松方正義と西園寺公望にすぎず、松方が没した（一九二四年）のちは、西園寺がただ一人の元老となった。山県と違って自らの強大な勢力を持たなかった西園寺は、何よりも政権の安定を期待した。その場合、政党間の政権移動は一つの方法であった。ただ、西園寺にとって国際協調とくに対英米協調も重要であった。いわば西園寺は、英米協調という条件付きの憲政常道論者だったといってもよい。

第11章

軍部の台頭

⬆宇垣一成（1929年8月。写真提供：毎日新聞社/PANA）

一　満州事変

軍縮と軍備近代化

ワシントン体制（第10章参照）と政党政治にとどめを刺したのは、軍とくに陸軍であった。満州事変への道そして太平洋戦争への道を、陸軍を抜きにして論じることはできない。

陸軍の政治的台頭の起源は、第一次世界大戦の二つの遺産であった。その一つは軍事技術の飛躍的向上と総力戦体制である。ヨーロッパでは、激烈な戦争の中から、戦車・飛行機・毒ガス・潜水艦などの新兵器が誕生し、目覚ましい火力の増強が実現された。また社会のすべてを戦争目的のために動員しようとする総力戦体制が模索され、実現されていった。しかし日本は、こうした軍事技術の向上とも、総力戦体制とも、ほとんど無縁のまま取り残されていた。

もう一つの遺産は平和主義である。軍国主義の終焉とデモクラシーの時代の到来が叫ばれ、軍人が肩身の狭い思いをしなければならない時代がやってきていた。幕末以後、第二次世界大戦以前で、軍縮が提唱され、進められた唯一の時期が一九二〇年代であった。

一九二二（大正十一）年、ワシントン会議（第10章参照）で海軍軍縮が決まると、陸軍軍縮の世論も一気に高まった。これに応じて陸軍は、山梨半造（一八六四－一九四四年）陸相の下で八月から軍縮に着手し、二度にわたり、合計、人員六万人（全体の約四分の一にあたる）、馬一万三〇〇〇頭を削減した。

しかし世論はこの山梨軍縮に満足しなかった。ここに、宇垣一成《かずしげ》（一八六八—一九五六年）陸相は第二次軍縮を決意し、一九二五年から現有二一個師団から四個師団を削減する計画に着手した（四個師団、一六個連隊などを削減したため、多くの将校がポストを失うなど、軍官僚にとって、山梨軍縮以上に打撃の大きいものであった）。しかし、その費用はなるべく他に回さず、火力増強など軍備近代化のために利用することとした。平和主義の風潮の中で軍備近代化を実現していくという難問に対し、陸軍から出された一つの解答が、この宇垣軍縮であった。

山梨は原内閣の田中陸相の次官を務め、さらにその後任に抜擢《ばってき》された人物であった。また宇垣は第二次山本内閣で田中陸相の次官を務め、やはり田中の推薦によって清浦内閣の陸相となった。宇垣は以後三代の内閣に留任し、浜口内閣でも陸相となり、陸軍の中枢に確固たる勢力を築いた。一九二〇年代の陸軍は、前半が田中、後半は宇垣の時代と言っても、あながち誇張ではない。二人は、政党と密接に協力し、軍縮をある程度受け入れつつ、軍備近代化をめざすという点で共通していたのである。

昭和軍閥の台頭

しかし、このような軍備近代化路線は、充分な成果を収めることができなかった。大戦後の日本経済が低迷を続け、さらに一九二三年の関東大震災がこれに大きな打撃を加えたからである。にもかかわらず、田中義一は一九二五年、政友会総裁に迎えられ、二七（昭和二）年に首相となった。宇垣もまた民政党の総裁候補、首相候補と噂されるようになった。このような陸軍指導者のあり方に対し、自己の栄達のために陸軍を踏み台にするものだという批判が陸軍の中から出て来ることとなる。

批判の一つは、軍備近代化路線そのものに向けられたものであった。予想される戦場と仮想敵国とを考えると、軍備の近代化よりも大量の訓練された歩兵の方が重要だという主張であった。この立場は上原勇作の周辺に多かった。上原は原内閣期に参謀総長として田中陸相と対立して以来、田中・宇垣に対する最大の反対派となっていた。第二は、軍備近代化そのものは支持するが、田中・宇垣のように政党と密着する方法では充分な近代化はとうてい不可能であると批判する立場であった。

第三に、田中や宇垣の中国政策を批判する勢力があった。田中や宇垣は大筋でワシントン体制の枠内、英米との協調の枠内で中国政策を考えていたが、これを不満とする勢力が、上記の二つのグループと重複しながら台頭していた。

こうして、田中・宇垣に反対し、政党政治とワシントン体制の両方を打破しなければならないとする集団が陸軍中堅層に台頭してきた。その中心は、陸軍士官学校（陸士）十六期の永田鉄山（一八八四－一九三五年）・小畑敏《とし》四郎《しろう》（一八八五－一九四七年）・板垣征四郎（一八八五－一九四八年）らであり、彼らからさらに若い二十一期の石原莞爾《かんじ》（一八八九－一九四九年）あたりまでを含む大佐・中佐グルー

◆宇垣一成（一八六八－一九五六年）

宇垣一成は岡山県の農家の子として生まれ、苦学して陸軍士官学校に入り（一八九〇年卒業、陸士一期）、陸軍大学校を卒業した（一九〇〇年）。ドイツに留学し、出世を重ねた。陸軍大佐時代には軍部大臣現役武官制の廃止（第**9**章参照）に反対する文書をばらまき、左遷されている。一九二

四（大正十三）年、清浦内閣の陸軍大臣となり、以後、第一次・第二次加藤高明内閣、第一次若槻内閣に留任して、宇垣軍縮を行い、さらに一九二九（昭和四）年、浜口内閣の陸軍大臣に再任された。一九三一年の三月事件においては、クーデタ後の首相に擬され、その関与を疑われた。その後、現役から退き、同年六月から朝鮮総督となった。

一九三七年一月、広田内閣が総辞職した後首相の大命が降下したが、陸軍が強く反対して組閣できなかった。陸軍は、当時進めていた巨大な軍拡計画に宇垣が反対すると考え、その組閣を阻止したのである。このとき、宮中も宇垣に協力的ではなかった。

近衛内閣の日中戦争が行き詰ったとき、一九三八年五月、外務大臣に起用された。中国国民党およびイギリスとの交渉によって事態を打開しようとした。またソ連との国境紛争についても、実務的に解決に努めている。

宇垣はしばしば政界の惑星といわれ、有力な首相候補と目された。宇垣自身も資金面の手当てを含めて政界工作を怠らなかったが、ついに首相にはなれなかった。

その理由としては、宇垣軍縮において高級将官のポストを多数削減して、陸軍内部の恨みを買ったこと、傲岸《ごうがん》不遜《ふそん》な言動で、その野心を覆い隠すこともなく、各方面から警戒されたこと（宮中でも好かれてはいなかった）、そして軍事費に切り込んでくる宇垣の能力に対して陸軍中堅層が警戒したこと、などがあげられる。

しかし、宇垣は軍備近代化をめざした点においても、中国およびイギリスとの関係改善をめざした点においても、軍事と外交に両面にわたって当時の軍人の中で屈指の視野の広さと行動力を備えた人物であり、首相としてその手腕を発揮できなかったことは、宇垣本人にとってのみならず、日本にとって大きな悲劇であった。

表11-1　陸軍士官学校卒業年次別有力者

期	氏名	生年	出身	主要経歴
1期	宇垣一成	1868年	岡山	清浦・加藤・若槻・浜口内閣陸相，朝鮮総督
	白川義則	1868年	愛媛	田中内閣陸相
	鈴木荘六	1865年	新潟	参謀総長（1926-1930年）
5期	金谷範三	1873年	大分	参謀総長（1930-1931年）
6期	南次郎	1874年	大分	若槻内閣陸相，朝鮮総督
8期	林銑十郎	1876年	石川	教育総監，斎藤・岡田内閣陸相，首相
9期	荒木貞夫	1877年	東京	犬養・斎藤内閣陸相
	阿部信行	1875年	石川	浜口内閣陸相臨時代理，首相
10期	川島義之	1878年	愛媛	岡田内閣陸相
11期	寺内寿一	1879年	山口	広田内閣陸相
12期	二宮治重	1879年	岡山	
	杉山元	1880年	福岡	林・近衛・小磯内閣陸相
	畑俊六	1879年	福島	阿部・米内内閣陸相
	小磯国昭	1880年	栃木	平沼・米内内閣拓相，朝鮮総督，首相
13期	中村孝太郎	1881年	石川	林内閣陸相
15期	梅津美治郎	1882年	大分	参謀総長（1944-1945年）
16期	永田鉄山	1884年	長野	陸軍省軍務局長
	岡村寧次	1884年	東京	支那総軍司令官
	小畑敏四郎	1885年	高知	参謀本部第三部長
	板垣征四郎	1885年	岩手	近衛内閣陸相
17期	東条英機	1884年	東京	近衛内閣陸相，首相
21期	石原莞爾	1889年	山形	参謀本部第一部長

プが、昭和の初めには定期的な会合を持ち始めていた。彼らが、上原系統の荒木貞夫（一八七七－一九六六年）・真崎甚三郎（一八七六－一九五六年）・林銑十郎（一八七六－一九四三年）を擁立して陸軍の改革と満蒙問題の解決に邁進しようと申し合わせたのは、一九二九年のことであった。

一九二九年七月、浜口内閣が成立すると、宇垣は再び陸相となって軍制改革に着手し、軍備近代化をさらに押し進めようとした。しかし浜口内閣の緊縮財政の下で、どれだけ軍備近代化が実現されるか、かなり疑問であった。しかも政権への野心もあって、宇垣の行動は明瞭を欠いていた。省部（陸軍省と参謀本部）の局長・部長級はすべて宇垣系であったが、それ以下の課長級には宇垣不信が広がっていた。一九三一年三月、桜会の橋本欣五郎（一八九〇―一九五七年）中佐を中心とするクーデタ未遂事件（三月事件）が起こったが、その際に首相と予定されたのは宇垣であった。三月事件に宇垣がどれほど関与していたか、現在でも不明であるが、関係者の多くは宇垣が途中で変心したと信じた。これは宇垣支持者を失望させ、また宇垣批判者の不信をいっそう強めた。四月、浜口内閣が総辞職して若槻内閣が成立すると、宇垣は南次郎（一八七四―一九五五年）を後任に推して陸相の地位を去った。陸軍内部における宇垣に対する期待は、急速に減退していった。

満州事変と国際連盟脱退

さて、宇垣が辞職したころ、関東軍参謀の石原莞爾は、満州での謀略を契機として全満州を占領する計画をまとめていた。同様の謀略は、すでに一九二八年に関東軍参謀河本《こうもと》大作（一八八二―一九五五年）によって行われ、失敗していた（張作霖爆殺事件）。しかし今度の計画は、内外の情勢分析、世論工作、中堅層の支持の広がりなどの点で、より周到に準備されていた。当時の関東軍は、のちに増強された（一九四一年に七四万人規模）ころとは違って、一個師団前後の小さな部隊であったが、その中には有能で野心的な中堅将校が勤務していた。

一九三一年九月、関東軍は満鉄の一部を爆破し、これを張学良《ちょうがくりょう》（一八九八―二〇〇一年）軍の仕業であるとして攻撃を加えた。柳条湖（溝）事件である。関東軍はたちまち満鉄沿線の要地を占領し、さらに十月には張学良軍の拠点である錦州、十一月にはソ連の勢力圏である北満州に進出し、一九三二年初頭には東三省全域をその支配下に収めた。

事変勃発当時、東京では若槻首相と幣原《しではら》喜重郎（一八七二―一九五一年）外相は局地解決の方針で事態収拾に努力したが、関東軍の行動を制御することはできなかった。まもなく閣内では、難局に対処するため、政友会と提携しようとする動きが生じ、結局、閣内不一致で内閣は十二月に総辞職してしまう。

なお陸軍首脳部では、南次郎陸相と金谷範三（一八七三―一九三三年）参謀総長が、若槻・幣原の方針に必ずしも同調はしないものの、張学良の本拠地があった錦州およびソ連の勢力の中心であったハルピンへの進出には列国との関係から強く反対し、何とかその範囲で事変を収めようと努力していた。しかし、事態は彼らの方針を越えて進んでいったため、彼らの威信も大きく傷ついた。若槻内閣が辞職し、犬養内閣が組織されると、陸相に迎えられたのは反宇垣系統の荒木貞夫であった。こうして満州事変は、ワシントン体制と政党内閣を直撃したのみならず、これに協調的であった陸軍の宇垣系にも大きな打撃を与えたのである。

この間、外国の対応は比較的穏やかだった。中国国民党は共産党との対立を抱え、全面的な対日抵抗に出なかった。外国の中で最も利害関係の深いソ連は、日本に対して不可侵条約の締結を提起する有り様であった。英米も当初は若槻・幣原に対する信頼から、厳しい批判には出なかった。しかし錦州攻撃には神経をとがらせ、これを契機としてアメリカのスティムソン（Henry Lewis Stimson, 1867-1950）国務長官は、一九三二年一月、日本の行動を九カ国条約（第10章参照）と不戦条約に違反するものとして非難し、実力による不法な現状変更は認められないという不承認原則（スティムソン・ドクトリン）を打ち出した。さらに一月末、排日運動をめぐって上海で軍事衝突が起こると（上海事変）、英米の世論は著しく硬化した。しかしいずれの国も、それ以上の行動に出ることはなかった。

このような情勢を見極めつつ、一九三二年三月、関東軍は清朝最後の皇帝であった溥儀《ふぎ》（一九〇六―一九六七年、宣統帝 在位一九〇八―一九一二年）を執政に迎え、傀儡《かいらい》国家満州国の建国に踏み切った。犬養内閣はその即時承認を避けたが、次の斎藤内閣は承認に傾き、とくに内田康哉《やすや》（一八六五―一九三六年）外務大臣は、八月の議会で演説し、「国土ヲ焦土トシテモコノ主張ヲ徹スル」と述べた（焦土外交）。内田は二〇年前に初めて外相となり、次いで原内閣ではヴェルサイユ・ワシントン体制の成立に関係したベテラン外交官であったので、その豹変ぶりは関係者を驚かせた。

斎藤内閣は九月、満州国の承認に踏み切った。そして関東軍司令官が満州国駐在日本大使と関東長官を兼ねる体制が作られた。そのころちょうど国際連盟のリットン（Victor Alexander Lytton, 1876-1947）調査団が来日中であった。その最中の満州国承認は、いかにも挑発的であった。

ところでこのリットン報告書は、十月に発表された。それは、自衛権の発動という日本の主張は否定していたが、満州が特殊地域であることを認め、日本軍の撤退を求める一方で満州の自治を提案していた。この内容は決して日本だけに不利なものではなく、これを基礎とする解決は充分可能であった。しかし陸軍も世論も内田外相も、妥協的に解決方法を模索する柔軟性をすでに失っていた。ジュネーヴの国際連盟総会では、松岡洋右《ようすけ》（一八八〇―一九四六年）全権の激しい性格や、いくつかの偶然、それに関東軍の挑発もあって、一九三三年三月、日本はついに連盟からの脱退を通告するにいたったのである。

二　二・二六事件

連盟脱退後の国際関係

そのころ関東軍は、熱河《ねっか》を掃討し、さらに長城以南に進攻していた。しかし一九三三年五月末には塘沽《タンクー》停戦協定を結び、満州事変はここに一段落を告げた。以後、日本は対外関係の再建に乗り出すこととなった。

この課題に取り組んだのは、九月に外相に就任した広田弘毅《こうき》（一八七八―一九四八年）であった。広田は斎藤・岡田両内閣に留任したのみならず、その次には自ら内閣を組織した。そして林内閣の四カ月こそ閣外にあったが、次の第一次近衛内閣ではまた外相となり、一九三八年五月の内閣改造までその地位にとどまった。この激動期にあっては異例のことであった。

まず広田は外務省随一のアメリカ通であった斎藤博（一八八六―一九三九年）を一九三三年末、駐米大使に抜擢し、自らも三四年二月にはハル（Cordell Hull, 1871-1955）国務長官に対して日米親善のメッセージを送るなど、日米関係の改善を試みた。またソ連との関係では、紛争の火種を除去するため、満州国内に残されたソ連権益である北満鉄道（東清鉄道）の買収に努力し、一九三五年一月にこれを実現した。また中国との関係でも、一九三四年末から関係改善に努力し、三五年にはそれまでの公使館を大使館に格上げするなど、友好の姿勢を示していった。

しかし広田の外交には、大きな問題があった。その一つは広田外交に内在する問題であった。一九三三年十月、首相・外相・蔵相・陸相・海相からなる五相会議は対外方針を決定したが、そこには「帝国ノ指導ノ下ニ日満支三国ノ提携共助ヲ実現シ、コレニヨリ東洋ノ恒久的平和ヲ確保シ、惹テ世界ノ平和増進ニ貢献スルヲ要ス」と述べられていた。また広田自身、一九三四年一月の議会演説で、日本は東亜の平和維持に全責任を負うと述べた。つまり、日本を盟主とする東アジア国際秩序というアジア・モンロー主義的性格が、広田外交には内在していたのである。

したがって、広田は列国の中国への接近に対して否定的であった。一九三四年四月、外務省の天羽《あもう》英二（一八八七―一九六八年）情報部長は、日本は欧米列国の中国に対する共同動作には原則として反対すると述べ（天羽声明）、大きな波紋を巻き起こした。実際、一九三四―一九三五年にイギリスが中国の幣制改革を計画し、日本に参加を呼び掛けた時にも、広田は冷淡であった。このような第三国を排除した日中親善は、とくに門戸開放原則を重視するアメリカの受け入れるはずのないものであった。

問題の第二は、軍の態度であった。一九三三年後半から、一九三五―三六年の危機という議論が唱えられるようになった。海軍軍縮条約の期限にあたる一九三五―一九三六年に到来する危機に備え、

図 11-1　満州国と華北自治工作

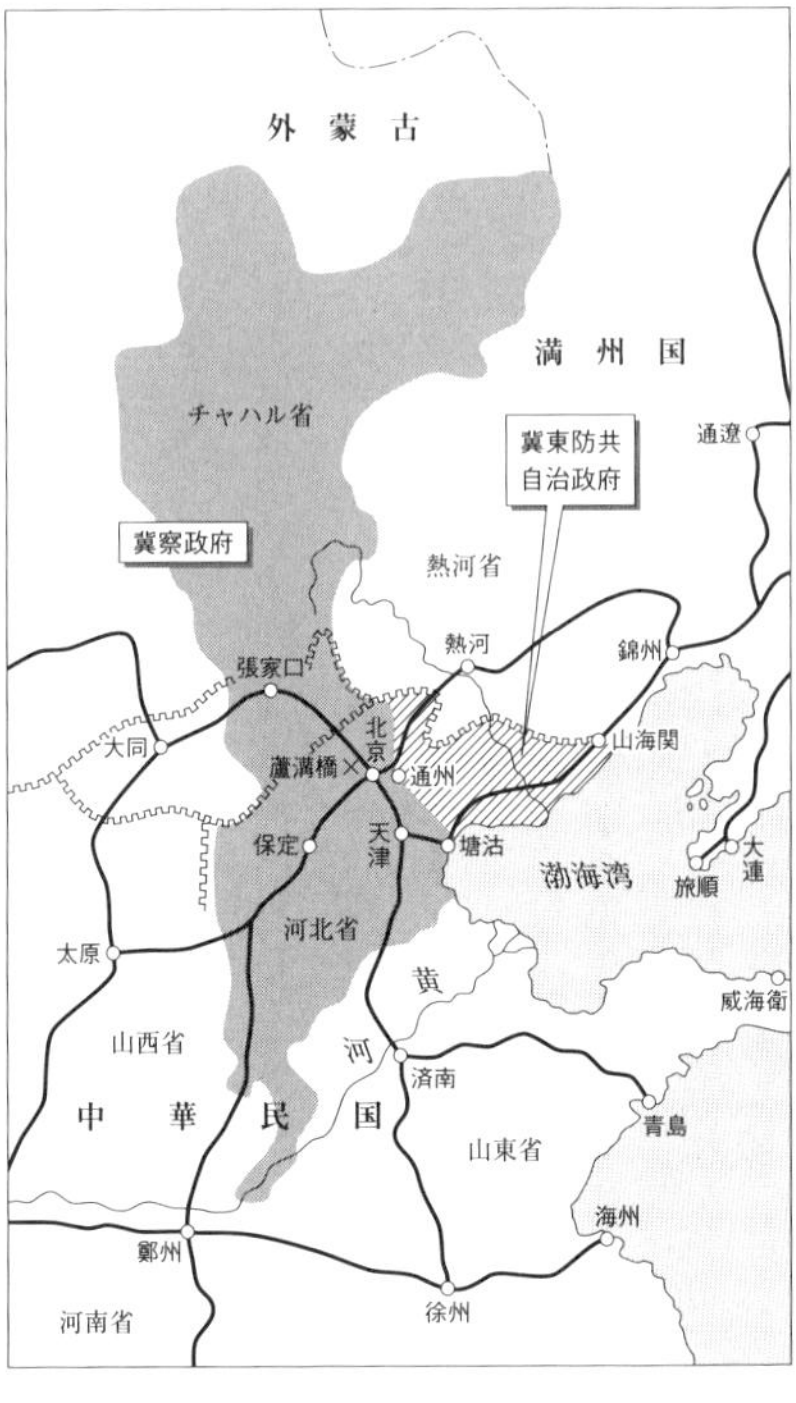

軍備拡張を急ぐべきだという説であった。結局日本は、一九三四年末に海軍軍縮条約の破棄を通告するが、これでは日米の緊張緩和は望むべくもなかった。

陸軍の態度も、また広田の中国政策を著しく制約した。満州国の後方の安全に強い関心を持っていた関東軍と支那駐屯軍(義和団事件の結果、天津付近に置かれた軍隊。通称、天津軍)は、一九三五年になると長城以南の地域で非武装化、排日の停止、中央政府からの独立などを要求し始め、六月、中国側はやむなくその主張の大部分を受け入れた(梅津・何《か》応欽《おうきん》協定および土肥原《どいはら》・秦徳純《しんとくじゅん》協定)。ところが関東軍と支那駐屯軍は、これらを基礎に華北の自治工作を進め、十一月には冀東《きとう》防共自治委員会(十二月から冀東防共自治政府)、十二月には冀察《きさつ》政務委員会を発足させ、しかもこれら政権の範囲や国民党政府からの独立性がなお不充分だとして、さらに自治工作を進める有り様であった。

広田外交は和協外交と呼ばれたように、周囲の各国との関係改善を重視していた。しかしアジア・

モンロー主義を前提として対米関係の改善を図るような見通しの甘さがあり、また陸海軍の政策に妨害されて大きな成果を上げることができなかった。

斎藤内閣と岡田内閣

さて、この間の斎藤・岡田内閣の性格を振り返ってみよう。犬養内閣が五・一五事件で倒れた後、元老の西園寺は首相に斎藤実を選んだ。できれば政党内閣を続けたいと考えたが、政党に対する軍の反発の強さと、また政友会の後継総裁である鈴木喜三郎の国粋主義的傾向を危惧して、海軍の長老で、穏健派の斎藤を中心に挙国一致内閣を作ることとしたのである。

斎藤内閣には、政友会から高橋是清ら三名、民政党からは山本達雄（一八五六―一九四七年）ら二名が入閣した。非政党内閣は一九二四（大正十三）年の清浦内閣以来八年ぶりであったが、高橋・山本が大蔵・内務という重要ポストを占め、政党の力はなお無視できないものであった。

中でも重要な役割を果たしたのは、犬養内閣から留任した高橋蔵相であった。犬養内閣で金輸出を再度禁止した高橋は、為替切り下げで輸出競争力を強化するとともに、財政の膨張と金融の緩和によって国内需要を創出し、急速に経済を回復させた（高橋財政）。一九二九（昭和四）年の各国の輸出水準を一〇〇とすると、日本は五年後の一九三四年にこの線を回復したが、そのころイギリスはまだ五四、アメリカは四一であった。経済成長率も、一九三三年から三五年にかけて年率八パーセントを超えた。

表11-2　1930年前後から敗戦に至る宮中の要職

	内　大　臣
1925-1935	牧野伸顕　外務省，大久保利通次男，文相，外相
1935-1936	斎藤　実　海軍，薩派，朝鮮総督，前首相
1936-1940	湯浅倉平　内務省，長派
1940-1945	木戸幸一　農商務省，木戸孝允の養子の子
	宮内大臣
1925-1933	一木喜徳郎　内務省，文相，内相
1933-1936	湯浅倉平（上掲）
1936-1945	松平恒雄　外務省，松平容保4男
	侍　従　長
1929-1936	鈴木貫太郎　海軍
1936-1944	百武三郎　海軍
1944-1946	藤田尚徳　海軍

斎藤内閣が一九三四年七月、帝人事件に関係して総辞職すると、やはり海軍の穏健派である岡田啓介（一八六八―一九五二年）が内閣を組織した。そこには、民政党からは町田忠治（一八六三―一九四六年）ら二名が入閣し、政友会からも三名が入閣したが、提携拒否を決めた政友会は彼らを除名した。

政党の後退ののち、進出したのは官僚であった。岡田内閣は、内閣強化を目的に、国策諮問のための内閣審議会を作り、その事務局として内閣調査局を作った。内閣審議会はさしたる役割を果たさず、まもなく廃止されたが、内閣調査局は若手官僚の拠点となり、のちに企画庁、企画院（第12章参照）となって経済統制に大きな役割を果たすこととなる。

しかし斎藤・岡田両内閣は基本的には同じ性格を持っていた。首相は共に穏健派の海軍の長老であり、既成政党から若干名ずつ入閣があった。それは、何かをするというより、陸軍による急激な現状変革を押し止めようとする性格の内閣であった。

その背後にあったのが、西園寺であり、宮中であった。表11－2に示したとおり、宮中の要職は海軍・外務省・内務省の人物で固められていた。彼らは全体として親英米的で穏健な人物であり、とくに牧野・木戸・松平などの名門が多いことで注目される。また内務省は、治安維持の責任を負っており、軍内部の不穏な動きをつねに警戒していた。内閣と合わせて、海軍・既成政党・官僚・名門華族の穏健派を動員して、陸軍の急進的な動きを封じ込めることを狙ったのが、斎藤・岡田内閣期の体制であった。

しかし、その封じ込め機能は明らかに低下していた。そこにさらに大きな打撃を与えたのが、一九三五年の天皇機関説事件であった。これは天皇を国家の機関であるとした美濃部達吉の学説を右翼が攻撃した事件である。美濃部学説は、天皇超政論（第**5**章参照）のところで述べたとおり、エリートにとっては自明のことであった。したがってこの攻撃は、天皇の側近に対して向けられた攻撃でもあったのである。

陸軍の派閥対立

では、その陸軍はどのような状況にあったのであろうか。犬養内閣の陸相に荒木貞夫が就任したとき、陸軍中堅層はそろってこれを歓迎した。しかし荒木のその後の行動は、まもなく中堅層の間に分裂を引き起こした。第一に、荒木の人事ははなはだ党派的であった。荒木の盟友真崎甚三郎が一九三二年一月に参謀次長となったのをはじめ、省部の要職には荒木・真崎派（皇道派）が多数起用された。第二に、荒木の軍政の下で、対ソ軍備強化は停滞してしまった。荒木は精神主義者であり、イデオロギー的な反共主義者であった。そのため共産主義を嫌う反面、ソ連の軍備を軽視するところがあり、農村の荒廃などの方が、建軍の基礎を危うくするという見方をしていた。荒木が対ソ軍備充実に全力を傾けず、かえって時局匡救費《きょうきゅうひ》（農村救済事業）に陸軍の予算を譲ったりしたのはそのためであった。

なお、一九三二－一九三三年には、ソ連から日ソ不可侵条約の提起があったが、これが実現しなかったことも、荒木・皇道派の勢力と関係がある。そして北満鉄道の買収が一九三五年まで遅れたのも、やはり荒木の態度が関係していたのである。

対ソ軍備に不安を持った幕僚は、永田鉄山の周囲に結集し始めた（統制派）。永田は軍備近代化という目標を共有していた南次郎や宇垣系にも接近し、皇道派の追放を狙った。まず一九三三年六月、真崎は大将昇進とともに軍事参議官となり、三四年一月には教育総監となって陸軍の中枢から遠ざけられる。そして一九三四年一月、荒木が病気で陸相を辞し、後任に林銑十郎が就任すると、永田はその下で軍務局長となって、皇道派の一掃に乗り出し、三五年七月にはその仕上げとして、真崎教育総監の更迭を断行したのである。

このような統制派の台頭が、一九三五年の華北自治工作と関係していた。当時、関東軍司令官となっていたのは統制派と接近していた南であって、対ソ軍事関係に強い危惧を持ち、満州国後方の安全に強い関心を抱いていたのである。皇道派と共に出発した広田の外交は、ある意味では統制派の台頭によって阻まれたのである。

追い詰められた皇道派は、さまざまな形で反撃に出た。皇道派は中央の幕僚では少数派であったが、イデオロギー的には強力であり、隊付将校の中には厚い支持があった。反撃はしたがって、まずイデオロギー闘争の形をとった。その一つが天皇機関説事件であった。そして第二に、実力行使の形をとった。それが一九三五年八月の相沢（三郎、一八八九―一九三六年）中佐事件、つまり永田軍務局長斬殺事件であり、翌年の二・二六事件であった。

一九三六年二月二十六日未明、皇道派青年将校に率いられた歩兵第三連隊など約一五〇〇人の兵士は、岡田首相・高橋蔵相・斎藤内大臣・鈴木貫太郎（一八六七―一九四八年）侍従長・牧野伸顕《のぶあき》（一八六一―一九四九年）元内大臣（他に渡辺錠太郎〈一八七四―一九三六年〉教育総監）、それに警視庁などを襲撃した。西園寺も当初の計画では襲撃の対象であった。つまり二・二六事件は、すでに述べた陸軍に対する包囲網を直撃したもので、クーデタ後の建設計画においては空白であったが、破壊の計画としては巧妙にできていた。しかし、側近を殺された天皇は激怒し、自ら鎮定にあたる意志を示したため、軍当局の意志も鎮圧に決し、反乱は失敗した。「君側《くんそく》の奸《かん》」を除くという主観的意図で行われたクーデタは、天皇の意志によって阻まれた。それにしても二・二六事件は西南戦争（第**4**章参照）以来、日本に起こった最大の軍事反乱であって、日本中枢を震撼《しんかん》させた。クーデタそのものは失敗に終わったが、その後の政治のあり方に決定的な影響を及ぼすことになるのである。

第 12 章

帝国の崩壊

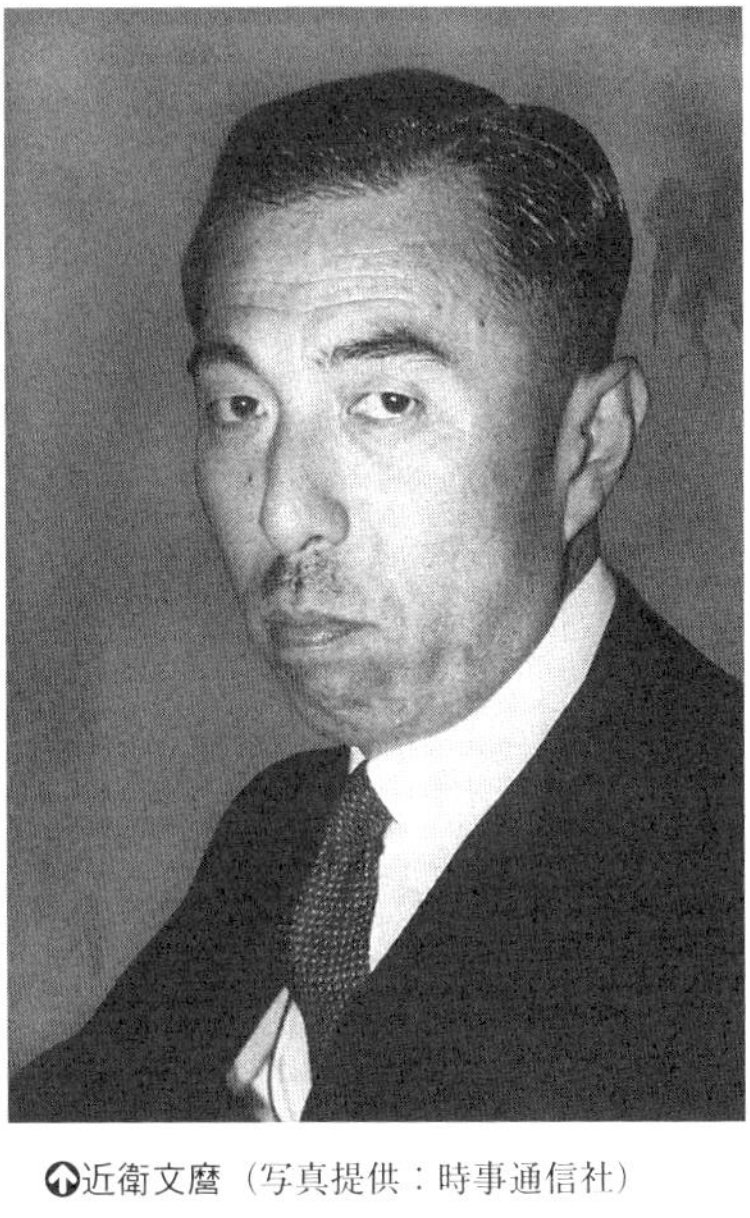

↑近衛文麿（写真提供：時事通信社）

一　日中戦争

広田内閣の成立

二・二六事件（第**11**章参照）で岡田内閣が総辞職したのち、広田弘毅が内閣を組織した。その際、陸軍は組閣に介入し、外相候補とされた吉田茂（戦後の首相。一八七八―一九六七年）など五人の入閣について、親英米で好ましくないなどの理由で反対し、結局三人が入閣を辞退することとなった。陸相以外の閣僚ポストにまで干渉したことは、前代未聞であった。

そのころ陸軍首脳部は、二・二六事件の再発を極度に恐れていた。組閣への介入も、部内の統率に自信がないからであった。それゆえ事件後の粛軍においても、部内に動揺を招きそうな政治的な軍人は、すべて排除しようとしていた。皇道派のみならず、これと対立していた宇垣系の軍人まで予備役に編入されたのはそのためであった。軍部大臣現役武官制（第**6**章参照）を復活させたのも、皇道派などの復活を阻止するためであった。宇垣にせよ荒木にせよ、陸軍をそれなりにまとめ、他の政治勢力と交渉する能力を持つ軍人であった。ところがこの粛軍によって、そうした軍人が一掃されると、陸軍を外から統制することは一段と困難になった。政治的軍人が放逐され、陸軍が官僚化したことにより、その主張はかえって抑えが効かなくなってしまったのである。

陸軍の要求の最大のものは軍拡予算であった。斎藤内閣当時、高橋蔵相は公債を発行して積極予算を組んだが、一九三四（昭和九）年ごろからインフレを懸念して公債発行を抑え始めていた。ところが広田内閣の馬場鍈一《えいいち》（一八七九―一九三七年）蔵相は、高橋財政を転換し、軍事費のための公債発行を行い、超大型の軍拡予算の編成に踏み切った。昭和十二（一九三七）年度予算は前年度比三二・六パーセント増、直接軍事費のみで予算の四六パーセントという有り様となった。このため国際収支は急速に悪化し、財政金融政策も不可能となり始めた。こうして、物の動きそのものを統制しようという動きが、このころから登場するのである。

広田内閣は、外交でもまたターニング・ポイントにあった。十一月の日独防共協定の成立がそれである。一九三三年一月に政権を掌握したナチスは、同年日本に続いて国際連盟を脱退し、三五年にはヴェルサイユ条約を無視して大規模な軍拡に着手した。そしてその夏から日本に接近を開始していたのである。

広田内閣は一九三七年一月に倒れた。政友会の浜田国松（一八六八―一九三九年）議員の質問に寺内寿一《ひさいち》（一八七九―一九四六年）陸相が答弁した際、質問の中に軍を侮辱した点があると述べたのに対し、浜田は激昂し、速記録を調べてもしそういう点があれば自分は割腹する、なければ陸相は割腹せよと迫った（腹切り問答）。これに寺内は怒って、結局、内閣は総辞職となってしまった。既成政党はいまやこのような形で不満をぶちまけるしかなくなっていたのである。

宇垣から近衛へ

広田の辞職ののち、西園寺は宇垣を首班に奏薦した。宇垣は西園寺にとって、時局収拾の切り札の一人であった。第**11**章で述べたように、斎藤・岡田両内閣時代は、陸軍の急進路線をさまざまな穏健派によって包囲する体制であった。そこに一つだけ欠けていたのが、陸軍の穏健派であった。西園寺の宇垣への期待はそこにあった。

宇垣の組閣に対し、陸軍中堅層は激しく抵抗した。その結果、宇垣は陸軍大臣を得ることができず、組閣を断念しなければならなかった。前年に復活された軍部大臣現役武官制が、早速威力を発揮したのである。宇垣はなおも、①内閣総理大臣が陸軍大臣の事務を管理する、②予備役大・中将の適任者を現役に復帰させる、③勅語によって現役大・中将の適任者に組閣への協力を命じる、という三つの方法を考え、湯浅倉平（一八七四―一九四〇年）内大臣に協力を求めたが、湯浅は累が天皇に及ぶのを恐れ、これを退けた。

陸軍が宇垣の組閣に反対したのは、一つは宇垣がかつて宇垣軍縮によって何人もの有力者を引退させ、恨みを買っていたからであった。また三月事件（第**11**章参照）への関与について、不満や非難があった。それ以上に、宇垣は強力な指導者であって、当時緒に就いていた計画を脅かすおそれがあった。そのころ参謀本部は、作戦課長の石原莞爾を中心として、一九四一年までに対ソ戦争準備を完了するため、軍需産業の飛躍的発展を基礎として軍備を五年間でおよそ二倍にしようという大計画（石原構想）を固めつつあった。首相には、この計画を唯々諾々と受け入れるロボット的な人物が望ましかったのである。

宇垣の組閣失敗ののち、西園寺は第一に平沼騏一郎（一八六七―一九五二年）、第二に林銑十郎を首相に推した。しかし平沼の辞退で林が就任した。石原はこの林に先の計画の推進を期待していたが、組閣方針に対立を来して林の下から去ることになる。そして林内閣も、政党と対立し、何らなすところなくわずか四カ月で辞職した。

林の辞職後に西園寺が推したのは近衛文麿《ふみまろ》（一八九一―一九四五年）であった。近衛家は皇族を除けば最高の名門であり、若く聡明な文麿は、将来の華族のホープと早くから考えられていた。ただ、近衛は一九一八（大正七）年、「英米本位の平和主義を排す」という論文を著し、第一次世界大戦後の平和主義の風潮を英米の利益本位のものであると指摘したことがあった。親英米派の西園寺にとって、英米協調に対する近衛のこのような態度は気がかりであったが、宇垣が組閣に失敗した今、近衛が最後の切り札であった。他方、世論は四十五歳という若さの長身の貴公子に大きな期待を寄せた。

日中戦争と総動員

ところが組閣から一カ月たった一九三七（昭和十二）年七月七日、北京郊外で盧溝橋事件が勃発する。これによって内閣は、その力量を試されることとなった。盧溝橋事件は、柳条湖事件（第**11**章参照）とは異なり、偶発的な事件であり、当初は政府も現地軍も局地解決の方針であった。しかし、やがて華北問題を一挙に解決するため、中国に一撃を加えるべきだという議論が台頭し、不拡大方針の石原莞爾参謀本部第一部長は孤立することとなる。そしてこの大勢に引きずられて、近衛首相、広田外相も拡大論を受け入れ、兵力増派を決定し（十一日）、さらに上海で衝突が起こると、陸軍の派遣を決定してしまった（八月十三日）。

上海における戦闘は、予想を超える激戦となり長期化した。その中で、十月末から、中国駐在ドイツ大使トラウトマン（Oskar P. Trautmann, 1877-1950）を仲介とする日中和平交渉が行われていた。ドイツは日中両国と親しく、両国が提携してソ連を牽制することを希望していた。内閣も軍も当初はこのトラウトマン工作に乗り気であったが、十一月上旬に戦局が日本に有利に展開すると、首都・南京の陥落によって蔣介石は降伏するのではないかという期待が生じ、和平条件は次々に過酷なものとなっていった。陸軍の中でも参謀本部は、戦争の泥沼化を恐れてトラウトマン工作をまとめたいと希望していた。ところが近衛首相・広田外相はむしろ非和平派に同調する有り様で、結局一九三八年一月、「国民政府ヲ対手《あいて》トセス」という近衛声明（第一次）を発して、和平工作を打ち切ってしまったのである。日中戦争の拡大においては、陸軍だけではなく、近衛首相・広田外相の判断にも大きな責任があった。

さて、内政でも近衛内閣は大きな転換点であった。近衛は先の石原構想による生産力拡充計画を受け入れていた。しかし、これを国際収支を均衡させせつつ行うには、物資の供給を直接統制するよりほかなかった。日中戦争の勃発は、こうした統制の必要性をいっそう高めた。一九三七年十月には、企画庁（内閣調査局〈第**11**章参照〉を強化して一九三七年五月に成立したもの）と内閣資源局が合体して企画院となり、有力な経済官僚を集めて、重要な政策の調査研究と、物資動員計画（物動）の作成にあたることになった。その結果、当然、軍需が優先されて民需は著しく圧迫された。そして統制に反して闇取引が行われると、これに対してさらに経済警察が活動するようになり、世相ははなはだ暗いものとなっていった。

一九三八年になると政府は経済統制をさらに進め、国家総動員法と電力管理法を成立させた。これらの統制立法に対し、既成政党は内心大いに反対であった。積極的な支持者は、むしろ無産政党であった。満州事変（第**11**章参照）以来、かつて帝国主義戦争を批判していた無産政党の中に転向や右傾が増えていたが、一九三二年に結成された社会大衆党の場合、それはとくに顕著であった。社会大衆党は一九三六年の選挙で一八人、三七年の選挙で三七人の当選者を出して躍進し、近衛内閣では最も与党的な立場にあった。

一九三八年の西尾末広（一八九一—一九八一年）除名事件は、こうした政党事情を反映した出来事であった。この議会で社会大衆党の西尾は国家総動員法に対して賛成演説を行い、「近衛首相は、よろしくヒトラー〔Adolf Hitler, 1889-1945〕、ムッソリーニ、スターリンの如く確信に満ちた指導者たれ」と述べた。これに対してスターリンの如くとは何事だという批判が起こり、西尾はついに除名されてしまったのである。これは、国家総動員法に対する反対を貫徹できないことへの怒りと、社会大衆党への嫉妬から出た行動であった。陸軍も容易に議会を動かせなかったが、近衛の人気はそれを可能とした。近衛の周辺には新党結成の動きがあり、既成政党も、国民に絶大な人気のある近衛と敵対することを極度に恐れたのである。

東亜新秩序

一九三八年五月、近衛は内閣改造を行い、宇垣を外相に、三井の総帥《そうすい》である池田成彬《しげあき》（一八六七―一九五〇年）を蔵相兼商工相に迎えた。一月の「対手トセス」声明が失敗だと気づき、その転換を図るためであった。宇垣は中国に多くの権益を持つイギリスと交渉し、国民党の孔祥熙《こうしょうき》（一八八〇―一九六七年）行政院長を相手とする和平交渉に着手した。ところがこれには陸軍のみならず、外務省の中からも反発が起こった。かつて親英米であった外務省でも、アジア派が台頭し、さらにドイツ、イタリアの枢軸国と結ぶことを主張する革新派（枢軸派）が中堅・若手の多数を占める時代となっていた。宇垣に対する近衛の支持が不充分だったこともあり、宇垣は九月に辞任してしまうのである。

そのころ、戦争は重大な局面を迎えていた。日本は十月、漢口と広東を陥落させたが、国民政府はさらに奥地の重慶に移った。もはや戦争の軍事的解決は不可能であって、陸軍もその後は長期持久戦の体制に切り換えていった。

こうした状況で近衛が十一月三日に明らかにしたのが、東亜新秩序構想であった。これは、「東亜永遠ノ安定ヲ確保スヘキ新秩序ノ建設」が戦争の目的であると述べるとともに、これに加わるならば、国民党の参加も拒まないとしたものであった（第二次近衛声明）。

東亜新秩序構想の不可欠の構成要素が汪兆銘《おうちょうめい》（一八八三―一九四四年）工作であった。中国国民党で蔣介石に次ぐ実力者であった汪を重慶から脱出させて新しい政府を作らせ、これと和平を結ぼうという工作が進行していたのである。

ところで東亜新秩序声明は、アメリカの痛烈な批判を招くこととなった。十二月、アメリカは日本に対し、いかなる国もその主権に属さない地域について新秩序なるものの建設を指図する資格はないと述べ、また門戸開放原則を無視して行われる新秩序は認められないと、従来にない強い言葉で日本を非難した。これと前後して、アメリカは中国に対する事実上の借款供与に踏み切った。アメリカは日中戦争勃発以来、心情的には中国支持ながら、一応中立を守ってきた。ところがここに、中国援助の方向をはっきりと打ち出したのである。日米戦争の思想的起源は、東亜新秩序声明にあったと言っても、必ずしも過言ではないであろう。

ところで近衛内閣はアジア主義だけで突っ走ったわけではなかった。ドイツとの提携強化問題が浮上していた。前にも述べた日独防共協定は、一九三七年十一月、イタリアが参加して日独伊三国防共協定となっていた。ドイツは一九三八年三月、オーストリア併合を成し遂げ、五月には満州国を承認し、中国から軍事顧問団を引き揚げ、対中国武器供給を停止していた。つまりドイツは、華々しく発展しつつある国であり、また孤立する日本にとってただ一つの味方であるように見えた。しかも日本は一九三八年七月、ソ満国境をめぐる紛争でソ連に軍事的敗北を喫していたので（張鼓峰《ちょうこほう》事件）、ドイツとの提携強化は魅力的であった。しかし、これには海軍が強く反対した。対独接近が、日英ひいては日米関係を悪化させるおそれが強かったからである。この問題を解決できず、近衛は一九三九年一月に辞職している。

二　日米戦争

第二次世界大戦の勃発

近衛の後には平沼騏一郎が首相となった。このころ、対米関係は著しく困難となっていた。すでに述べたように、一九三八年の東亜新秩序声明に対し、アメリカは中国援助の方針を定め、これにイギリスも同調していた。そしてさらにアメリカは、一九三九年七月、日米通商航海条約の廃棄を通告するにいたる。しかも日本はこの年五月および七―八月の二度、ソ連の衛星国であったモンゴル人民共和国と満州国との間の国境をめぐる軍事衝突において、ソ連に完敗を喫した。ノモンハン事件である（最近の研究で、ソ連が受けた打撃も小さくなかったことが明らかになっているが、日本の完敗であったことは確かである）。

このような対外関係の緊迫に対する対策の一つは汪兆銘工作の推進であったが、そこには難問が山積していた。他の一つは防共協定の強化であったが、これは海軍が反対で合意ができなかった。そこに起こったのが八月の独ソ不可侵条約の締結であった。平沼首相が「欧州ノ天地ハ複雑怪奇ナル現象ヲ生シ……」と述べて内閣総辞職に踏み切ったことはよく知られている。

ともあれ、独ソ不可侵条約直後の九月一日、ドイツはポーランドに侵入し、三日、これに対して英仏が宣戦を布告し、第二次世界大戦が勃発した。それは、日本外交に外交転換の好機を与えたのである。

実際、平沼の次に成立した阿部信行（一八七五―一九五三年）内閣は、広田から平沼にいたる革新色の強い内閣と異なり、英米との協調回復の姿勢を持っていた。外相に海軍のアメリカ通である野村吉三郎（一八七七―一九六四年）が起用されたのはその表れであった。

しかし、内閣は汪兆銘政権樹立で停滞し、アメリカとの国交回復にも失敗して通商航海条約の廃棄は発効してしまう。物価上昇その他の社会不安もひどく、内閣は些細《ささい》なきっかけから一九四〇年一月に総辞職してしまった。

その次には海軍の米内《よない》光政（一八八〇―一九四八年）が内閣を組織した。米内内閣は政友会・民政党から二人ずつを入閣させるなど、かつての斎藤・岡田内閣に連なるような現状維持的な性格を帯びていた。懸案の汪兆銘政権樹立も、三月ようやく実現した。

ところが、四月になると膠着していた西部戦線において、ドイツが電撃戦を開始し、五月にはオランダ、ベルギー、ルクセンブルク、六月にはフランスを降伏させてしまう。このような情勢の急変は、日本の世論をまた一変させてしまった。まずオランダ、フランスの崩壊による東南アジアの力の真空が注目された。イギリスが降伏すれば、真空はもっと大きくなるはずであった。日米通商航海条約の廃棄もあって、南方の資源は日本にとって喉から手が出るほど欲しいものであった。

こうして対独接近と南方進出を説く声が高まり、これに消極的な米内内閣への非難が強まった。そのころ近衛は新党結成を進めており、これに対して非常な人気が集まっていた。陸軍が陸相の辞職によって米内内閣を倒すと、そののちには近衛が再び内閣を組織することとなった。一九四〇年七月のことである。

日米戦争への道

近衛の組閣とともに、近衛新党運動は一段と活発となり、既成政党はこの流れに取り残されまいと、次々に解党してこれに参加した。しかし、これは天皇に代わって国政を牛耳る「幕府的存在」ではないかという批判が右翼から出ると、近衛は急に弱気となった。十月に成立したのは、大政翼賛会という巨大な組織であったが、内実は乏しかった。理念なき多数は力を持ちえなかったのである。

第二次近衛内閣で外相に起用されたのは連盟脱退の「英雄」松岡洋右であった。その背後には、外務省中堅の革新派の支持があった。松岡は直ちに日独関係強化に踏み切り、九月、日独伊三国同盟を成立させた。次いで松岡は対ソ交渉に着手し、翌一九四一年四月、日ソ中立条約を締結することに成功した。このような日独ソ提携の力を背景に、アメリカと交渉を行おうというのが松岡の方針であった。

なお、三国同盟調印の直前、日本は北部仏印進駐を行った。インドシナを経由する蔣介石への物資補給路（援蔣ルート）を遮断《しゃだん》するとともに、ドイツの勝利によって生じた力の真空に乗じ、領土と資源の問題を有利に展開しようとしたのであった。しかし、アメリカは屑鉄の輸出禁止で応じ、日米関係ははなはだ悪化した。

さて、松岡が日ソ条約の調印に成功したころ、近衛首相の周辺では日米関係改善のための秘密の日米交渉が進みつつあった。しかし帰国した松岡がこの交渉に熱意を示さなかったため、一九四一年七月、近衛はいったん総辞職をし、再度大命降下（第10章参照）を受けて第三次内閣を組織した。日米交渉を進めるため、松岡を切ったわけである。

しかし、近衛は対米関係には依然として鈍感であった。第三次内閣を組織してまもなく、日本は七月に南部仏印進駐を行った。今度はアメリカは在米日本資産の凍結および石油の輸出禁止で応じた。予想以上に強硬な対応であった。

言論弾圧が進む中で、日本外交の進路を厳しく批判し続けていた評論家清沢洌《きよし》（一八九〇―一九四五年）は、アメリカに対して力で対決する姿勢は避けるべきだと主張していた。それでも清沢は、アメリカの中国に対する支持は強いけれども、その主たる関心はヨーロッパにあるので、日本の行動が中国の外に出ることさえなければ日米戦争にはならないと考えていた。しかし現実には、三国同盟と仏印進駐によって、日本は二歩その外に出てしまったのである。

実際、アメリカの対日態度はこの七月ごろから厳しくなる。理由は独ソ戦であった。六月に独ソ戦が勃発し、日本に不本意な譲歩をする必要はなくなったのである。しかし日本はなおも日米交渉に期待をかけ、近衛は大統領F・D・ローズヴェルト（Franklin Delano Roosevelt, 1882-1945, 在任 1933-1945）との頂上会談を考えたが、アメリカはこれに応じなかった。

一九四一年九月六日、御前会議において、十月下旬をめどとする対米英蘭戦争の準備が決定された。しかし日米交渉は進展せず、第三次近衛内閣が総辞職すると、十月十八日、東条英機（一八八四—一九四八年）が首相に任命された。和平の最大の障害である陸軍のリーダーを起用して、責任ある態度をとらせようという判断だった。十一月五日の御前会議で、日米交渉の最終案が決定され、それがまとまらない場合には、十二月初旬には武力発動を決意すると定められた。

しかし十一月二十六日、アメリカのハル国務長官は日本提案を拒否し、これまでの日米交渉を白紙に戻すに等しいハル・ノートを示した。アメリカ側には妥協案もあったが、イギリス、中国、ソ連はアメリカの参戦を期待し、働き掛けたこともあって、強硬策が選ばれた。ただ、ハル・ノートは、期限も付されていないもので、必ずしも最後通牒というわけではなく、さらに交渉することは不可能ではなかった。吉田茂などはそう考えた。しかし大多数の関係者は、ハル・ノートで戦争不可避と考えたのである。

F・D・ローズヴェルト大統領が日本の攻撃を知っていて、これをやらせたという説が、しばしば言われる。ローズヴェルトが、一九四一年六月以後、日本が攻撃してもかまわないと考えていたこと

◆清沢洌（一八九〇—一九四五年）

清沢は長野県の農家の子として生まれ、家庭の事情で中学校に進学できず、地元のキリスト教の私塾に学んだ。十六歳で移民として渡米し、西海岸における日本字新聞の記者として働くうち、その文才を知られるようになり、一九一八（大正七）年帰国、中外商業新報（現在の日本経済新

聞）、朝日新聞に勤めたのち、一九二九（昭和四）年に退社して独立の評論家となった。

清沢はアメリカにおける経験を基礎に、観念的な外交を排し、経済を中心として、「外交を算盤に乗せる」ことを主張した。朝鮮、満州における日本権益は政府の保護なしに成立しない脆弱《ぜいじゃく》なものであり、これらの権益に固執して中国との貿易を損ない、アメリカとの関係を損なうことは国益に反すると考えた。これらは、のちに盟友となる石橋湛山の植民地放棄論と共通するものである。

清沢は『中央公論』を主な執筆の場とし、満州事変後には内田外相の「焦土外交」や、国際連盟からの脱退を宣言して英雄視された松岡洋右を厳しく批判した。とくに松岡に対しては、ジュネーヴから帰国するときには歓呼の声で迎えられるだろうと予測しつつ、これを非難の嵐の中でポーツマスから帰国したときの小村寿太郎と対比して、どちらが国益に資するのかと問い掛けた。

その後まもなく、言論統制の結果、外交評論を執筆することが困難となると、清沢は外交史の研究に転じた。その成果の一つは、一九四二年に著した『外政家としての大久保利通』であって、大久保が征韓論以来、あらゆる困難に立ち向かい、外交の責任を果たしたことを賞賛した。これは、日中戦争を途中で投げ出した近衛をはじめとする政治家・軍人に対する批判でもあった。なお、この著を贈られた吉田茂は、直ちに清沢に返事を寄せ、義理の祖父に当たる大久保について、大久保の偉大なのは、「国難に処して挺身国家の重を以而自ら任せらるる事」であると述べ、「公の心事を以而心とするの外政家の出ん事」を願うと記した。戦後の吉田を考えると興味深い。

清沢は一九四五年、敗戦の三カ月前に急病で死んだが、戦争中、日本の政治社会の状況を記した日記は、戦後、『暗黒日記』として出版され、広く読まれた。

は確かであるが、真珠湾への攻撃を予期していたわけではない。ただ、三国同盟の廃棄、仏印からの撤退、中国本土からの撤退などの点において、日本と妥協する意志はなかった。逆に言えば、清沢の言葉のとおり、これらの点に関する大胆な譲歩を、そのスケジュールとともに示せば、戦争を回避する可能性はなくはなかっただろう。

帝国の崩壊

中国との戦争が四年を超えて泥沼化し、ソ連との間には軍事的な緊張を中立条約がかろうじてカバーしているだけという状態で、英米を相手に全面戦争を開始することは、いかなる意味でも非合理的な選択であった。軍国主義が軍事的合理性を重視する政治体制であるとするならば、一九四一年の日本は軍国主義ですらなかったというほかはない。統一的な合理的意思決定能力を持つ主体としての日本帝国は、一九四五年を待たずしてすでに崩壊していたと言ってもあながち過言ではないであろう。一体どうしてこのようなことが起こったのであろうか。

明治維新そして明治憲法は、原理的には天皇親政を建前としていた。「真の主権者」であるはずの天皇の意志を阻害するものを取り除くことが、維新の理念であった。明治憲法がはなはだ分権的なシステムとなっていた（第**5**章参照）のは、このことと関係していた。天皇に代わって国家意志の統合を行う存在は、あってはならなかったのである。

しかし明治国家においても、諸国家機関の意志を統合し、国家意志を作り出すことが現実に必要であった。その役割を果たしたのが、まず藩閥であり、さらに藩閥の没落後にその役割を受け継いだのが政党であった。しかし政党が没落すると、その役割を果たす存在はもはや見当たらなかった。政治的な力を持った軍人は、軍の中から追放されてしまった。国策統合機関を設ける試みも、何度か行われたが、結局うまくいかなかった。官僚機構によって政治的な意志を作り出すのは、そもそも無理があった。そして近衛新体制に対する幕府的存在という批判は、まことに象徴的であった。

石橋湛山《たんざん》（一八八四―一九七三年）は戦争の末期、「伊藤公出でよ、山県公出でよ」と叫んだ。石橋は大正時代には山県を激しく批判した人物であった。しかし戦争を終わらせるためには、藩閥指導者のような強力な存在が、その政治理念はさておいて、まず必要なのであった。戦争中のことは詳述しないが、膨大な犠牲が日々生じつつあるにもかかわらず、責任あるリーダーシップは容易に生み出されなかった。一九四五年の降伏の決定は、天皇の決断という非常手段によって、かろうじて実現されたのである。

第13章

敗戦・占領・講和

⬆吉田茂（1949年2月。写真提供：毎日新聞社/PANA）

一　初期占領改革

敗　戦

第二次世界大戦は、第一次世界大戦と比べても、はるかに巨大な戦争であった。宣戦布告をした国は世界の五分の四にのぼり、兵器の破壊力の向上もすさまじかった。戦闘は戦場においてのみならず、あらゆる戦争継続能力の抹殺を目的として、その後方でも激しく戦われた。この戦争では、それまでの戦争とは異なって、非戦闘員の方が多数の犠牲者を出しているのである。

日本の国土が戦火にさらされたのは最初の経験であった。とくに一九四四（昭和十九）年十月下旬からは、全国の一〇〇近い都市が爆撃されたが、その七割には軍事施設はなかった。とくに東京には、一九四五年三―五月に四回の大空襲があり、そのうち三月十日の空襲では三二五機のB29爆撃機が焼夷弾など三八万個を落とし、一〇万人以上の死者行方不明者を出して都心・下町を廃墟としてしまった。その他、東京への空襲は合計一〇六回を数えている。その延長線上に広島・長崎への原爆投下があったのである。敗戦と占領を理解するためには、このようにすさまじい戦争であったことを、まず念頭に置いておかなくてはならない。

一九四五年二月、ヤルタにF・D・ローズヴェルト、チャーチル（Sir Winston Leonard Spencer Churchill, 1874-1965）、スターリンが集まり、戦後についての決定がなされた。日本については、日露戦争で日本が獲得した旅順・大連・満鉄・南樺太などをソ連へ返すこと、千島列島をソ連に渡すこと（ただし、その範囲は曖昧《あいまい》なままであった）、そしてヨーロッパ戦線終了後九〇日以内にソ連は対日参戦を行うこと、などが合意された。

ヨーロッパでドイツが降伏したのは五月七日（ランス）―八日（ベルリン）のことである。アメリカでも、これが第二次世界大戦勝利の日と考えられており、八月十五日の対日戦勝記念日の方は、現在では知らない人の方が多い。ところが、ドイツ降伏以後も日本は戦争を継続し、関東軍などは依然として健在であると信じられていたため、日本を降伏させるためには、膨大な兵力をさらに動員することが必要だと考えられた。世論の国アメリカで、しかも戦争はもう終わったという気分の中で、それは非常に難しいことであった。何とかして無駄な犠牲――アメリカの立場から見て――なしに速やかに戦争を終わらせる方法はないかと、アメリカの政府首脳は苦慮した。

そこにはおよそ三つの方法があった。第一はソ連の参戦であり、第二は七月に完成して実験が成功したばかりの原爆を使用することであり、第三は天皇の利用すなわち国体の維持を保証することであった。さらにもう一つあったとすれば、それは日本を封鎖して何もせず、その経済の完全な崩壊と飢餓の深刻化を待つことであった。

七月十七日からベルリン郊外のポツダムに米英ソの首脳が集まり、二十六日、ポツダム宣言を発表し（日本との中立条約があったため、ソ連は宣言には参加せず、米英中〈会議には参加せず〉の共同宣言とされた）、速やかな降伏を求めた。これに対し鈴木貫太郎首相は「黙殺する」と表明したため、連合国は

表13－1　ポツダム宣言

五　吾等の条件は、左の如し。
吾等は右条件より離脱することなかるべし。右に代る条件存在せず。吾等は遅延を認むるを得ず。
六　吾等は、無責任なる軍国主義が世界より駆逐せらるるに至る迄は、平和、安全及正義の新秩序が生じ得ざることを主張するものなるを以て、日本国国民を欺瞞し、之をして世界征服の挙に出づるの過誤を犯さしめたる者の権力及勢力は永久に除去せられざるべからず。
七　右の如き新秩序が建設せられ、且日本国の戦争遂行能力が破砕せられたることの確証あるに至る迄は、聯合国の指定すべき日本国領域内の諸地点は、吾等の茲に指示する基本的目的の達成を確保する為占領せらるべし。
八　カイロ宣言の条項は、履行せらるべく、又日本国の主権は、本州、北海道、九州及四国並に吾等の決定する諸小島に局限せらるべし。
九　日本国軍隊は、完全に武装を解除せられたる後、各自の家庭に復帰し、平和的且生産的の生活を営むの機会を得しめらるべし。
一〇　吾等は、日本人を民族として奴隷化せんとし、又は国民として滅亡せしめんとするの意図を有するものに非ざるも、吾等の俘虜を虐待せる者を含む一切の戦争犯罪人に対しては、厳重なる処罰を加へらるべし。日本国政府は日本国国民の間に於ける民主主義的傾向の復活強化に対する一切の障礙を除去すべし。言論、宗教及思想の自由並に基本的人権の尊重は、確立せらるべし。
一一　日本国は、其の経済を支持し、且公正なる実物賠償の取立を可能ならしむるが如き産業を維持することを許さるべし。但し、日本国をして戦争の為再軍備を為すことを得しむるが如き産業は、此の限に在らず。右目的の為、原料の入手（其の支配とは之を区別す。）を許さるべし。日本国は、将来世界貿易関係への参加を許さるべし。
一二　前記諸目的が達成せられ、且日本国国民の自由に表明せる意思に従ひ平和的傾向を有し且責任ある政府が樹立せらるるに於ては、聯合国の占領軍は、直に日本国より撤収せらるべし。
一三　吾等は、日本国政府が直に全日本国軍隊の無条件降伏を宣言し、且右行動に於ける同政府の誠意に付、適当且充分なる保障を提供せんことを同政府に対し要求す。右以外の日本国の選択は、迅速且完全なる壊滅あるのみとす。

［出典］　奥脇直也編集代表『国際条約集 2011年版』有斐閣、二〇一一年、八三五－八三六頁。

これを拒絶ととらえ、八月六日には広島、九日には長崎に原爆を投下し、また同じ九日未明にはソ連が中立条約を破棄して満州国への侵攻を開始した。

衝撃を受けた日本は、九日の御前会議で「国体の護持」を条件に宣言の受諾を決定し、十日、これを連合国に伝えた。十一日、アメリカは「日本の政体は日本国民の自由に表明する意思のもとに決定される」とし、「降伏の時より、天皇及び日本国政府の国家統治の権限は……連合軍最高司令官に従属する」と回答した。これが国体護持を含むかどうか、政府・軍の中で激しい議論があったが、八月十四日の御前会議において、天皇の決断によってこれを受諾した。

日本に対して国体護持を明言すべきかどうか、アメリカ政府内部でも議論があった。しかし戦争指導者と目されていた天皇の地位を保証することは容易なことではなく、明確なメッセージは送られなかった。それにしても日本は、二度の原爆投下とソ連参戦に加え、国体に関する抽象的な保証によって、ようやく降伏を決断したのである。

占　領

さて、日本占領の第一の特徴は、事実上アメリカの単独占領であったことである。

日本の主権はＳＣＡＰ（連合国最高司令官）に従属することとなったが、そのＧＨＱ（連合国最高司令官総司令部）は一部の例外を除いてアメリカ人だけで構成されていた。占領には英連邦軍が若干加わっただけで、ソ連軍による北海道占領というスターリンの提案は厳しく拒絶された。対日政策の最高レベルの決定はワシントンの極東委員会で行われることになっており、またGHQの諮問機関としては対日理事会が東京に置かれ、ソ連その他の国の発言権を保証してはいたが、その役割は名目的なものであった。対日戦争の主力であったアメリカは、主役の地位を他に譲る気は毛頭なかった。占領は、GHQの最高司令官マッカーサー（Douglas MacArthur, 1880-1964）のほとんど独裁によって行われた。

GHQの中で大きな役割を果たした部局に、情報担当の参謀第二部（GⅡ）と、民政担当の民政局（GS）があった。GⅡは軍事や治安の側面を重視し、共産党や労働者の動きに神経をとがらせた。他方GSには、日本の民主化に熱意を燃やすニューディーラーが多数参加していた。彼らはローズヴェルト大統領のニューディールの理想に共鳴し、トルーマン（Harry S Truman, 1884-1972）の保守性に失望して、日本にその活動の天地を求めていた。両者は改革の方向をめぐって、しばしば激しく対立したのである。

占領の第二の特徴は、間接統治であったことである。ドイツの場合は、戦闘が停止したとき、東部ではすでにソ連の実質的な統治が始まっていたし、政府はすでに充分作動しなくなっていた。日本の場合はこれとは全く違っていた。破滅的な経済的条件の下で、いかにして七五〇〇万人の日本人を食べさせていくか、それだけですでに大問題であったのである。日本の旧体制を維持し、利用することには批判もあったが、効率の上でやむをえない選択であった。

このため日本の内政の重要部分は、GHQとの交渉によって行われることとなった。敗戦から講和・独立までに五人の総理大臣が生まれているが，その中には幣原喜重郎，吉田茂，芦田均（一八八七－一九五九年）の三人の元外交官がいた。戦後に外交官出身で総理大臣になったものは他にいないことを考えれば，その異常さがわかるであろう。この時期，日本の内政はほとんど外交，それも対米外交だったのである。

非軍事化と民主化

さて，アメリカの占領の最大の目的は，日本の非軍事化と民主化であった。日本をアメリカにとって無害な国にするため，まずその徹底した非軍事化を図ったことは，激しい戦争の直後にはむしろ当然のことであった。この非軍事化政策の中には，①陸海軍の武装解除，②軍関係のすべての機関と法令の廃止，③軍事研究・軍事生産の禁止，④戦犯の逮捕と裁判，⑤職業軍人および戦時指導者の追放，⑥軍国主義的・国家主義的団体の解散などが含まれていた。曖昧で恣意的なものまで含めて，かなり徹底した措置がとられている。③の中の東京大学の航空学科の廃止，⑥の中の柔剣道の禁止などは，その例であろう。

民主化の方は，戦争がファシズムに対するデモクラシーの戦いと位置づけられていたことの必然的な帰結でもあった。ソ連に対抗する意味で，そのデモクラシーはもちろんアメリカ流のリベラル・デモクラシーでなければならなかった。しかもアメリカはそのころ自信に溢れており，デモクラシーは平和的だと確信していた。民主化は，したがって先の非軍事化政策の一環でもあった。

その中には、第一に、言論統制の撤廃があった。ただし反GHQないし反米的な言論は例外であって、厳しく取り締まられた。第二に、教育・法制の民主化があった。軍国主義教育の追放、教科書の民主化、教育基本法の制定、教育の地方分権化などが前者であり、民法における親族・相続法、刑事訴訟法の改正などが後者であった。第三に、政治体制の民主化があった。中央では憲法改正による大胆な変革が行われた。新憲法によって、日本は事実上の共和制になったのである。国体が護持されなかったのはもちろんであって、今日の天皇制が戦前のそれと全く違うものとなっていることは、あらためて言うまでもないであろう。他方、地方では地方自治の強化が試みられた。地方自治は民主主義の学校である、というのがアメリカの考えであった。内務省の解体、地方首長の公選、教育・警察の地方への移管が主なものである。ただし、日本の自治体は江戸時代からかなり中央集権的であったため、うまくいかないことが多かった。アメリカも、地方自治の推進に関しては、講和までに断念したことが少なくなかった。

アメリカの意図を越えて日本を大きく変えたのは、農地改革、財閥解体、労働組合の育成などの経済の民主化であった。

農地改革は、農村における封建的人間関係がファシズムの温床であると考えられ、農村の貧しさが対外膨張の原因であるととらえられたためであった。それに農村の生産意欲を刺激して生産を高めなければ、食糧危機を克服できないと考えられた。さらに中国共産党の台頭に鑑み、農民運動に対して先手を打たなければ、農村は共産主義の巣窟《そうくつ》となるという危惧があった。かつて日本政府においても、農村で不在地主が増加する傾向に対処して生産性を高めるため，農地解放が計画されたことがあった。二度にわたって行われたGHQによる徹底した農地改革は，このような日本に潜在していた必要に応えて見事な成功を収めた。農地改革は農村を，持たざる者から持てる者へと変えた。その結果，生産性は高まり，国内需要は増大し，さらに保守安定政権の基盤を確立して，高度経済成長の基盤が作り出されたのである。

財閥は，持株会社中心の結合であり，特定家族に支配された組織であった。たとえば三井財閥の持株会社であった三井合名では，三井一族の一一家しかメンバーになれなかった。アメリカは財閥を日本の軍国主義の基礎であると考え，持株会社を解散させ，株式を公開させた。伝統的な意味での財閥は，こうして解体された。財閥を軍国主義と結び付ける理解は誤りであったが，結果的に財閥解体は，アメリカなどで進行していた経営者革命――資本と経営の分離と経営者の優位――を急速に促進することとなった。日本には江戸時代から経営者が比較的力を持つ伝統があり，その傾向は経済統制によって戦争中いっそう進められていた。それが一挙に完成されて，その後の経済成長の原動力となった。なおアメリカには反トラスト法の伝統があって，GHQの中のニューディーラーを中心に，財閥解体をなお推し進めるべきだという声もあった。しかし財閥解体をさらに進め，大企業解体にまでいくことには反対が強かった。アメリカも，種々の理由であまり積極的でなくなる。ともあれ，経営者革命を実現し，適度の相互競争を実現したことは，予想もつかぬインパクトを日本経済に与えたのである。

労働組合の育成も，農地改革と同様の考えから出ていた。労働者が保護されていないから労働者は

表13-2　マッカーサー・ノート

Ⅰ　Emperor is at the head of the state....
Ⅱ　War as a sovereign right of the nation is abolished. Japan renounces it as an instrumentality for settling its disputes and even for preserving its own security. It relies upon the higher ideals which are now stirring the world for its defense and its protection.
No Japanese Army, Navy, or Air Force will ever be authorized and no rights of belligerency will ever be conferred upon any Japanese force.
Ⅲ　The feudal system of Japan will cease....

［出典］　高柳賢三・大友一郎・田中英夫編『日本国憲法制定の過程Ⅰ　原文と翻訳』有斐閣，1972年，98・100頁。

低賃金を余儀なくされたのであり、それゆえに国内市場が狭隘《きょうあい》であって、それが対外膨張の引き金となったと考えられた。労働組合の育成はファッショ化への歯止めと考えられたのである。一九四五－一九四七年の労働三法の制定や労働組合の育成拡大政策は、そのためであった。しかし労働組合の発展の前提には、大日本産業報国会（一九四〇年）があった。それは企業別の組合であり、ブルーカラーとホワイトカラーを区別しない組合であった。そこから、賃上げ→そのために会社への協力→成長というサイクルが生まれた。

以上とくに農地改革、財閥解体、労働組合育成などは、日本が抱えていた問題を解決し、日本の潜在的な能力を解放する役割を果たしたのである。しかし、それらは、いずれも最初は日本を無害化することを意図して立案されたものであった。

なお、すべての変革の中で最も大きく長い影響を及ぼしたのは憲法改正である。当初、マッカーサーは日本側の憲法改正を待ったが、それが遅くかつ大日本帝国憲法の修正にとどまるのを知って、一九四六年二月、GHQに起草させることを定め、その基本方針を示した（マッカーサー・ノート）。GHQは九日間で草稿を完成させ、日本側に受諾を要求した。とくに問題となったのは天皇の地位（国民統合の象徴）と戦争の放棄（より正確には戦争放棄と戦力の放棄）であったが、これらを受諾しなければ天皇が東京裁判に招致される可能性があると示唆したため、幣原内閣はこれを受諾した。ただ、日本側がこだわったのは、天皇の地位の方であって、戦争放棄の方ではなかった。また悲惨な戦争を経験した国民は、戦争放棄を歓迎した。

マッカーサーは、占領を円滑に進めるため、天皇の協力を必要としていた。しかし、天皇との協力は、連合国にとってもアメリカ国民にとっても受け入れにくい政策だった。それゆえ、天皇の地位が大きく変わり、日本はもはや軍事的な脅威ではないと示すことが、マッカーサーには必要だった。それが、憲法の二つの論点の政治的背景である。

占領下の政治過程

敗戦後の日本では、全産業が深刻な打撃を受けており、加えて海外の資源は失われ、その代わりに多数の外地からの復員があるという有り様で、とくにインフレと失業ははなはだ深刻であった。その中で、以上のような、ほとんどすべての日本人の予想を超えた急激かつ広範囲な改革を実現しなければならなかった。

しかも民主化の結果、選挙と国会の役割は向上したが、多数の新人の進出により、議会に責任あるリーダーシップが登場するにはまだ時間が必要であった。また民主化の結果、大衆運動も発展し、経済問題を中心に活発な政府批判を展開していた。このように、政府は難局の中で重大な課題を抱え、未経験な議会と激しい大衆運動を相手に、かつての天皇制のような背後の権威なしに立ち向かわなければならなかった。その混乱ぶりを簡単に見てみよう。

敗戦後に成立していたのは東久《ひがしく》邇宮稔彦《にのみやなるひこ》（一八八七―一九九〇年）内閣であった。皇族内閣によって、敗戦の衝撃を和らげるためであった。一応の敗戦処理を終え、東久邇宮内閣が二カ月で総辞職すると、十月、幣原喜重郎が内閣を組織した。満州事変（第**11**章参照）以後、政界の表舞台から姿を消し、ほとんど忘れられていた幣原の復活は、日本に復活させるべきデモクラシーと協調外交の遺産があったことを示すものであった。

幣原の課題は、憲法改正をはじめとする改革の具体化であり、また経済危機の克服であった。とくに四〇年ぶりの悪天候に端を発した食糧危機は深刻であった。このような状況で、翌一九四六年四月、

◆吉田茂（一八七八―一九六七年）

吉田茂は土佐の自由民権家の竹内綱の五男として生まれ、横浜の貿易商、吉田健三の養子となった。養父の死により、十一歳で莫大な遺産を相続した。さまざまな学校を転々としたのち、学習院次いで東京帝国大学に学び、一九〇六（明治三十九）年、卒業して外務省に入った。牧野伸顕の娘と結婚したが、勤務は中国が多く、必ずしも出世コースではなかった。幣原外交全盛時代には反幣原の立場をとり、より強硬な外交路線を主張し、田中義一外務大臣の次官に起用されている。しかしすでに述べたとおり、その強硬路線もワシントン体制の枠内のことであり、満州事変には批判的で、以後、幣原と接近している。

戦前の吉田は一貫してイギリスとの協調を追求し、枢軸路線に強く反対していた。駐英大使を最後に引退したが、学習院コネクションもあって、

活発な政界工作、和平工作を行い、一九四五（昭和二十）年には憲兵隊に監禁されている。

　敗戦後、東久邇宮内閣の重光葵《まもる》外務大臣がGHQと衝突して辞職したのち、吉田は外相に就任し、さらに幣原内閣に留任した。当時、首相となりうるのは、戦犯になるおそれがなく、アメリカとの関係が良好で、外交に通じたものでなければならなかった。そうした人物は多くはなかった。しかも満州事変後ほとんど引退していた幣原と違い、吉田は近衛文麿とも鳩山一郎とも親しかった。

　一九四六年五月、組閣を前に鳩山が公職追放されたとき、代理として起用されたのが吉田だった。吉田は政党政治の経験がなかったが、マッカーサーとの信頼関係を築き、巧みに自由党をリードした。一九四七年四月の総選挙に敗れた吉田は政権を離れたが、その後に始まった中道政権の時代は、一年半しか続かなかった。中道勢力の衰退を目撃し、また冷戦の進展を見据えて、吉田は一九四八年十月、政権に復帰した。翌一九四九年一月、第二十四回総選挙で大勝し、全盛時代を築いた。その際、池田勇人、佐藤栄作ら官僚出身者を大量に立候補させ、吉田派の基礎を築いた。

　一九五一年九月、吉田は講和条約を締結し、また日米安全保障条約を結んで、戦後日本の基礎を作った。吉田は傲岸不遜《ごうがんふそん》の保守反動とみなされ、知識人からは評判が悪かったが、敗戦の中で羽織袴に白足袋をはき、葉巻を燻《くゆ》らせる姿は、国民に自信を与えた。吉田は戦前の外交官時代から、一貫して貿易を最も重視していたが、貿易を守り、発展させる方法は時代によって異なっていた。戦後の軽武装、経済重視の政策は、その一つの形態であって、ドクトリンというような硬直したものではなかった。しかし、吉田の路線はその弟子の池田勇人と佐藤栄作に大筋で引き継がれ、長く深い影響を残したのである。

戦後最初の総選挙が行われると、過半数を制する政党はなく、幣原は多数派工作に失敗して総辞職した。

その後、第一党である自由党による鳩山一郎（一八八三―一九五九年）内閣が成立しそうになったが、鳩山が公職から追放されることとなって頓挫《とんざ》した。その結果、吉田茂が鳩山の代理として党総裁となり、五月に第一次内閣を組織した。吉田内閣の成立も、食糧危機によって危うかったけれども、GHQが大衆運動の過激化に警告を発し、また食糧放出を行ったので、かろうじて可能となったわけである。その後もインフレは続き、労働運動は過激化していったが、その頂点として予定された一九四七年二月一日の二・一ゼネストは、GHQの指令で中止させられ、内閣は最大の危機を凌《しの》いだ。しかし四月に行われた戦後第二回の総選挙では社会党（現在の社会民主党）が躍進して第一党となり、自由党は第二党に転落したため、吉田は辞職した。

その後に成立したのは、社会党・民主党・国民協同党の三党を基礎とする二つの連立内閣であった。まず社会党の片山哲（一八八七―一九七八年）を首班とする内閣が五月に成立した。そして党内対立からこの片山内閣が一九四八年二月に総辞職すると、三月、民主党の芦田均がやはり同じ三党の連立を基礎に内閣を組織した。しかしこの内閣も、芦田が昭和電工疑獄に関係して起訴され、十月まで続いただけであった。

アメリカの日本占領政策については、民主化からの転換や後退がしばしば指摘される。しかしそれは、初期のアメリカの改革の情熱を過大評価し、それが裏切られたことへの失望から生まれた見方のように思われる。しかし実際には、アメリカの占領初期の最大の目的は、日本の民主化というよりは日本の無害化であった。

占領初期、経済危機はとくに深刻であったが、ＧＨＱは日本の経済復興に熱意を持たなかった。日本は、日本が侵略した国々以上の生活水準を許されるべきではないというのが、ＧＨＱの基本方針であった。しかし日本の秩序が著しく乱れることは、認めるわけにはいかなかった。占領の目的を損なうからである。アメリカが労働運動の過激化に反対し、介入するようになったのは、労働運動がアメリカの占領政策を脅かすまでに高まったからであり、アメリカの政策が反動化したためではなかった。

ＧＨＱの期待は、社会党を含む中道勢力にあった。当時の社会党は、一九五五年以後の社会党に比べて右派が強く、穏健柔軟であった。これに比べれば、自由党などは軍国主義の名残りをとどめた反動勢力のように見えた。日本との激しい戦争を戦ってきたアメリカが、こういう自由党を支持するわけはなかった。したがって左右の両極端の中間にある中道派が一番無難に見えたのである。ただし先にも述べたとおり、中道勢力への期待も、最初からそれほど強いものではなかった。

二　冷戦と講和

占領政策の転換

しかしアメリカの対日政策は、ちょうど中道内閣が崩壊した一九四八年十月ごろ、日本を懲罰するよりはパートナーとして育成する政策へ、したがって経済復興を重視する政策へと、はっきりと転換されることとなった。その背景にあったのはもちろん冷戦である。

冷戦の開始を告げるものとして有名な、チャーチルの「鉄のカーテン」演説は一九四六年三月のことであった。そしてトルーマン大統領が、トルーマン・ドクトリンによって力によるソ連への対抗を説いたのは、一九四七年三月のことである。しかしアジアでは、ソ連に対抗する政策はまだとられていなかった。日本における転換において大きな役割を果たしたのは、ソ連に対する封じ込め政策の提唱者として知られる、政策企画室のケナン（George Frost Kennan, 1904-2005）であった。

一九四八年十月の新たな対日政策の決定によって、アメリカは日本経済の本格的立て直しに着手する。そのためにとられたのが、超均衡予算によってまずインフレを収束させようとするドッジ・ラインであった（デトロイトの銀行家ドッジ〈Joseph Morrell Dodge, 1890-1964〉の提言によるため、この名がある）。景気は著しく落ち込み、人員削減・合理化が進められ、これに対して労働運動が激化すると、日本共産党に対する弾圧が開始された。

アメリカにとって、次のショックは一九四九年十月の中華人民共和国の成立であった。日露戦争（第7章参照）以来、アメリカのアジア政策の中心は、門戸開放と米中提携であった。ところが、その中国自身がアメリカを拒絶してしまったのであるから、その衝撃は大きかった。これによって、アメリカのアジアにおけるフロンティアが中国から日本になり、対日政策はいっそう積極化することとなるのである。

さらに一九五〇年六月には朝鮮戦争が勃発した。北朝鮮の急襲によって一時釜山《プサン》まで追い詰められたアメリカ（国連軍）は、まもなく逆襲に転じ、北上して中国との国境付近にまで到達した。しかしそのため十月下旬には彭徳懐《ほうとくかい》（一八九八―一九七四年）の率いる中国人民解放軍が参戦し、これと戦うこととなってしまった。

朝鮮戦争の結果、まずアメリカは、反共軍事同盟の構築に乗り出す。「封じ込め」から「巻き返し」へと転じたのである。中国に関しても、それまで断念していた台湾確保に乗り出し、第七艦隊を派遣することとなる。

日本においてもまず共産党弾圧に着手した。日本共産党が北朝鮮の南進に呼応しようとする動きを察知して、GHQは弾圧を始めたのである。共産党は一九四九年一月の総選挙で三五議席と躍進し、穏健路線をとっていたが、五〇年一月にコミンフォルムから批判され、平和革命路線から転換したのである。それはスターリンが金日成《キムイルソン》（一九一二―一九九四年）の南進に支持を与えた時期であり、また二月の中ソ友好同盟相互援助条約調印の直前のことであった。

講和に向けて

そしてアメリカは、日本に対して再軍備を要求するとともに、講和条約の締結へ向けて動き始めた。日本の中には、ソ連を含むすべての国との講和（全面講和）をめざす声も強かったが、当時におけるアメリカの圧倒的な地位から見て、他に選択肢はなかったと考えるべきであろう。

以上の時期、政権を担当していたのが吉田茂であった。芦田内閣の崩壊後、一九四八年十月に第二次内閣を組織した吉田は、四九年一月の総選挙で戦後初の過半数（民主自由党）を獲得した。

この時、池田勇人《はやと》（一八九九―一九六五年）、佐藤栄作（一九〇一―一九七五年）らの元高級官僚が出馬、当選し、吉田の党内における地位は一段と固まった。アメリカの政策転換に支えられ、また朝鮮戦争特需という追い風もあって、吉田は一九五一年九月の講和条約調印（第**14**章参照）まで、さらにその後の五四年十二月まで政権を担当した。とくに朝鮮戦争特需は、ドッジ・ラインで不況にあえいでいた日本経済にとって、またとない幸運となった。戦前の経済水準を超えたのはこの年のことである。朝鮮戦争は、高度経済成長への一つのスプリング・ボードとなった。

ただ、吉田はアメリカの言いなりになったのでは決してなかった。再軍備を求めるアメリカの主張に対して、経済能力と世論が許さないとして抵抗し、軽武装を貫いたのである。もちろんそれには限界があった。ダレス（John Foster Dulles, 1888-1959）国務長官の圧力で、台湾の中華民国を正統な中国政府として選ぶことを強いられたのは、その例である。しかし、吉田の選択した軽武装の経済重視主義は、戦後の日本の発展の基礎となるのである。

第 **14** 章

自民党政治の発展

⇧新日米安全保障条約に調印する岸信介首相（中央左）とアイゼンハワー米大統領（中央右）（上。1960 年 1 月 19 日，ワシントン。写真提供：時事通信社）と，新安保条約に反対し国会前に集まったデモ隊（1960 年 5 月 19 日。写真提供：毎日新聞社/PANA）

一　高度経済成長

五五年体制の成立

一九五一（昭和二十六）年九月の講和条約の調印と翌五二年四月の条約発効とは、日本の政治を大きく変えた。やや誇張して言えば、先にも述べたとおり、それまでの日本の政治は結局のところ対米外交であった（第13章参照）。それが自己完結性を回復して選択の幅が広がるとともに、占領軍という絶対的な権威がなくなったことによって、政局は不安定化することとなった。

吉田内閣はまず、統治体制の基本的な整備を進めた。破壊活動防止法などの治安立法、警察制度の中央集権化、教科書検定、教育委員の任命制度などである。これらなしに統治体制は安定しえないと、彼らは考えた。こうした改革に対し、革新勢力は「逆コース」であるとして激しく批判した。

政局をいっそう不安定化させたのは、占領軍によって公職から追放されていた戦前派政治家の復帰であった。吉田ののちに政権を担当することになる鳩山一郎・石橋湛山・岸信介《のぶすけ》（一八九六―一九八七年）は、いずれも講和の直前に追放を解除された人々であった。戦前すでに有力な地位を築いていた彼らは、概して吉田と戦後改革に対して批判的であった。とくに一九四六年、首相となる直前に追放され、吉田に政権を託した鳩山は、早速政権獲得をめざして行動を開始した。

こうして吉田系勢力と鳩山を中心とする勢力の争いがしばらく続いたが、一九五四年十一月、鳩山・岸・石橋は反吉田系保守勢力を結集して日本民主党を結成した。そして社会党の協力も得て、十二月に吉田内閣を打倒し、鳩山内閣を成立させた。

ところでこのような経緯もあって、鳩山系勢力、民主党、そして鳩山内閣は、吉田政治の修正を前面に押し出し、憲法改正、再軍備、それに対米従属からの脱却を提唱した。

鳩山内閣が対米従属からの脱却として最初に取り組んだのは、日ソ国交回復であった。日ソ関係はまだ戦争状態であり、シベリアに抑留された当初六〇万人近い日本人のうち、まだ少なくない人々が帰国していなかった。またソ連の拒否権によって、日本は国際連合加盟を妨げられていた。さらに、オホーツク海の漁業をめぐって、紛争が絶えなかった。これらを解決するため、鳩山内閣は交渉を重ね、一九五六年十月、日ソ共同宣言によって国交を結んだ。ただし、領土問題は解決されなかった。この間、アメリカおよびアメリカとの関係を重視する吉田茂は、この日ソ交渉に批判的であった。

鳩山内閣に対し、日ソ国交回復は別として、社会党は危機意識を強めた。すでに朝鮮戦争の勃発と事実上の再軍備の開始は、戦争の記憶の生々しい国民の間に強い警戒心を呼び起こし、平和運動の高揚をもたらしていた。戦前派の政治家が復帰し、憲法改正と再軍備をはじめとする占領政策の修正を公然と唱え始めたことは、戦後改革の成果が無に帰するのではないかという危惧を、国民の間に広めた。それは社会党の勢力を増大させ、とくに左派の力を伸ばすこととなった。社会党は、片山・芦田内閣の失敗で大きな打撃を受けていたが、まもなくそこから回復し、勢力を伸ばした。とくに一九五五年総選挙では、左右両社会党は合わせて衆議院の三分の一に到達し、憲法改正発議に対する拒否権

表14-1　社会党の衆議院議席の変遷

総　選　挙		左派	右派	合計	議席総数
第22回	(1946年4月)			93	466
23	(1947年4月)			143	466
24	(1949年1月)			48	466
25	(1952年10月)	54	57	111	466
26	(1953年4月)	72	66	138	466
27	(1955年2月)	89	67	156	467
28	(1958年5月)			166	467
29	(1960年11月)	(民社党17)		145	467

を持つにいたった。この数をもって、社会党は一九五五年十月、統一することとなった。

他方、保守政党の方でも合同の動きがあった。吉田退陣によってその動きは進み、さらに社会党統一に刺激されて、十一月に保守合同が成立し、自由民主党（自民党）が誕生した。

自社両党の統一によって、保守・革新の二大政党制が生まれたように思われた。結局それは政権交代のない疑似二大政党制ないし「一・五大政党制」でしかなかったけれども、自社両党の成立によって、その後長く続く政治の枠組みができたことは事実であった。その点に着目して、これを五五年体制の成立と呼ぶ。

岸内閣と日米安保条約改定

自民党の初代総裁には鳩山一郎が就任し、一九五六年十月の日ソ国交回復を花道に引退した。その次には、激しい自民党総裁公選の結果、石橋湛山が総裁・首相となったが、まもなく病気で引退し、一九五七年二月、岸信介が総裁・首相となった。

岸はこれまで、憲法改正その他の占領政策の修正を熱心に主張していた。首相となってからは、治安・労働問題ではタカ派的姿勢をとり、賠償問題を利用して東南アジアへの進出を図り、アメリカとの間では「日米新時代」を唱えて、鳩山時代にやや悪化した日米関係を、より対等でより友好的なものにしようとした。

　このため岸が取り組んだのが、日米安全保障条約（第13章参照）の改定であった。安保条約は講和条約とともに成立したものであり、講和・独立後にもアメリカが日本に駐在するための駐軍協定としての性格が強かった。これを、より相互的でかつ包括的な友好協定とすることが岸の目的であった。

　ところが、この安保条約改定は大規模な反対運動を引き起こした。その背景にあったエネルギーは、第一にナショナリズムであった。アメリカの占領がいかに寛容なものであっても占領は占領であり、講和後の数年をとってみても、アメリカの圧倒的な影に日本は覆われていた。そのことに対する反発が起こっても、不思議はなかった。第二は、デモクラシーであった。強行採決で条約を成立させたことに対する反対が、それまでの岸内閣のタカ派的姿勢への反感もあって、大きなエネルギーとなったのである。第三は、岸個人への反対であった。岸はかつて東条内閣（第12章参照）の閣僚であり、A級戦犯容疑者であった。その岸が以上のような政策を推進したことは、野党をはじめとする広い層に、強い警戒心を引き起こしたのである。岸は一九六〇年六月、大きな混乱の中で安保改定をかろうじて成立させたが、その直後に総辞職することとなる。

池田内閣と佐藤内閣

岸の後には池田勇人が自民党総裁・首相となった。一九五五年以来の社会党の勢力拡大と安保反対運動の高揚によって、自民党政権は大きな危機を迎えたように見えた。しかし池田は「寛容と忍耐」をスローガンに、「低姿勢」をとり、野党に対する和解的な政治スタイルを打ち出した。それと同時に、すでに一九五五年ごろから始まっていた高度経済成長の持続と発展を見通し、これを「所得倍増計画」として国民の前に提示した。これらによって池田内閣は一九六〇年十一月の総選挙に勝利して、安保の危機を乗り切ることに成功したのである。

こうした政治転換は、一時的なものではなかった。自民党は、結党以来憲法改正を綱領に掲げていたが、このような体制問題にふれることを池田は避け、経済政策を中心に置く「利益の政治」によって国民の支持を得ることに力を注いだ。この方針は、次に述べるように佐藤内閣にも引き継がれ、自民党は国民の安定した支持を受けた。一九六〇年の池田による転換の意義の大きさを考えれば、五五

◆岸信介（一八九六―一九八七年）

岸信介は山口県の官吏、佐藤秀助の子として生まれ、岸家に養子に行って岸信介となった。兄は海軍中将となった佐藤市郎、弟は総理大臣となった佐藤栄作である。東京帝国大学に学び、一九二〇（大正九）年、抜群の成績で卒業し、農商務省に入った。農商務省が分割されると商工省に入り、一九三五（昭和十）年には工務局長となり、一九三六年には満州国政府に入って産業部次長などとなり、満州国の経済開発に大きな役割を果たした。一九三九年、商工省次官となり、一九四一年には東条内閣の商工大臣となっている。よくも悪くも通常の官僚をはるかに超えたスケールの大きさを持ち、大臣在職中に選挙に出馬して衆議院議員となり、また一九四四年には東条内閣の倒閣に重要な役割を果たした。

戦後、A級戦犯容疑者として巣鴨プリズンに収

監されたが、一九四八年に釈放され、公職追放となったが、一九五二年に追放解除となり、政界に復帰した。一九五四年、鳩山一郎を擁立して民主党を結成してその幹事長となり、さらに保守合同を実現して自民党幹事長となった。鳩山引退後の自民党総裁選挙に出馬し、石橋湛山に僅差で敗れたが、石橋内閣に入閣して外務大臣となったところ、石橋の病気により首相となった。

岸が取り組んだ最大の課題は、日米安全保障条約の改定であった。旧安保条約は、日本はアメリカに基地を提供し、アメリカはこれを受諾するというもので、アメリカには日本を守る義務も、基地の使用について日本に相談する義務もなかった。岸はこれを改定しようとし、一九六〇年一月、新条約の調印に成功するが、国内に反対運動が台頭し、大規模なデモに取り囲まれる毎日となり、同年六月、新条約の発効とともに辞職を表明した。

岸は防衛力漸増を進め、アメリカとの関係を深めると同時に、アジア諸国との賠償問題をほぼ解決し、国連も重視していった。高度経済成長においても、岸内閣の役割は大きかった。岸はさらに憲法改正まで視野に入れていたが、その野心とスケールの大きさ、そして戦前の経歴が警戒され、党内にも反対運動が生じて、安保改定だけにとどまった。

その安保条約は、以後、長く日本の安全保障政策の基盤となった。その意味で岸の残したものは大きい。ただ、強力だった岸内閣の崩壊を見て、それ以後の自民党指導者は憲法や安保などの大政策に手をつけなくなった。自主憲法制定を掲げて出発した自民党は、それを事実上断念し、経済成長によって国民の支持を得る方向に転換した。それが岸の残したもう一つの遺産だった。それゆえ筆者は、一九六〇年の持った意味は一九五五年より大きいと考え、こうした政治の枠組みを、六〇年体制と呼んでいる。

年以前と以後とを区別し、五五年体制の成立に注目するよりは、六〇年以前と以後とを区別して、六〇年体制の成立を重視すべきであろう。

一九六四年、池田の病気退陣ののち、佐藤栄作が総裁となった。佐藤はがんらい、池田の体制問題回避に対して批判的であった。しかし政権につくと、日韓基本条約の調印（一九六五年）など、いくつかの体制問題は直ちに処理したものの、それ以後は池田同様に憲法改正に着手しないことを約束し、やはり高度成長に支えられて、利益による統合をめざしたのである。

一九六〇年代末期になると、公害や福祉の問題がクローズアップされるようになり、政府は高度成長の歪《ひず》みを批判されるようになる。皮肉なことに、これらは佐藤が池田を批判した論点であった。しかしこれらの問題も、高度成長の予算膨張の中で処理され、解決されていった。党内のライバルが死去したこともあり、佐藤は総裁に四度選ばれ、念願の沖縄施政権返還を実現して、一九七二年七月まで政権を担当した。これは連続政権担当記録としては近代日本政治史上最長であり、政権担当期間の合計でも、桂太郎（第**9**章参照）にわずかに及ばぬ第二位の記録である。

以上のような安保以後における自民党の転換に、社会党は充分対応できなかった。より高い経済成長を主張し、体制の受益者としての面を持ちながら、安保・憲法などの問題で体制批判を続けることは、やや説得力に欠けていた。一九五〇年代後半には、都市化が進行すれば、都市を基盤とする社会党の勢力が伸長し、やがて政権をとるだろうという予測が多かった。しかし社会党は、一九六〇年の総選挙でも、また自民党の腐敗が続出したのちの六七年総選挙でも勢力を伸ばすことができず、むし

表 14-2　岸・池田・佐藤時代の衆議院議席の変遷

	自民党	社会党	民社党	公明党	共産党	議席総数
第 28 回（1958 年 5 月）	287	166	―	―	0	467
第 29 回（1960 年 11 月）	296	145	17	―	3	467
第 30 回（1963 年 11 月）	283	144	23	―	5	467
第 31 回（1967 年 1 月）	277	140	30	25	5	486
第 32 回（1969 年 12 月）	288	90	31	47	14	486

ろ後退してしまったのである。ヴェトナム戦争に対する政府の協力や、高度成長の歪みに向けられた社会党の批判は、それなりの意義や影響力を持ったが、自民党に取って代わる勢いはなくなっていった。

代わりに進展したのは野党の多党化であった。一九六〇年には、社会党右派が、党の反体制的性格を批判して離党し、西尾末広の下に民主社会党（民社党）を結成した（衆議院議員四〇人）。民社党は五年以内の政権獲得を目標とし、この年の総選挙に一〇五人という大量の候補者を立てたが（社会党は一八六人）、結果は一七人という惨敗であった。その後、多少挽回したものの、一九八〇年代になってかろうじて結党時の議席を回復したにすぎない。次いで一九六七年総選挙からは公明党が衆議院に進出し、六九年には野党第二党に躍進した。しかし、創価学会を背景とした同党には、当然限界があった。また、一九五〇年以来の極左路線によって、五二年総選挙で議席ゼロに転落していた共産党は、五五年に極左路線を修正して以来、少しずつ勢力を回復し、自民党長期政権に飽きた人心に食い込んで、六九年（一四人）、七二年（三八人）と躍進をとげた。しかしながら、結局、池田・佐藤時代には自民党の多数は脅かされることはなかった。

二　自民党政治

派閥の発展

こうして自民党の多数が安定してしまうと、権力の所在は、与野党関係よりも、自民党内部の派閥関係によって決せられることとなった。

政党における派閥は、明治の自由党・改進党の結成のころから存在していた。自由党土佐派や政友会関東派などには先にもふれた（第**6**章参照）。憲政会にも加藤総裁派と反総裁派があり、昭和期の政友会では鳩山派と久原《くはら》派などが有名であった。大きな政党の中で、地縁その他の人間関係によって、あるいは思想的政策的な立場によって、または有力者の周囲に自然に人が集まって、複数の集団ができるのはごく当然のことである。

しかし、こうした派閥と自民党結成以後に発展した派閥とは、全く異なるものである。戦前からの派閥では、派閥への帰属は曖昧《あいまい》であり、二つ以上の派閥に所属する者もあり、どの派閥にも所属していない者の方が多かった。一九五五年以後に進展し、池田・佐藤時代に完成された派閥政治では、ほぼ全員がどれか一つだけの派閥に所属するようになった。そして派閥は事務所をかまえ、職員と機構を持ち、派閥指導者が引退ないし死去してもなお継続して存続するようになったのである。

派閥の発展を促した最大の要因は選挙区の事情である。衆議院の選挙制度は、一九二五（大正十四）

年の普通選挙導入以来、定員三ないし五の中選挙区制であって、その中で政友会と民政党などが争っていた。しかし戦後、その意味は変化し、とくに保守合同の下の選挙戦では、自民党と野党候補者の争いよりも自民党候補者同士の方が激しいものになりやすかった。政策的・イデオロギー的に距離の遠い野党支持者に呼び掛けるよりも、他の保守候補支持層に切り込む方が容易だったからである。

もう一つ重要なのは、地方の伝統的な秩序が解体したことである。まず農地改革（第**13**章参照）によって、地主を中心とする伝統的な名望家秩序は大きな打撃を受けた。かつてのように、少数の地元有力者だけに頼って選挙戦を戦うことができなくなってしまったのである。そして高度経済成長によって離農が進むと、この傾向はいっそう顕著となった。こうして政治家は自らの選挙組織を自分で作らなければならなくなった。ここから生まれたのが個人後援会である。後援会は当初、農村でも大都市でもない中小都市で発展した。農村にはまだ利用できる伝統秩序が存在しており、大都市では有権者を後援会に組織することが難しかったからである。しかし高度成長が進むにつれ、後援会は農村でも組織されるようになり、やや遅れたものの、大都市でも組織されるようになった。

かつて派閥は地縁を一つの根拠として成立していた。ところが、このような選挙区の事情から、派閥は反地縁的な存在へと変化したのである。同じ選挙区の候補者同士は、相互に激しく争い、そのために党中央の有力者の保護を求めることになる。中選挙区制が続く限り、少なくとも三ないし四の派閥が存在することは避け難かった。

派閥発展のもう一つの大きな理由は、議院内閣制と行政国家化の進展により、政権与党の地位が圧倒的な重みを持つようになったことである。まず自民党総裁の地位である。あらためていうまでもなく、自民党総裁は、それまでのところ、例外なく首相であった。戦前の政党総裁は首相候補の一人にすぎず、首相になったとしても、その力は陸海軍その他に及ばず、はなはだ制約されていた。これに対し、戦後の首相は、とくに与党が過半数の場合には、ほとんどオールマイティであった。この党総裁を決定するのが総裁公選であり、党内多数の力である限り、総裁候補者が党内多数を組織しようとして努力するのは当然であろう。実際、自民党結成時には約一一の緩やかに結合した派閥が存在したが、それは一九五六（昭和三十一）年十二月の総裁公選を契機として急速に、より少数の派閥に、またより結合力の強い派閥に再編成されていったのである。

総裁候補以外の者にとっても、派閥に組織されることは有利であった。与党の地位の重要化にともない、議員に配分される役職は飛躍的に増大した。戦前には大臣の数は一五－一六であり、陸相・海相はもちろん外相などにも普通は非政党員が充てられたから、政党内閣でも、政党員が占める閣僚ポストはせいぜい七－九程度であった。ところがこの当時、閣僚の数は二一あって、それは原則としてすべて自民党国会議員に与えられた。また党内には、党三役（幹事長、総務会長、政務調査会長）あるいは四役（プラス副総裁）という閣僚以上のポストがあり、それ以外にも総務局長、経理局長、全国組織委員長など、有力なポストがある。戦前にも幹事長などのポストがあったが、その重要性は今日の比ではなかった。さらに国会には、議長や常任委員長などの要職がある。これらの地位が名誉と実利の源泉である限り、その獲得を有利に進めるため、自民党員が党内有力者の保護を求めるのは当然のことであった。

以上のように、今日も見られる自民党の派閥は、古い親分子分関係などによって成立しているものではなく、中選挙区制、与野党間の政策的・イデオロギー的距離、議院内閣制などの現実に、合理的に対応して発展した制度なのであった。選挙においても議会においても、結局、自民党の優位が動かないとすれば、ジャーナリズムの関心が自民党内部の権力争い――派閥対立に向けられるようになったのは自然であった。

政策決定における自民党と官僚

自民党政治の発展の中で生み出されたもう一つの大きな特色は、自民党・官僚・経済界の特殊な密着であった（鉄の三角形）。これは日本の政治史上、決して自明のことではなかった。それどころか、政党と官僚の対立は、明治以来の政治史を貫くものであったし、官僚と経済界の関係も、統制経済の時代はもとより、それ以前からしばしば円滑を欠くものであった。

ところが単一保守党の成立により、経済界と自民党と官僚は同じ陣営に属することとなった。経済界は政治資金を供給し、官僚は政策を立案し、自民党は経済界のために資本主義秩序を擁護し、官僚のためには政策手腕をふるう場を保証する。また、官僚は退官後自民党あるいは経済界に入って手腕をふるう、という関係であった。ところが高度成長期の後半になると、より密接な協力関係が成立することとなる。

一九六〇年代初頭までの自民党は、政策立案能力で圧倒的に官僚に依存していた。自民党の政務調査会も、初期には官僚の説明をただ聞く場であったという。しかし、多数の官僚出身者が自民党に入党したことは、徐々に自民党の政策能力を高めたし、また官僚出身でない議員も、長年行政と立法に携わるうちに、高度な政策能力を身に付けるようになってきた。自民党政務調査会の部会は、省庁と対応した構成となっているが、同じ部会に長年所属して活動しているベテラン議員の専門知識は、約二年でポストの代わる官僚のそれをしばしば凌《しの》ぐこととなったのである。

ここから、自民党と官僚の特殊な共同作業が生まれるようになった。官庁は重要な政策決定を行う時、とくに立法を行う場合には、関係部会の有力者と頻繁に接触し、その同意を取り付けることが多くなった。政治家はこの場合、あるいは業界を代弁し、あるいは官庁を擁護して業界を説得するなど、両者を媒介する役割を果たすようになった（族議員）。官庁と業界はまた、より多くの予算を獲得するために、これらの政治家の活動に依存する。そして業界が、その政治家の政治資金や集票、そして官僚の将来について協力的な姿勢をとることは言うまでもない。

官尊民卑の伝統の中で、官僚と業界との関係を円滑化するために政治家の果たした役割は、決して小さくはなかった。

このように、政策決定における自民党議員と官僚との共生的あるいは相互依存的関係は、高度成長を背景に進行し、行政国家化をいっそう推し進めた。そしてそのことは、国会をいっそう形骸化することとなったのである。

第 **15** 章

国際秩序の変容と冷戦の終焉

⇧キャンプデーヴィッドでレーガン米大統領（左）と散策する中曾根康弘首相（1986 年 4 月 13 日。写真提供：中曽根康弘事務所）

一　「危機」の時代の日本政治

国際関係の変容

高度経済成長期、とくに池田・佐藤時代の政治的安定を保証していたのは、何よりも国際政治・経済におけるアメリカの圧倒的な優越であった。それが一九七〇年代初頭に変わり始めると、日本の政治は大きな影響を受けることとなる。

変化の兆候を予告したのは、日米繊維問題であった。一九六九（昭和四十四）年十一月の日米首脳会談で、佐藤首相がニクソン米大統領（Richard Milhous Nixon, 1913-1994, 在任 1969-1974）に対し、沖縄施政権返還（第**14**章参照）を求める代わりに、対米繊維製品輸出自主規制に関して何らかの約束をしたと言われるのが、問題の発端である。佐藤首相がどのような約束をしたのか、現在でも不明であるが、ともかくアメリカは首相が自主規制を約束したと受け止めた。ところがそれがいっこうに実行されないため、アメリカの対日批判は強まり、一九七二年一月に日本が自主規制を実行するまで、両国間には刺々《とげとげ》しい空気が流れたのである。

この問題は、それ自体は大きな問題ではなかったが、三つの点で注目に値する。その一つは、「戦後初めてのノー」として、マスメディアなどの中に、対米強硬方針をもてはやす風潮があったことである。第二は、日米関係が、それまでのアメリカの圧倒的な優位を前提としたものから、競争的な関係を含む、もう少し微妙な関係に変化し始めていたことである。第三は、国際関係の争点が、安全保障などのハイ・ポリシーから経済問題などのロウ・ポリシーへと変わり始めていたことである。

より大きなショックは、一九七一年七月と八月の二つのニクソン・ショックであった。まず一九七一年七月、ニクソン大統領は、米中接近がすでに開始されており、翌七二年には大統領自身中国を訪問する予定であると発表した。これは、日本に全く連絡なしに行われ、日本の当局者に大きな衝撃を与えた。その理由の一つは、繊維問題のこじれによる日米関係の冷却化にあったと言われている。

日本は従来、台湾の国民政府を中国の正統政府とする立場をとってきた（第**13**章参照）。それは、講和当時、ダレスの強い説得によって、吉田首相がやむなく採用した政策であった。北京を無視するのは、不自然であったけれども、アメリカが中国敵視政策を続ける限り、日本がこの政策を転換することは困難であった。ところがアメリカの方が、日本に全く連絡なしに、突然これを転換したのである。それは、アメリカが中国との提携によって日本と対抗していた伝統を日本人に思い出させ、大きな衝撃を与えたのである。

次いで八月には、ニクソン大統領は金とドルの兌換《だかん》停止、一〇パーセントの輸入課徴金を含むドル防衛政策を発表した。戦後、金ドル本位体制の下で、金一オンスは三五米ドルと固定され、各国通貨の価値もそれに固定されて（ブレトン・ウッズ体制）、一ドル＝三六〇円と定められていた。それは日本人にとってほとんど第二の自然となっていた。国際経済秩序が人間の努力によって維持されているものであることに、日本人は久しぶりに気づかせられたのである。その年十二月、スミソニアン体制が成立し、一ドルは三〇八円となった。

田中内閣と対外問題

このようなアメリカの政策転換は、日本の政治に大きな影響を及ぼした。佐藤の後継者と目されていた福田赳夫《たけお》（一九〇五－一九九五年）は外相の地位にあったため、大きな打撃を受けた。とくに中国問題では、政策転換を求める世論が高まり、中国も佐藤政治の転換を主張したので、福田の立場は不利となった。一九七二年になって、佐藤首相の後継者争いが激化したとき、総裁選挙出馬を予定していた田中角栄（一九一八－一九九三年）、大平正芳（一九一〇－一九八〇年）、三木武夫（一九〇七－一九八八年）、それに中曾根康弘（一九一八年－）（不出馬）は反福田連合を結んだが、その条件となったのが中国政策の転換であった。こうして対外政策が、日ソ国交回復と日米安保条約改定以来久しぶりに日本の政治を動揺させることとなった。考えてみると、戦前にはそれが常態であった。一九六〇年代が、いかに特別な時代であったかが理解できる。

しかし、一九七二年七月に首相となった田中は、六〇年代の内政本位の政治を代表する政治家であった。田中が総裁選挙に立候補した時の公約には、「幼児と妊婦に一日一本の牛乳の無料配布」のように、驚くほど具体的な利益の約束が盛り込まれていた。そして高度経済成長の手法を大胆に発展させた「日本列島改造論」が、彼の政策の中心にあった。このような、高度成長を前提とした内政本位の政治手法が、国際関係の急変と不適合を起こし、田中の没落をもたらすこととなる。

その一つは通貨問題であった。一九七二年九月ごろ、アメリカの対日赤字は年四〇億ドル・ベースという、当時としては記録的な水準に達しており、大蔵省（現在の財務省）の中では円切り上げ不可避という判断が出ていた。しかし、田中内閣は十二月の総選挙とその後の国会情勢などへの配慮から、切り上げをしばらく見送ってしまった。ところが、翌一九七三年二月に入ると激しいドル売りが始まり、円は変動相場制への移行を余儀なくされ、当初は二八〇円、しばらくして二六三―二六五円の水準に移行することとなった。この間の日本の対策は、先進諸国中で最も遅く、最も適切さを欠いていた。そして国際収支を無理に均衡させようとして金融緩和を続けたため、過剰流動性が発生し、一九七三―一九七四年の大インフレの前提を作り出してしまったのである。

一九七三年十月、第四次中東戦争（ヨム・キープル戦争）が勃発すると、OAPEC（アラブ石油輸出国機構）は石油輸出削減などの石油戦略を発動した。日本は西ドイツ（現在のドイツ）、イタリアなどとともに非友好国とされ（輸出停止国はアメリカ、オランダ、友好国はイギリス、フランスなど）、安定した石油供給を受けることが難しくなった。このため日本は急遽《きゅうきょ》、親アラブ・反イスラエルの政策をとり、かろうじて友好国扱いを受けることとなった。しかし、このためアメリカとの関係は緊張した。日本にとって対米協調と資源の確保とは、高度成長の大前提であった。その二つがここで矛盾してしまったのである。

なお、石油は一九七四年春には、七二年末の五倍近く（一バーレル＝約二・五ドル→約一一・七ドル）へと急上昇した。これは前年以来の過剰流動性とあいまって、インフレをもたらした。日本の消費者物価の上昇率は、一九七二年には四・五パーセントとOECD（経済協力開発機構）諸国平均以下であったのが、七三年には一一・七パーセント、七四年には実に二四・五パーセントに達し、いずれもOECD諸国中で最悪となったのである。

通貨問題や石油危機に対処することは、だれにとっても困難であったかもしれない。しかし日本政府は、とくに中東と石油の問題について準備を欠いていた。また、田中内閣が、列島改造をめざして超積極予算を打ち出し、これを容易に修正しなかったことは、インフレをいっそう悪化させた。田中内閣は、一九七四年十一月に金脈問題で総辞職に追い込まれるが、その前にすでに大きく傷ついていた。それは、かなりの程度、一九六〇年代に完成された内政本位の政治構造がもたらしたものであった。

保革伯仲

田中内閣が予想外の短命に終わったのち、三木武夫（首相在任一九七四年十二月―一九七六年十二月）、福田赳夫（首相在任一九七六年十二月―一九七八年十二月）、大平正芳（首相在任一九七八年十二月―一九八〇年七月）の三人が、自民党総裁・首相となった。彼らはいずれも佐藤以後の政権獲得をめざして一九七二年の総裁公選を戦った政治家であり、それだけに権力掌握の機会が到来するたびに、積極的にこれに挑んでいった。しかも一九七二年以後、困難な世界情勢があり、各内閣に失政もあったため、これを批判して各派は激しい合従連衡《がっしょうれんこう》を繰り広げたのである。

一九七四年、田中内閣がインフレを招き、七月の参議院選挙で議席を減らすと、三木・福田は田中を批判して閣外に出た。そして田中が金脈問題で辞職したのちには、党内調整の結果、三木が総裁に選ばれた。世論の批判に応えるため、長年政治倫理の確立を主張してきた三木が最もふさわしいというのが、少なくとも表向きの理由であった。

しかし、政治資金規正法や独占禁止法などにおける三木の政策は、自民党内の多数派から、行き過ぎだと批判されるようになった。そして一九七六年二月にロッキード事件が発覚し、七月に田中元首相が逮捕されると、大平・福田・田中派などは挙党体制確立協議会を結成し、三木打倒に乗り出した。三木は中曾根などの支持を得て抵抗したが、十二月の総選挙で大敗し、総辞職に追い込まれた。

その後には、福田が大平の支持を得て内閣を組織した。この時、一期二年で大平に政権を譲るという黙約があったと言われるが、福田は再選をめざし、一九七八年十一月の総裁予備選挙で大平に敗れて辞職した。一九七二年以来、田中・大平連合が自民党の安定勢力であったのであるが、田中金脈問題以後の厳しい世論の批判もあって、政治の前面に出ることができず、ようやく一九七八年に大平内閣の成立となったのである。

しかし大平も、一九七九年の総選挙で一般消費税の導入を打ち出して大敗を招き、強い批判を浴びることとなった。福田・三木・中曾根派は大平の辞職を求め、特別国会の首班指名では福田を推して大平と争うという事態となった。大平は新自由クラブの支持を得て、かろうじてこの危機を乗り切ったのである（四十日抗争）。そして一九八〇年五月の衆議院本会議において、野党から大平内閣不信任

表15-1　1970年代における衆議院議席の変遷

総　選　挙	自民党	社会党	公明党	民社党	新自ク	共産党	議席総数
第33回(72年12月)	271	118	29	19		38	491
第34回(76年12月)	249	123	55	29	17	17	511
第35回(79年10月)	248	107	57	35	4	39	511
第36回(80年6月)	284	107	33	32	12	29	511
第37回(83年12月)	250	112	58	38	(8)	26	511
	(新自由クラブは自民党と統一会派を結成した)						
第38回(86年7月)	300	85	56	26	(6)	26	512

案が提出されたところ、福田・三木など反大平派が欠席し、不信任案が可決されてしまった。その結果、再び総選挙となり、健康を害していた大平は、選挙戦の最中に死去してしまったのである。

以上のような激しい派閥争いは、派閥が総裁権力追求をめざす戦闘集団として発展したことの結果であった。しかしこのような内部対立の激化は、当然自民党に対する信頼を低下させた。また一九七四年から七八年にかけては、世界的に戦後最大の不況であった。それに低成長への移行にともなって、高度成長期の手法は使えなくなっていた。自民党に対する支持が低下したのは当然のことであった。

保革伯仲が言われたのはそのころである。一九七六年には自民党の一部が離党し、新自由クラブを結成した。しかし、野党は依然として積極的な魅力に欠けていたため、一九七八年ごろから景気が回復すると、自民党支持率は回復に向かい、保守回帰現象と呼ばれた。一九七九年総選挙では一般消費税導入問題が、またのちの八三年総選挙ではロッキード事件有罪判決が影響して自民党は敗れたし、四十日抗争では政党支持率でも落ち込んだが、大体において七八、七九年以後、自民党支持率は安定して高い水準にあったのである。

西側意識の定着

ところで、西側の先進産業諸国は、石油危機以来一様にスタグフレーション（景気後退とインフレの同時進行）に苦しんでいた。その克服を目的として、一九七五年から開始されたのが、サミット（先進国首脳会議）であった。

それはがんらい、経済問題を中心としたものであったから、日本の役割は安全保障や政治に関する会議におけるよりも必然的に大きくなった。そして、三木・福田・大平の三代の首相は積極的にサミットに参加した。激しい党内闘争の渦中にあった彼らにとって、サミットは党内基盤を固める上で利用価値のあるものであった。

たとえば一九七八年のボン・サミットで福田首相は、不況脱出のための国際協力の重要性を説き、日米独三国が高めの成長率で積極的な役割を果たすという「機関車国理論」を進んで受け入れ、年七パーセントの成長を約束した。そしてこの国際公約と世界の期待を理由に総裁再選に乗り出したのである。外交問題を政治的地位の維持強化のために用いることは、戦前の日本でも、外国でも、ごく普通のことであった。ただ、池田・佐藤時代にはそれが比較的少なかったわけである。

ともあれ、世界に対する日本の役割はサミットを通じて著しく増大した。「機関車国理論」の場合、日本はヨーロッパの事情を意識して重要な政策決定を行ったわけであるが、それは三国同盟（第**12**章参照）以来、あるいは第一次世界大戦中に駆逐艦を地中海に派遣して以来の出来事であった。

このような西側の一員としての責任意識を、経済面からさらに戦略面にまで広げたのが大平内閣であり、その契機となったのが、一九七九年のイラン革命と第二次石油危機、そしてソ連のアフガニスタン侵攻であった。

一九七九年二月、イランでは革命が起こり、十一月には、パーレヴィ（Muḥammad Reḍā Shāh Pahlevī, 1910-1980）元国王の引き渡しを求める学生がテヘランのアメリカ大使館を占拠し、大使館員を人質とするという事件が勃発した。これに対して米大統領カーター（James Earl Carter, Jr., 1924-, 在任 1977-1981）はイラン製品の輸入禁止を含む強硬な制裁措置をとった。ところが日本の商社は、石油の高騰を必至と見て、アメリカの輸入禁止で浮いたイランの石油の三分の二を、超高値で購入したのである。ヴァンス（Cyrus Roberts Vance, 1917-2002）国務長官が、大来佐武郎《おおきたさぶろう》（一九一四―一九九三年）外相に対し、日本の行動は insensitive だと非難したのはこの時のことである。これは、同盟国の外相同士では異例の強い非難であった。しかし、大平内閣は直ちにアメリカ支持の立場を明確にし、日米間の緊張は収束した。

それからまもなく、十二月にはソ連がアフガニスタンに侵攻するという事件が起こった。これに対し内閣は、アメリカが提唱したソ連に対する制裁措置に積極的に協力し、翌一九八〇年七月のモスクワ・オリンピックもボイコットすることとなった。オリンピックに対する日本人の関心は東京オリンピック以来はなはだ強く、モスクワ・オリンピック不参加は内閣の人気にとって危険な決定であったが、大平内閣は制裁参加をより重視した。

大平は第一次石油危機の時の外相であり、対米協調と資源確保の矛盾に悩んだことがあった。その彼が一九七九―一九八〇年に出した結論が、対米協調であった。経済面での西側協調は、すでにサミットを通じて相当の進展を見せていた。しかし戦略問題における協調は、長年平和主義の世論の下でタブー視されていたものであった。その問題に大平は初めて手を付けたのである。

しかし大平が急死し、大平派の領袖で内政派の鈴木善幸《ぜんこう》（一九一一―二〇〇四年）が内閣を組織すると（首相在任一九八〇年七月―一九八二年十一月）、大平が示した積極的な姿勢は後退させられた。それが表面化したのが一九八一年五月のことであった。日米首脳会談から帰国した鈴木は、日米安全保障条約は同盟関係ではないと発言して日米関係を混乱させ、紛糾の責任をとって伊東正義（一九一三―一九九四年）外相が辞任する事態に発展したのである。

西側の一員としての日本という大平の政策を継承したのは、鈴木の後に内閣を組織した中曾根康弘（首相在任一九八二年十一月―一九八七年十一月）であった。中曾根は組閣からまもない一九八三年一月に韓国を訪問し、援助再開などの懸案を解決した上で訪米し、米大統領レーガン（Ronald Wilson Reagan, 1911-2004, 在任 1981-1989）と会談して親密な関係を結んだ。また中曾根は五月、ウィリアムズバーグ・サミットで、ソ連のＩＮＦ（中距離核戦力）配備に対し、西側諸国がヨーロッパのみならずアジアにおいても結束して行動すべきだとして、積極的なイニシアティブをとった。これは、日本の政治家の受動性に慣れ、とくに軍事・戦略問題では沈黙しか期待できないと考えていた他国の指導者に強い印象を与えた。

二　新たな国際的責任

しかし、中曾根内閣の成立前後から、日本外交の基礎的な条件は変化しつつあった。日本は他の先進諸国に先駆けて第二次石油危機を克服し、その経済体質をさらに強化した。そして膨大な貿易黒字を蓄積し始めたため、アメリカその他の諸外国から厳しい批判を受けた。その結果、一九八五年九月のプラザ合意以降の二年間に、円の対ドル・レートが二倍になるという（一ドル＝二五〇円→一二五円）激しい急速な円高が進行した。そしてこの円高は、日本の産業構造を急速に変えていった。日本のGNP（国民総生産）は世界の一四パーセントとなり、一人当たりのGNPでもアメリカを抜いて世界最高の水準に到達しつつあった。それは生活実感と一致しないにしても、対外的に日本が巨大な存在となったことは否定しようのない事実であった。明治以来の近代史の中で考える時、これらがいかに巨大な変化であったか、容易に理解できるであろう。

この急激な円高でも日本の貿易黒字は減らなかったため、アメリカからはさらに市場を開放せよという要求が強まった。そのころ、ソ連ではゴルバチョフ（Mikhail Sergeevich Gorbachyov, 1931-）が書記長に就任し（一九八五年）、改革を開始していたため、アメリカの中には、最大の脅威はソ連の軍事力ではなく、日本の経済力だという声が高まり、日本は根本的に異質な構造を持つ社会だという日本異質論が高まった。これに対し、日本は内需拡大、市場開放などを行ったが、いずれも充分成功はしなかった。しかし中曾根は国鉄の分割民営化などには成功し、高い支持率を誇り、また竹下登（一九二四―二〇〇〇年）、安倍晋太郎（一九二四―一九九一年）、宮澤喜一（一九一九―二〇〇七年）の三人の後継者候補を競わせ、戦後では佐藤栄作と吉田茂に次ぐ五年間の任期を全うした。

中曾根の後を受けて一九八七年十一月に成立した竹下内閣は、党内的には強力な内閣であり、大平内閣以来の懸案だった消費税導入に成功する（一九八八年十二月。翌一九八九年四月施行）。また、日本外交の方針の一つに平和維持への貢献を挙げ、一九八八年夏から国連アフガニスタン・パキスタン仲介ミッションと国連イラン・イラク軍事監視団に文官を派遣した。わずか二人ではあったが、新しい出発だった。

しかし、一九八八年七月に、リクルート社から未公開株を譲り受けていた事実が発覚して竹下は苦境に立った。ただ、リクルート事件はバブル経済の産物で、自民党有力者ほとんどが関係していた。危機は竹下内閣の危機であるだけではなく、自民党政治の危機となっていった。

一九八九（昭和六十四／平成元）年は、多くの事件が起こった年であった。一月七日には昭和天皇（一九〇一―一九八九年、在位一九二六―一九八九年）が亡くなった。四月には消費税が実施された。同じく四月には、リクルート事件の拡大の中で、政治改革を行うことを表明して、竹下首相が退陣した。その後を継いだ宇野宗佑（一九二二―一九九八年）首相は、七月の参議院選挙に大敗して、辞職した。その敗北は、自民党において最大のものであり、自民党は結党以来初めて参議院における多数を失った。宇野首相ののちには、海部《かいふ》俊樹（一九三一年―）が竹下派の支持で首相となった。小派閥の、リーダーですらない政治家がいきなり首相となるのは異例のことで、やや誇張して言えば、自民党に国民が受け入れる政治家がいなくなったということを意味していた。

その年の秋からは、東西関係に大きな変化が生じた。東欧各地にソ連に対する公然たる反抗が広がり、十一月にはベルリンの壁が崩壊した。そして十二月には、マルタ島で米大統領ブッシュ（George Herbert Walker Bush, 1924-, 在任1989-1993）とゴルバチョフ・ソ連書記長が会談して、冷戦の終焉を宣言した。

これらの事件は、一見脈絡がないように見えるけれども、自民党政治の終わりと冷戦の終焉が密接に結び付いていたことを雄弁に示している。自民党は、冷戦の中、日米安保体制のジュニア・パートナーとして、日本をリードし、発展させてきた。その時代は、しかし、冷戦の終わりとともに終わらざるをえなかった。しかし、ある時代の終わりは次の時代の始まりを必ずしも意味しない。冷戦の終焉以後、日本は長い経済停滞に突入し、湾岸戦争その他の国際紛争において果たすべき役割の模索に苦しみ、まだその行くべき道を明確に見出していない。一九八九年の激動は、続く長い停滞の始まりでしかなかったのである。

◉参考文献

百三十余年を本文二五〇頁でカバーした本書は、骨と皮のようなものである。より多くの文献で肉付けをすることが望ましい。そのための参考文献を例示したものである。最初にレファレンス・ブックなどをあげ、次に全体に関するもの、それから各章別に、一章につき二〇冊前後の文献をあげている。二つ以上の章に関係する文献については、最も関係の深い章または最も古い時代の章で取り上げて、二度目以後には取り上げていない。

右のような目的から、専門書よりも、学問的に確かな裏づけを持つ一般書（概説書、新書など）を多くしてある。ただし、本書の内容と深い関係のあるものについては、かなり専門的な書籍や論文も含まれている。外国語の書籍は原則として翻訳のあるもののみとし、原著のタイトルなどは省略してある。ただ、少数、翻訳のない書物もあげてある。

また、一般書や研究書以外に、同時代の優れた知性による鋭い観察や評論、それによく書かれた体験記や回顧録は、凡百の歴史書以上に雄弁にその時代を物語ることがあるので、読みやすいものについては、収めるようにした。

なお、入手しやすさを考え、改訂されているものは最新版をあげ、（　）内に初版の刊行年を記した。また文庫化されているものは文庫本をあげ、（　）内に底本、もととなった書籍、ないし初版を記した。

◆レファレンス

岩波書店編集部編『近代日本総合年表〔第四版〕』岩波書店、二〇〇一年

外務省外交史料館日本外交史辞典編纂委員会編『新版　日本外交史辞典』山川出版社、一九九二年

伊藤隆監修／百瀬孝『事典 昭和戦前期の日本──制度と実態』吉川弘文館、一九九〇年
百瀬孝『事典 昭和戦後期の日本──占領と改革』吉川弘文館、一九九五年

◆全体に関するもの

池井優『三訂 日本外交史概説』慶應通信、一九九二年（初版 一九七三年）
池田清『日本の海軍』上・下、学習研究社、二〇〇二年（至誠堂、一九六六年）
井上寿一『日本外交史講義』岩波テキストブックス、二〇〇三年
入江昭『日本の外交──明治維新から現代まで』中公新書、一九六六年
内田健三・金原左門・古屋哲夫編『日本議会史録』第一法規出版、一九九〇年
王芸生／末廣重雄監修／長野勲・波多野乾一編訳『日中外交六十年史〔復刻版〕』全四巻、龍溪書舎、一九八七年（『日支外交六十年史』全四巻、建設社、一九三六年）
川人貞史『日本の政党政治 1890-1937 年──議会分析と選挙の数量分析』東京大学出版会、一九九二年
季武嘉也・武田知己編『日本政党史』吉川弘文館、二〇一一年
辻清明・林茂編『日本内閣史録』全六巻、第一法規、一九八一年
戸部良一『逆説の軍隊』（日本の近代 9）中央公論社、一九九八年
ニューマン、ウィリアム／本間長世・有賀貞・杉森長子訳『アメリカと日本──ペリーからマッカーサーまで』研究社出版、一九八六年
野村実『日本海軍の歴史』吉川弘文館、二〇〇二年
升味準之輔『日本政治史』1－4、東京大学出版会、一九八八年

◆まえがきに関するもの

エルトン、G・R／丸山高司訳『政治史とは何か』みすず書房、一九七四年

カー、E・H／清水幾太郎訳『歴史とは何か』岩波新書、一九六二年
トゥーキュディデース／久保正彰訳『戦史』上・中・下、岩波文庫、一九六六―一九六七年
ランケ／相原信作訳『強国論』岩波文庫、一九五三年（一九四〇年）

◆第1章に関するもの

ウェーバー、マックス／梶山力・大塚久雄訳『プロテスタンティズムの倫理と資本主義の精神』上・下、岩波文庫、一九五五年
ヴェーバー、マックス／世良晃志郎訳『支配の社会学』創文社、一九六〇年
菊池勇夫編『蝦夷島と北方世界』（日本の時代史19）吉川弘文館、二〇〇三年
鬼頭宏『人口から読む日本の歴史』講談社学術文庫、二〇〇〇年（『日本二千年の人口史』PHP研究所、一九八三年）
ケネディ、ポール／鈴木主税訳『大国の興亡――1500年から2000年までの経済の変遷と軍事闘争〔決定版〕』上・下、草思社、一九九三年（初版 一九八八年）
ジャンセン、マリウス／細谷千博編訳『日本近代化の問題』岩波書店、一九六八年
新保博・斎藤修編『近代成長の胎動』（日本経済史2）岩波書店、一九八九年
チポラ、C・M／大谷隆昶訳『大砲と帆船――ヨーロッパの世界制覇と技術革新』平凡社、一九九六年
ドーア、ロナルド／松居弘道訳『江戸時代の教育』岩波書店、一九七〇年
トビ、ロナルド／速水融・永積洋子・川勝平太訳『近世日本の国家形成と外交』創文社、一九九〇年
トビ、ロナルド『「鎖国」という外交』（日本の歴史9）小学館、二〇〇八年
豊見山和行編『琉球・沖縄史の世界』（日本の時代史18）吉川弘文館、二〇〇三年
パーカー、ジェフリー／大久保桂子訳『長篠合戦の世界史――ヨーロッパ軍事革命の衝撃1500〜1800年〔第5版〕』同文舘出版、二〇〇一年（初版 一九九五年）

速水融『歴史人口学で見た日本』文藝春秋、二〇〇一年
速水融・宮本又郎編『経済社会の成立17-18世紀』（日本経済史1）岩波書店、一九八八年
平野聡『大清帝国と中華の混迷』（興亡の世界史17）講談社、二〇〇七年
藤田覚『幕末の天皇』講談社、一九九四年
藤田覚編『近代の胎動』（日本の時代史17）吉川弘文館、二〇〇三年
ベラー、ロバート・N／堀一郎・池田昭訳『日本近代化と宗教倫理――日本近世宗教論』未來社、一九六六年（一九六二年）
渡辺浩『東アジアの王権と思想』東京大学出版会、一九九七年
渡辺浩『日本政治思想史 十七～十九世紀』東京大学出版会、二〇一〇年

◆第2章に関するもの

家近良樹『幕末の朝廷――若き孝明帝と鷹司関白』中公叢書、二〇〇七年
石井孝『明治維新の舞台裏〔第二版〕』岩波新書、一九七五年（初版 一九六〇年）
井上勲『王政復古――慶応三年十二月九日の政変』中公新書、一九九一年
井上勲編『開国と幕末の動乱』（日本の時代史20）吉川弘文館、二〇〇四年
大仏次郎『天皇の世紀』(1)－(12)、文春文庫、二〇一〇年（1－17、朝日文庫、二〇〇五年）
オールコック／山口光朔訳『大君の都――幕末日本滞在記』上・中・下、岩波文庫、一九六二年
加藤祐三『幕末外交と開国』ちくま新書、二〇〇四年
佐々木克『戊辰戦争――敗者の明治維新』中公新書、一九七七年
サトウ、アーネスト／坂田精一訳『一外交官の見た明治維新』上・下、岩波文庫、一九六〇年
佐藤誠三郎『「死の跳躍」を越えて――西洋の衝撃と日本』千倉書房、二〇〇九年（都市出版、一九九二年）
シムズ、リチャード／矢田部厚彦訳『幕末・明治日仏関係史――一八五四～一八九五年』ミネルヴァ書房、二〇

一〇年
ジャンセン、マリウス／平尾道雄・浜田亀吉訳『坂本竜馬と明治維新〈新装版〉』時事通信社、二〇〇九年（初版一九六五年）
曾村保信『ペリーは、なぜ日本に来たか』新潮選書、一九八七年
土居良三『咸臨丸海を渡る』中公文庫、一九九八年（未來社、一九九二年）
野口武彦『幕府歩兵隊――幕末を駆けぬけた歩兵集団』中公新書、二〇〇二年
芳賀徹『大君の使節――幕末日本人の西欧体験』中公新書、一九六八年
松沢弘陽『近代日本の形成と西洋経験』岩波書店、一九九三年
水谷三公『将軍の庭――浜離宮と幕末政治の風景』中公叢書、二〇〇二年
三谷博『ペリー来航』吉川弘文館、二〇〇三年
三谷博『明治維新とナショナリズム――幕末の外交と政治変動〈並製版〉』山川出版社、二〇〇九年（一九九七年）

◆**第3章に関するもの**

梅溪昇『お雇い外国人――明治日本の脇役たち』講談社学術文庫、二〇〇七年（日本経済新聞社、一九六五年）
梅村又次・山本有造編『開港と維新』（日本経済史3）岩波書店、一九八九年
大久保利謙『明六社』講談社学術文庫、二〇〇七年（『明六社考』立体社、一九七六年）
岡義武『近代日本政治史1』（『岡義武著作集 第一巻 明治政治史1』所収）岩波書店、一九九二年
落合弘樹『秩禄処分――明治維新と武士のリストラ』中央公論新社、一九九九年
勝田政治『廃藩置県――「明治国家」が生まれた日』講談社、二〇〇〇年
加藤陽子『徴兵制と近代日本――1868-1945』吉川弘文館、一九九六年
北岡伸一『独立自尊――福沢諭吉の挑戦』中公文庫、二〇一一年（講談社、二〇〇二年）

坂本多加雄『明治国家の建設 1871～1890』（日本の近代2）中央公論社、一九九九年
佐々木寛司『地租改正――近代日本への土地改革』中公新書、一九八九年
佐々木克『大久保利通と明治維新』吉川弘文館、一九九八年
篠原宏『陸軍創設史――フランス軍事顧問団の影』リブロポート、一九八三年
篠原宏『海軍創設史――イギリス軍事顧問団の影』リブロポート、一九八六年
鈴木淳『新技術の社会誌』（日本の近代15）中央公論社、一九九九年
鈴木淳『維新の構想と展開』（日本の歴史20）講談社学術文庫、二〇一〇年（講談社、二〇〇二年）
田中彰『岩倉使節団「米欧回覧実記」』岩波現代文庫、二〇〇二年（講談社、一九七七年）
田中彰『明治維新』講談社学術文庫、二〇〇三年（〈日本の歴史24〉小学館、一九七六年）
坂野潤治『未完の明治維新』ちくま新書、二〇〇七年
福沢諭吉『学問のすゝめ』岩波文庫、二〇〇八年改版
福沢諭吉／松沢弘陽校注『文明論之概略』岩波文庫、一九九五年
宮本又郎『企業家たちの挑戦』（日本の近代11）中央公論新社、一九九九年

◆第4章に関するもの

新井勝紘編『自由民権と近代社会』（日本の時代史22）吉川弘文館、二〇〇四年
有泉貞夫『星亨』朝日新聞社、一九八三年
稲田雅洋『自由民権の文化史――新しい政治文化の誕生』筑摩書房、二〇〇〇年
井上幸治『秩父事件――自由民権期の農民蜂起』中公新書、一九六八年
岡本隆司『属国と自主のあいだ――近代清韓関係と東アジアの命運』名古屋大学出版会、二〇〇四年
岡本隆司『世界のなかの日清韓関係史――交隣と属国、自主と独立』講談社選書メチエ、二〇〇八年
小川原正道『西南戦争――西郷隆盛と日本最後の内戦』中公新書、二〇〇七年

我部政男『明治国家と沖縄』三一書房、一九七九年
佐々木揚『清末中国における日本観と西洋観』東京大学出版会、二〇〇〇年
田保橋潔『近代日鮮関係の研究〔復刻版〕』上・下、宗高書房、一九七二年（初版 文化資料調査会、一九六三年）
永井秀夫『自由民権』（日本の歴史25）小学館、一九七六年
萩原延寿『馬場辰猪』朝日新聞社、二〇〇七年（中央公論社、一九六七年）
長谷川昇『博徒と自由民権――名古屋事件始末記』平凡社ライブラリー、一九九五年（中公新書、一九七七年）
原田環『朝鮮の開国と近代化』溪水社、一九九七年
坂野潤治『近代日本の外交と政治』研文出版、一九八五年
坂野正高『近代中国外交史研究』岩波書店、一九七〇年
坂野正高『近代中国政治外交史研究――ヴァスコ・ダ・ガマから五四運動まで』東京大学出版会、一九七三年
升味準之輔『日本政党史論』第一巻、東京大学出版会、一九六五年
吉澤誠一郎『清朝と近代世界――19世紀』（シリーズ中国近現代史①）岩波新書、二〇一〇年

◆第5章に関するもの

アキタ、ジョージ／坂野潤治・荒井孝太郎訳『明治立憲政と伊藤博文』東京大学出版会、一九七一年
五百旗頭薫『大隈重信と政党政治――複数政党制の起源 明治十四年―大正三年』東京大学出版会、二〇〇三年
五百旗頭薫『条約改正史――法権回復への展望とナショナリズム』有斐閣、二〇一〇年
稲田正次『明治憲法成立史』上・下、有斐閣、一九六〇・一九六二年
大久保泰甫『ボワソナアド――日本近代法の父』岩波新書、一九七七年
大澤博明『近代日本の東アジア政策と軍事――内閣制と軍備路線の確立』成文堂、二〇〇一年
岡義武『近代日本の政治家』岩波現代文庫、二〇〇一年（文藝春秋、一九六〇年）

坂井雄吉『井上毅と明治国家』東京大学出版会、一九八三年
坂本一登『伊藤博文と明治国家形成――「宮中」の制度化と立憲制の導入』吉川弘文館、一九九一年
坂本多加雄『市場・道徳・秩序』ちくま学芸文庫、二〇〇七年（創文社、一九九一年）
佐々木克『日本近代の出発』（日本の歴史17）集英社、一九九二年
タイタス、デヴィッド・A／大谷堅志郎訳『日本の天皇政治――宮中の役割の研究』サイマル出版会、一九七九年
瀧井一博『文明史のなかの明治憲法――この国のかたちと西洋体験』講談社選書メチエ、二〇〇三年
竹内洋『学歴貴族の栄光と挫折』講談社学術文庫、二〇一一年（〈日本の近代12〉中央公論新社、一九九九年）
中江兆民／桑原武夫・島田虔次訳・校注『三酔人経綸問答』岩波文庫、一九六五年
坂野潤治『近代日本の国家構想――一八七一―一九三六』岩波現代文庫、二〇〇九年（岩波書店、一九九六年）
松田宏一郎『陸羯南――自由に公論を代表す』ミネルヴァ日本評伝選、二〇〇八年
御厨貴『明治国家をつくる――地方経営と首都計画』藤原書店、二〇〇七年

◆第6章に関するもの

有泉貞夫『明治政治史の基礎過程――地方政治状況史論』吉川弘文館、一九八〇年
伊藤之雄『伊藤博文――近代日本を創った男』講談社、二〇〇九年
伊藤之雄『山県有朋――愚直な権力者の生涯』文春新書、二〇〇九年
井上寿一『山県有朋と明治国家』NHKブックス、二〇一〇年
生方敏郎『明治大正見聞史』中公文庫、二〇〇五年改版（春秋社、一九二六年）
岡義武『山県有朋――明治日本の象徴』岩波新書、一九五八年
岡義武『近代日本政治史2』（『岡義武著作集　第二巻　明治政治史2』所収）岩波書店、一九九二年
岡義武『近代日本の政治家』（『岡義武著作集』第四巻所収）岩波書店、一九九三年

佐々木隆『メディアと権力』（日本の近代14）中央公論新社、一九九九年
佐々木隆『伊藤博文の情報戦略――藩閥政治家たちの攻防』中公新書、一九九九年
佐々木隆『明治人の力量』（日本の歴史21）講談社学術文庫、二〇一〇年（講談社、二〇〇二年）
季武嘉也『選挙違反の歴史――ウラからみた日本の100年』吉川弘文館、二〇〇七年
瀧井一博『伊藤博文――知の政治家』中公新書、二〇一〇年
鳥海靖『日本近代史講義――明治立憲制の形成とその理念』東京大学出版会
坂野潤治『明治憲法体制の確立――富国強兵と民力休養』東京大学出版会、一九八二年（初版一九七一年）
坂野潤治『近代日本の出発』小学館ライブラリー、一九九三年（〈大系日本の歴史13〉小学館、一九八九年）
坂野潤治『近代日本の出発』新人物往来社新人物文庫、二〇一〇年（〈大系日本の歴史13〉小学館、一九八九年）
升味準之輔『日本政党史論』第二巻、東京大学出版会、一九六六年
御厨貴『明治国家の完成 1890～1905』（日本の近代3）中央公論新社、二〇〇一年
水谷三公『官僚の風貌』（日本の近代13）中央公論新社、一九九九年
室山義正『近代日本の軍事と財政――海軍拡張をめぐる政策形成過程』東京大学出版会、一九八四年

◆第7章に関するもの

宇野俊一『日清・日露』（日本の歴史26）小学館、一九七六年
岡崎久彦『陸奥宗光とその時代』PHP文庫、二〇〇三年（PHP研究所、一九九九年）
岡崎久彦『小村寿太郎とその時代』PHP文庫、二〇〇三年（PHP研究所、一九九八年）
尾佐竹猛／三谷太一郎校注『大津事件――ロシア皇太子大津遭難』岩波書店、一九九一年
川島真『近代国家への模索 1894-1925』（シリーズ中国近現代史②）岩波新書、二〇一〇年
小林道彦『日本の大陸政策 1895-1914――桂太郎と後藤新平』南窓社、一九九六年
酒田正敏『近代日本における対外硬運動の研究』東京大学出版会、一九七八年

島田謹二『ロシヤにおける広瀬武夫』朝日選書、一九七六年
島田謹二『アメリカにおける秋山真之 上——米国海軍の内懐に／中——米西戦争を観る／下——日露開戦に備えて』朝日文庫、二〇〇九年（上・下、朝日選書、一九七五年）
谷寿夫『機密日露戦史〔新装版〕』原書房、二〇〇四年（初版 一九七一年）
萩原延寿『陸奥宗光』朝日新聞社、二〇〇七年（一九九七年）
ファイス、ハーバート／柴田匡平訳『帝国主義外交と国際金融、1870-1914』筑摩書房、一九九二年
三石善吉『中国、一九〇〇年——義和団運動の光芒』中公新書、一九九六年
陸奥宗光／中塚明校注『新訂 蹇蹇録——日清戦争外交秘録』岩波文庫、二〇〇五年（一九八三年）
森山茂徳『近代日韓関係史研究——朝鮮植民地化と国際関係』東京大学出版会、一九八七年
森山茂徳『日韓併合〔新装版〕』吉川弘文館、一九九五年（初版 一九九二年）
山田朗『軍備拡張の近代史——日本軍の膨張と崩壊』吉川弘文館、一九九七年
Langer, William L., *The Diplomacy of Imperialism, 1890-1902*, 2nd ed., Alfred A. Knopf, New York, NY, 1951.
Nish, Ian H., *The Anglo-Japanese Alliance: The Diplomacy of Two Island Empires, 1894-1907*, Athlone Press, 1966.

◆第8章に関するもの

朝河貫一／由良君美校訂・解説『日本の禍機〔復刻版〕』講談社学術文庫、一九八七年（初版 実業之日本社、一九〇九年）
麻田貞雄編・訳『マハン海上権力論集』講談社学術文庫、二〇一〇年（『アルフレッド・T・マハン』〈アメリカ古典文庫8〉研究社出版、一九七七年）
猪瀬直樹『黒船の世紀——ガイアツと日米未来戦記』文春文庫、一九九八年（小学館、一九九三年）

川島真『中国近代外交の形成』名古屋大学出版会、二〇〇四年

北岡伸一『日本陸軍と大陸政策 1906-1918年』東京大学出版会、一九七八年

北岡伸一『後藤新平――外交とヴィジョン』中公新書、一九八八年

栗原健『対満蒙政策史の一面――日露戦後より大正期にいたる』原書房、一九六六年

ケナン、ジョージ・F／近藤晋一・飯田藤次・有賀貞訳『アメリカ外交50年』岩波現代文庫、二〇〇〇年（岩波現代叢書、一九五二年）

桜井良樹『辛亥革命と日本政治の変動』岩波書店、二〇〇九年

竹内好・橋川文三編『近代日本と中国』上・下、朝日選書、一九七四年

千葉功『旧外交の形成――日本外交一九〇〇～一九一九』勁草書房、二〇〇八年

角田順『満洲問題と国防方針――明治後期における国防環境の変動』原書房、一九六七年

長田彰文『セオドア・ルーズベルトと韓国――韓国保護国化と米国』未來社、一九九二年

長田彰文『日本の朝鮮統治と国際関係――朝鮮独立運動とアメリカ 1910-1922』平凡社、二〇〇五年

秦郁彦『太平洋国際関係史――日米および日露危機の系譜 1900-1935』福村出版、一九七二年

細谷千博『シベリア出兵の史的研究』岩波現代文庫、二〇〇五年（有斐閣、一九五五年）

升味準之輔『日本政党史論』第三巻、東京大学出版会、一九六七年

吉村道男『増補版 日本とロシア』日本経済評論社、一九九一年

Hunt, Michael, *Frontier Defense and the Open Door: Manchuria in Chinese-American Relations, 1895-1911*, University Microfilms, 1972.

Nish, Ian H., *Alliance in Decline: A Study in Anglo-Japanese Relations, 1908-23*, University of London: Athlone Press, 1972.

◆第9章に関するもの

安藤良雄『ブルジョワジーの群像』(文庫判 日本史の社会集団6)小学館、一九九〇年(〈日本の歴史28〉小学館、一九七六年)
岡義武『転換期の大正』(『岡義武著作集』第三巻所収)岩波書店、一九九二年(東京大学出版会、一九六九年)
岡義武編『吉野作造評論集』岩波文庫、一九七五年
鹿野政直『大正デモクラシー』(日本の歴史27)小学館、一九七六年
北岡伸一「政党政治確立過程における立憲同志会・憲政会(上)(下)——政権構想と政党指導(1)」『立教法学』二一号・二五号、一九八三・一九八五年
小林道彦『桂太郎——予が生命は政治である』ミネルヴァ日本評伝選、二〇〇六年
桜井良樹『大正政治史の出発——立憲同志会の成立とその周辺』山川出版社、一九九七年
中村政則『労働者と農民』(文庫判 日本史の社会集団7)小学館、一九九〇年(〈日本の歴史29〉小学館、一九七六年)
ナジタ、テツオ/安田志郎訳『原敬——政治技術の巨匠』読売新聞社、一九七四年
奈良岡聰智『加藤高明と政党政治——二大政党制への道』山川出版社、二〇〇六年
坂野潤治『明治国家の終焉——一九〇〇年体制の崩壊』ちくま学芸文庫、二〇一〇年(『大正政変』ミネルヴァ書房、一九九四年)
升味準之輔『日本政党史論』第四巻、東京大学出版会、一九六八年
松尾尊兊『大正デモクラシー』岩波現代文庫、二〇〇一年(岩波書店、一九七四年)
松沢弘陽『日本社会主義の思想』筑摩書房、一九七三年
三谷太一郎『増補 日本政党政治の形成——原敬の政治指導の展開』東京大学出版会、一九九五年(初版 一九六七年)
三谷太一郎『新版 大正デモクラシー論——吉野作造の時代』東京大学出版会、一九九五年(初版 一九七四年)

三谷太一郎『政治制度としての陪審制――近代日本の司法権と政治』東京大学出版会、二〇〇一年
吉野作造／松尾尊兊編『中国・朝鮮論』平凡社東洋文庫、一九七〇年
Duus, Peter, *Party Rivalry and Political Change in Taisho Japan*, Harvard University Press, 1968.

◆第10章に関するもの

伊藤隆『昭和初期政治史研究――ロンドン海軍軍縮問題をめぐる諸政治集団の対抗と提携』東京大学出版会、一九六九年
井上清編『大正期の政治と社会』岩波書店、一九六九年
井上清・渡部徹編／京都大学人文科学研究所研究報告『大正期の急進的自由主義――『東洋経済新報』を中心として』東洋経済新報社、一九七二年
入江昭『極東新秩序の模索』原書房、一九六八年
臼井勝美『日中外交史――北伐の時代』塙書房、一九七一年
臼井勝美『日本と中国――大正時代』（近代日本外交史叢書7）原書房、一九七二年
黒澤文貴『大戦間期の日本陸軍』みすず書房、二〇〇〇年
越沢明『東京の都市計画』岩波新書、一九九一年
越澤明『東京都市計画物語』ちくま学芸文庫、二〇〇一年（日本経済評論社、一九九一年）
幣原喜重郎『外交五十年』中公文庫、二〇〇七年改版（読売新聞社、一九五一年）
永井和『青年君主昭和天皇と元老西園寺』京都大学学術出版会、二〇〇三年
中村隆英『昭和史Ⅰ 1926-1945／Ⅱ 1945-1989』東洋経済新報社、一九九三年
中村隆英『経済政策の運命』日経新書、一九六七年
服部龍二『幣原喜重郎と二十世紀の日本――外交と民主主義』有斐閣、二〇〇六年
細谷千博・斎藤真編『ワシントン体制と日米関係』東京大学出版会、一九七八年

升味準之輔『日本政党史論』第五巻、東京大学出版会、一九七九年
松尾尊兊編『石橋湛山評論集』岩波文庫、一九八四年
三谷太一郎『ウォール・ストリートと極東――政治における国際金融資本』東京大学出版会、二〇〇九年
簑原俊洋『排日移民法と日米関係――「埴原書簡」の真相とその「重大なる結果」』岩波書店、二〇〇二年
村井良太『政党内閣の成立 一九一八～二七年』有斐閣、二〇〇五年
若槻禮次郎『明治・大正・昭和政界秘史――古風庵回顧録』講談社学術文庫、一九八三年（『古風庵回顧録――明治・大正・昭和政界秘史』読売新聞社、一九五〇年）
Waldron, Arthur N., *From War to Nationalism: China's Turning Point, 1924-1925*, Cambridge University Press, 2003.

◆**第11章に関するもの**

麻田貞雄『両大戦間の日米関係――海軍と政策決定過程』東京大学出版会、一九九三年
臼井勝美『満州事変――戦争と外交と』中公新書、一九七四年
臼井勝美『中国をめぐる近代日本の外交』筑摩書房、一九八三年
臼井勝美『満州国と国際連盟』吉川弘文館、一九九五年
緒方貞子『満洲事変と政策の形成過程』原書房、一九六六年
北岡伸一「陸軍派閥対立（1931-35）の再検討――対外・国防政策を中心として」近代日本研究会編年報・近代日本研究第1号『昭和期の軍部』山川出版社、一九七九年
北岡伸一「支那課官僚の役割」日本政治学会編『年報政治学1989年 近代化過程における政軍関係』岩波書店、一九九〇年
北岡伸一『政党から軍部へ 1924～1941』（日本の近代5）中央公論新社、一九九九年
北岡伸一『清沢洌――外交評論の運命〔増補版〕』中公新書、二〇〇四年（初版 一九八七年）

小林道彦『政党内閣の崩壊と満洲事変 一九一八―一九三二』ミネルヴァ書房、二〇一〇年
酒井哲哉『大正デモクラシー体制の崩壊――内政と外交』東京大学出版会、一九九二年
島田俊彦『関東軍――在満陸軍の暴走』講談社学術文庫、二〇〇五年（中公新書、一九六五年）
ソーン、クリストファー／市川洋一訳『満州事変とは何だったのか――国際連盟と外交政策の限界』上・下、草思社、一九九四年
高橋正衛『二・二六事件――「昭和維新」の思想と行動〔増補改版〕』中公新書、一九九四年（初版 一九六五年）
高橋正衛『昭和の軍閥』講談社学術文庫、二〇〇三年（中公新書、一九六九年）
ダワー、ジョン／大窪愿二訳『吉田茂とその時代』上・下、中公文庫、一九九一年（ティビーエス・ブリタニカ、一九八一年）
戸部良一『日本陸軍と中国――「支那通」にみる夢と蹉跌』講談社選書メチエ、一九九九年
永井和『近代日本の軍部と政治』思文閣出版、一九九三年
秦郁彦『盧溝橋事件の研究』東京大学出版会、一九九六年
三谷太一郎『近代日本の戦争と政治』岩波人文書セレクション、二〇一〇年（岩波書店、一九九七年）
山室信一『キメラ――満洲国の肖像〔増補版〕』中公新書、二〇〇四年（初版 一九九三年）
山本義彦編『清沢洌評論集』岩波文庫、二〇〇二年

◆第12章に関するもの

アトリー、ジョナサン・G／五味俊樹訳『アメリカの対日戦略』朝日出版社、一九八九年
伊藤隆『十五年戦争』（日本の歴史30）小学館、一九七六年
伊藤隆『近衛新体制――大政翼賛会への道』中公新書、一九八三年
臼井勝美『新版 日中戦争――和平か戦線拡大か』中公新書、二〇〇〇年（初版 一九六七年）

大前信也『昭和戦前期の予算編成と政治』木鐸社、二〇〇六年
岡義武『近衛文麿――「運命」の政治家』岩波新書、一九七二年
清沢洌／橋川文三編『暗黒日記』1～3、ちくま学芸文庫、二〇〇二年（評論社、一九七〇・一九七一・一九七三年）
筒井清忠『二・二六事件とその時代――昭和期日本の構造』ちくま学芸文庫、二〇〇六年（有斐閣、一九八四年）
筒井清忠『近衛文麿――教養主義的ポピュリストの悲劇』岩波現代文庫、二〇〇九年
戸部良一『ピースフィーラー――支那事変和平工作の群像』論創社、一九九一年
戸部良一『外務省革新派――世界新秩序の幻影』中公新書、二〇一〇年
永井和『日中戦争から世界戦争へ』思文閣出版、二〇〇七年
ハインリックス、ウォルド／麻田貞雄訳『日米外交とグルー』原書房、一九六九年
バーガー、ゴードン／坂野潤治訳『大政翼賛会――国民動員をめぐる相剋』山川出版社、二〇〇〇年
秦郁彦『南京事件――「虐殺」の構造』中公新書、二〇〇七年
波多野澄雄『太平洋戦争とアジア外交』東京大学出版会、一九九六年
服部龍二『広田弘毅――「悲劇の宰相」の実像』中公新書、二〇〇八年
古川隆久『戦時議会』吉川弘文館、二〇〇一年
細谷千博・斎藤真・今井清一・蠟山道雄編『日米関係史――開国に至る十年 一九三一―四一年〔新装版〕』1―4、東京大学出版会、二〇〇〇年（初版 一九七一―一九七二年）
マクマリー、ジョン・アントワープ／アーサー・ウォルドロン編／北岡伸一監訳／衣川宏訳『平和はいかに失われたか――大戦前の米中日関係もう一つの選択肢』原書房、一九九七年
松浦正孝『日中戦争期における経済と政治――近衛文麿と池田成彬』東京大学出版会、一九九五年
御厨貴『政策の総合と権力――日本政治の戦前と戦後』東京大学出版会、一九九六年

御厨貴『馬場恒吾の面目――危機の時代のリベラリスト』中央公論社、一九九七年

◆**第13章**に関するもの

五百旗頭真『米国の日本占領政策――戦後日本の設計図』上・下、（叢書国際環境）中央公論社、一九八五年
五百旗頭真『戦争・占領・講和 1941〜1955』（日本の近代6）中央公論新社、二〇〇一年
五百旗頭真『占領期――首相たちの新日本』講談社学術文庫、二〇〇七年（〈20世紀の日本3〉読売新聞社、一九九七年）
五百旗頭真編『戦後日本外交史〔第3版〕』有斐閣アルマ、二〇一〇年（初版 一九九九年）
五十嵐武士『戦後日米関係の形成――講和・安保と冷戦後の視点に立って』講談社学術文庫、一九九五年（『対日講和と冷戦――戦後日米関係の形成』東京大学出版会、一九八六年）
神谷不二『朝鮮戦争――米中対決の原形』中公文庫、一九九〇年（中公新書、一九六六年）
高坂正堯『宰相吉田茂』中公クラシックス、二〇〇六年（中公叢書、一九六八年）
高坂正堯『海洋国家日本の構想』中公クラシックス、二〇〇八年、（中央公論社、一九六五年）
清水幾太郎『わが人生の断片』文春文庫、一九八五年（文藝春秋、一九七五年）
下斗米伸夫『アジア冷戦史』中公新書、二〇〇四年
ソーン、クリストファー／市川洋一訳『太平洋戦争とは何だったのか――1941〜45年の国家、社会、そして極東戦争』草思社、一九八九年
ダワー、ジョン／三浦陽一・高杉忠明・田代泰子訳『敗北を抱きしめて――第二次大戦後の日本人〔増補版〕』上・下、岩波書店、二〇〇四年（初版 二〇〇一年）
筒井清忠『石橋湛山――一自由主義政治家の軌跡』中公叢書、一九八六年
日暮吉延『東京裁判』講談社現代新書、二〇〇八年
細谷千博『サンフランシスコ講和への道』（叢書国際環境）中央公論社、一九八四年

増田弘『公職追放――三大政治パージの研究』東京大学出版会、一九九六年
増田弘『マッカーサー――フィリピン統治から日本占領へ』中公新書、二〇〇九年
松尾尊兊『国際国家への出発』（日本の歴史21）集英社、一九九三年
丸山眞男『現代政治の思想の行動〔新装版〕』未來社、二〇〇六年（初版 上・下、一九五六・一九五七年）
李鍾元『東アジア冷戦と韓米日関係』東京大学出版会、一九九六年
渡邉昭夫編『戦後日本の宰相たち』中公文庫、二〇〇一年（中央公論社、一九九五年）

◆第14章に関するもの

伊藤昌哉『池田勇人とその時代――生と死のドラマ』朝日文庫、一九八五年（『池田勇人 その生と死』至誠堂、一九六六年）
猪木武徳『経済成長の果実 1955～1972』（日本の近代7）中央公論新社、二〇〇〇年
大嶽秀夫『増補新版 現代日本の政治権力経済権力――政治における企業・業界・財界』三一書房、一九九六年（初版 一九七九年）
カーティス、ジェラルド・L／山岡清二・大野一訳『代議士の誕生』日経BPクラシックス、二〇〇九年（初版 一九七一年）
岸信介・矢次一夫・伊藤隆『岸信介の回想』文藝春秋、一九八一年
北岡伸一『自民党――政権党の38年』中公文庫、二〇〇八年（〈20世紀の日本1〉読売新聞社、一九九五年）
栗山尚一／中島琢磨・服部龍二・江藤名保子編『沖縄返還・日中国交正常化・日米「密約」』岩波書店、二〇一〇年
河野康子『沖縄返還をめぐる政治と外交――日米関係史の文脈』東京大学出版会、一九九四年
坂元一哉『日米同盟の絆――安保条約と相互性の模索』有斐閣、二〇〇〇年
佐々木卓也『アイゼンハワー政権の封じ込め政策――ソ連の脅威、ミサイル・ギャップ論争と東西交流』有斐閣、

二〇〇八年
佐藤誠三郎・松崎哲久『自民党政権』中央公論社、一九八六年
田中明彦『安全保障――戦後50年の模索』（20世紀の日本2）読売新聞社、一九九七年
波多野澄雄『歴史としての日米安保条約――機密外交記録が明かす「密約」の虚実』岩波書店、二〇一〇年
波多野澄雄編『池田・佐藤政権期の日本外交』ミネルヴァ書房、二〇〇四年
パッカード、ジョージ・R／森山尚美訳『ライシャワーの昭和史』講談社、二〇〇九年
原彬久『岸信介――権勢の政治家』岩波新書、一九九五年
宮城大蔵『「海洋国家」日本の戦後史』ちくま新書、二〇〇八年
村上泰亮『新中間大衆の時代――戦後日本の解剖学』中公文庫、一九八七年（中央公論社、一九八四年）
山田栄三『正伝 佐藤栄作』上・下、新潮社、一九八八年
若泉敬『他策ナカリシヲ信ゼムト欲ス――核密約の真実〔新装版〕』文藝春秋、二〇〇九年（初版 一九九四年）

◆第15章に関するもの

飯尾潤『日本の統治構造――官僚内閣制から議院内閣制へ』中公新書、二〇〇七年
岡田晃『水鳥外交秘話――ある外交官の証言』中央公論社、一九八三年
オーバードーファー、ドン／菱木一美訳『二つのコリア――国際政治の中の朝鮮半島〔特別最新版〕』共同通信社、二〇〇二年（初版 一九九八年）
佐々木卓也編『戦後アメリカ外交史〔新版〕』有斐閣アルマ、二〇〇九年（初版 二〇〇二年）
立花隆『田中角栄研究 全記録 上――金脈追及・執念の五〇〇日／下――ロッキード事件から田中逮捕まで』講談社文庫、一九八二年（講談社、一九七六年）
田中明彦『日中関係 1945-1990』東京大学出版会UP選書、一九九一年
田中角栄『日本列島改造計画』日刊工業新聞社、一九七二年

中曽根康弘／伊藤隆・佐藤誠三郎インタビュー『天地有情――五十年の戦後政治を語る』文藝春秋、一九九六年
パットナム、ロバート・D＝ニコラス・ベイン／山田進一訳『サミット――先進国首脳会議』ティビーエス・ブリタニカ、一九八六年
福永文夫『大平正芳――「戦後保守」とは何か』中公新書、二〇〇八年
船橋洋一『サミットクラシー』朝日文庫、一九九一年（『サミットの思想』朝日新聞社、一九八〇年）
船橋洋一『通貨烈烈』朝日文庫、一九九二年（朝日新聞社、一九八八年）
船橋洋一『アジア太平洋フュージョン――APECと日本』中央公論社、一九九五年
増田弘編『ニクソン訪中と冷戦構造の変容――米中接近の衝撃と周辺諸国』慶應義塾大学出版会、二〇〇六年
マン、ジェームズ／鈴木主税訳『米中奔流』共同通信社、一九九九年
村田晃嗣『大統領の挫折――カーター大統領の在韓米軍撤退政策』有斐閣、一九九八年
毛里和子・毛里興三郎訳『ニクソン訪中機密会談録』名古屋大学出版会、二〇〇一年
若月秀和『「全方位外交」の時代――冷戦変容期の日本とアジア 1971～80年』日本経済評論社、二〇〇六年
渡邉昭夫『大国日本の揺らぎ 1972～』（日本の近代8）中央公論新社、二〇〇〇年

◉事項索引◉

ア　行

カ　行

タ　行

ナ　行

ハ　行

マ　行

ヤ　行

ラ　行

ワ　行

アルファベット

◉人名索引◉

ア　行

カ　行

サ　行

タ　行

ナ　行

ハ　行

マ　行

ヤ　行

ラ　行

ワ　行

◉関連年表◉

1792（寛政 4）年

10 月 18 日〔*9 月 3 日*〕 ロシア使節ラクスマン，根室に来航し通商を要求する。

1804（文化元）年

10 月 10 日〔*9 月 7 日*〕 ロシア使節レザノフ，長崎に来航し通商を要求する。

1808（文化 5）年

10 月 4 日〔*8 月 15 日*〕 イギリス軍艦フェートン号，長崎に侵入し薪水を要求する。

1825（文政 8）年

4 月 6 日〔*2 月 18 日*〕 幕府，無二念打払令（異国船打払令）公布。

1837（天保 8）年

7 月 30 日〔*6 月 28 日*〕 アメリカ商船モリソン号が浦賀沖に投錨，浦賀奉行これを砲撃する。

1839（天保 10）年

6 月 3 日 林則徐，英商人より没収したアヘン 2 万 291 箱廃棄。

1840（天保 11）年

6 月 28 日 英軍，広州・珠江河口を封鎖する（第 1 次アヘン戦争勃発。～1842 年 8 月 29 日）。

1842（天保 13）年

8 月 29 日 南京条約締結（5 港開港，賠償金，領事駐在など）。

30 日〔*7 月 24 日*〕 幕府，薪水給与令公布。

1846（弘化 3）年

7 月 20 日〔*閏 5 月 27 日*〕 アメリカ東インド艦隊司令官ビドル，浦賀に来航し通商を求めるが幕府拒否。

1851（嘉永 4）年

1 月 11 日 洪秀全，正式に起義を宣言。太平天国の成立。

1853（嘉永 6）年

7 月 8 日〔*6 月 3 日*〕 ペリー艦隊，浦賀に来航し開国を要求。

14 日〔*6 月 9 日*〕 ペリー，久里浜上陸。米大統領フィルモアの親書を手交。

8 月 5 日〔*7 月 1 日*〕 老中阿部正弘，米国国書の返書に関し，諸大名の意

見を求める。

22日〔*7月18日*〕 プチャーチンの率いるロシア艦隊，長崎に来航。

1854（嘉永7＝安政元）年

2月13日〔*1月16日*〕 ペリーの率いる米艦7隻，江戸小柴沖に投錨。

3月31日〔*3月3日*〕 神奈川で日米和親条約（神奈川条約）調印。

1855（安政2）年

1月19日〔*安政元年12月2日*〕 幕府，江戸鉄砲洲・一橋門外など6カ所に講武場を設ける。

10月5日〔*8月25日*〕 幕府，オランダ国王寄贈の汽船スンビン号を受領（のちに観光丸と命名）。

11月18日〔*10月9日*〕 幕府，佐倉藩主堀田正睦を老中首座に任命。

1856（安政3）年

8月21日〔*7月21日*〕 米国駐日総領事ハリス，下田に来航。

10月8日 清官憲，広州でアロー号乗員を抑留。英，謝罪と釈放要求（アロー号事件）。

23日 英軍，広州に侵攻し，猟徳砲台を占領（第2次アヘン戦争の開始）。

1857（安政4）年

12月2日〔*10月16日*〕 越前藩主松平慶永ら，一橋慶喜を将軍後嗣とすることを幕府に建議。

12月7日〔*10月21日*〕 ハリス登城，将軍に大統領親書を提出。

1858（安政5）年

3月23日〔*2月9日*〕 老中堀田正睦，通商条約の勅許を求めるため参内。

5月3日〔*3月20日*〕 堀田正睦参内。通商条約調印につき，三家・諸大名の意見を徴し，あらためて勅裁を求めよとの勅諚を受ける。

5日〔*3月22日*〕 一橋派の期待に反する将軍後嗣の内勅が，堀田正睦に伝達される。

28日 清朝，ロシアと愛琿条約調印。

6月 清朝，露米英仏の4カ国と個別に天津条約を締結（最恵国待遇，開港場の増加，公使駐在，賠償支払いなどを定める）。

4日〔*4月23日*〕 彦根藩主井伊直弼，大老に就任。

7月29日〔*6月19日*〕 米艦上で日米修好通商条約・貿易章程に調印。

8月4日〔*6月25日*〕 幕府，和歌山藩主徳川家茂の将軍世子決定を公表。

13日〔*7月5日*〕 徳川斉昭に謹慎，松平慶永に謹慎・隠居，一橋慶喜に登城停止の命下る。

24日〔*7月16日*〕 薩摩藩主島津斉彬没。

10月13日〔*9月7日*〕 安政の大獄始まる。

1859（安政 6）年

7 月 2 日〔*6 月 2 日*〕　神奈川（横浜）・箱館開港。

9 月 23 日〔*8 月 27 日*〕　幕府，一橋斉昭に国許永蟄居，一橋慶喜に隠居・謹慎を命じる。岩瀬忠震・永井尚志・川路聖謨ら一橋派幕吏も処罰される。

11 月 1 日〔*10 月 7 日*〕　橋本佐内処刑。11 月 21 日〔*10 月 27 日*〕，吉田松陰処刑。

1860（安政 7＝万延元）年

2 月 4 日〔*1 月 13 日*〕　幕府の軍艦咸臨丸，品川を出発。

3 月 24 日〔*3 月 3 日*〕　水戸藩浪士ら，桜田門外で大老井伊直弼を殺害（桜田門外の変）。

10 月 2 日〔*8 月 18 日*〕　天皇，条約破棄または攘夷実行を条件に，和宮降嫁勅許を幕府に内達。

17 日〔*9 月 4 日*〕　幕府，一橋慶喜・松平慶永・山内豊信の謹慎を解除。

24 日　清朝，英と北京条約を締結（天津開港，九竜市街割譲，賠償増額）。

25 日　清朝，仏との北京条約に調印。

11 月 14 日　清朝，ロシアと北京条約を締結。

1861（万延 2＝文久元）年

1 月 15 日〔*万延元年 12 月 5 日*〕　米公使館通弁官ヒュースケン，麻布で薩摩藩士に襲われ死亡。

20 日　清朝，天津を開港。総理衙門を創設。

3 月 13 日〔*2 月 3 日*〕　露艦ポサドニック，対馬に来航。碇泊の許可を求める（対馬事件）。

6 月 22 日〔*5 月 15 日*〕　長州藩直目付長井雅楽，上京して航海遠略策を説く。

1862（文久 2）年

2 月 13 日〔*1 月 15 日*〕　水戸浪士ら，老中安藤信行を坂下門外に襲撃（坂下門外の変）。

3 月 11 日〔*2 月 11 日*〕　将軍家茂と皇妹和宮との婚儀，江戸城で行われる。

5 月 14 日〔*4 月 16 日*〕　薩摩藩主父島津久光，藩兵 1000 人余を率いて入京。

6 月 5 日〔*5 月 8 日*〕　朝廷，島津久光の建議を容れ，勅使大原重徳の江戸派遣を決定。

7 月 6 日〔*6 月 10 日*〕　勅使大原重徳，江戸城で将軍家茂と会見。一橋慶喜・松平慶永の登用を説く朝旨を伝える。8 月 1 日〔*7 月 6 日*〕一

橋慶喜，将軍後見職に。8月4日〔*7月9日*〕松平慶永，政事総裁職に。

9月14日〔*8月21日*〕 薩摩藩士，生麦で英人を斬る（生麦事件）。

24日〔*閏8月1日*〕 幕府，初代京都守護職に会津藩主松平容保を任命。

1863（文久3）年

6月6日〔*4月20日*〕 将軍家茂，攘夷期日を*文久3年5月10日*（6月25日）と天皇に奉答。

25日〔*5月10日*〕 長州藩，下関海峡通過の米商船を砲撃。後日に仏艦，オランダ艦も砲撃（下関事件）。

7月16日〔*6月1日*〕 米艦ワイオミング号，長州藩砲台を報復攻撃。後日，仏艦も砲台を占領。

8月15日〔*7月2日*〕 英艦隊7隻，鹿児島湾で薩摩藩と戦う（薩英戦争）。

9月30日〔*8月18日*〕 公武合体派，宮中クーデタを実行（*8月18日*の政変）。

1864（文久4＝元治元）年

1月10日 朝鮮高宗（李太王）即位し，生父大院君が摂政となる。

2月7日〔*文久3年12月30日*〕 朝廷，一橋慶喜・松平慶永・松平容保・山内豊信・伊達宗城に朝議参預を命じる。のちに島津久光にも命じる。

3月27日〔*2月20日*〕 土佐前藩主山内豊信，参預を辞任。他の参預も後日に辞任。

4月27日〔*3月22日*〕 仏公使ロッシュ着任。

7月19日 天京陥落，太平天国滅亡。

8月19日〔*7月18日*〕 長州藩兵，幕府軍と交戦（禁門の変）。

24日〔*7月23日*〕 長州藩追討の朝命，一橋慶喜に伝達される（第1次征長の役の開始）。

9月5日〔*8月5日*〕 英米仏蘭の4国連合艦隊，下関海峡で長州藩砲台と交戦。

10月22日〔*9月22日*〕 4国代表と幕府との間に，下関事件賠償に関する約定調印。

12月9日〔*11月11日*〕 長州藩，幕府への恭順の意を表し，禁門の変の責任者に自刃を命ずる。

1865（元治2＝慶応元）年

2月10日〔*1月15日*〕 幕府，長州藩主父子の服罪により将軍進発を中止する旨を布告。

4月12日〔*3月17日*〕 長州藩主毛利慶親，急進派の主張する武備恭順を

藩論とすることを決定。

11月4日〔*9月16日*〕 英米仏蘭4国代表，将軍・朝廷と兵庫先期開港・条約勅許を交渉するため，連合艦隊を率いて兵庫沖に来航。

9日〔*9月21日*〕 将軍参内，長州再征の勅許を受ける。

22日〔*10月5日*〕 天皇，条約は勅許，兵庫先期開港は不許可との詔書を発す。

1866（慶応2）年

3月7日〔*1月21日*〕 木戸孝允ら，坂本龍馬の斡旋により西郷隆盛らと薩長提携を密約。

6月25日〔*5月13日*〕 老中水野忠精，江戸で英仏米蘭との改税約書を調印。

7月18日〔*6月7日*〕 第2次征長の役の戦闘始まる。

28日〔*6月17日*〕 英公使パークス，鹿児島を訪れ島津茂久と会見。

8月29日〔*7月20日*〕 将軍家茂，大坂城中で死去。9月28日〔*8月20日*〕発喪，慶喜の宗家相続を布告。

9月2日　朝鮮，大同江に侵入した米商船シャーマン号を撃沈。

29日〔*8月21日*〕 休戦御沙汰書出る。10月10日〔*9月2日*〕幕府・長州藩，休戦を協定。

10月1日　仏艦隊，カトリック弾圧を理由に朝鮮に襲来。

11月20日　朝鮮，江華島で仏艦隊を撃退（丙寅洋擾）。

1867（慶応3）年

1月10日〔*慶応2年12月5日*〕 徳川慶喜，征夷大将軍・内大臣に任ぜられる。

30日〔*慶応2年12月25日*〕 孝明天皇没。2月13日〔*1月9日*〕睦仁親王践祚。

3月11日〔*2月6日*〕 将軍慶喜，大坂城中で仏公使ロッシュと会見。

7月23日〔*6月22日*〕 後藤象二郎ら，西郷・大久保と会見。大政奉還の薩土密約を結ぶ。

30日〔*6月29日*〕 幕府，国内事務総裁・会計総裁・外国事務総裁・陸軍総裁・海軍総裁を任命。

10月15日〔*9月18日*〕 大久保利通ら，長州藩主父子らと会議。討幕挙兵盟約を結ぶ。

29日〔*10月3日*〕 後藤象二郎ら，山内豊信の大政奉還建白書を老中板倉勝静に提出。

11月8日〔*10月13日*〕 岩倉具視，薩摩藩主父子宛の討幕の詔勅を大久保利通に手交。

9日〔*10月14日*〕 将軍慶喜，大政奉還上表を朝廷に提出。

10 日〔*10 月 15 日*〕 朝廷，慶喜の参内を求め，大政奉還勅許の御沙汰書を渡す。

12 月 8 日〔*11 月 13 日*〕 薩摩藩主島津忠義，兵を率い鹿児島出発。12 月 13 日〔*11 月 18 日*〕忠義，長州藩世子毛利定広と会見，出兵協定成立。

1868（慶応 4＝明治元）年

1 月 3 日〔*慶応 3 年 12 月 9 日*〕 宮中で王政復古の大号令を出す。同夜の小御所会議で，慶喜に辞官・納地を命ずることを決定。

9 日〔*慶応 3 年 12 月 25 日*〕 在江戸薩摩藩浪士の江戸攪乱に対し，旧幕府，薩摩藩邸を焼き討ち。

27 日〔*1 月 3 日*〕 旧幕府軍，鳥羽・伏見で薩摩・長州藩兵と戦い敗れる（戊辰戦争起こる）。

4 月 5 日〔*3 月 13 日*〕 西郷隆盛と勝海舟，江戸薩摩藩邸で江戸開城を交渉。4 月 6 日〔*3 月 14 日*〕交渉成立。

6 日〔*3 月 14 日*〕 天皇，五箇条の御誓文を出す。

5 月 3 日〔*4 月 11 日*〕 江戸城開城。徳川慶喜，水戸に退隠のため江戸を去る。

6 月 17 日〔*閏 4 月 27 日*〕 新政府，政体書を出す。

22 日〔*5 月 3 日*〕 奥羽越列藩同盟の成立。

7 月 4 日〔*5 月 15 日*〕 新政府軍，上野の彰義隊を攻撃，これを破る。

9 月 3 日〔*7 月 17 日*〕 天皇，江戸を東京とする詔書を出す。

10 月 8 日〔*8 月 23 日*〕 新政府軍，会津若松城を囲む。11 月 6 日〔*9 月 22 日*〕藩主松平容保，開城降伏。

23 日〔*9 月 8 日*〕 明治と改元し，一世一元の制を定める。

11 月 4 日〔*9 月 20 日*〕 天皇，東幸のため京都出発。11 月 26 日〔*10 月 13 日*〕東京着。1869 年 1 月 20 日〔*明治元年 12 月 8 日*〕東京出発，京都に帰る。

1869（明治 2）年

3 月 2 日〔*1 月 20 日*〕 薩長土肥 4 藩主，連署して版籍奉還を上奏。

6 月 27 日〔*5 月 18 日*〕 五稜郭開城，榎本武揚以下降伏（戊辰戦争終わる）。

7 月 25 日〔*6 月 17 日*〕 諸藩の版籍奉還を許し，藩知事を任命。公卿・諸侯を華族とする。

8 月 15 日〔*7 月 8 日*〕 政府官制を改革し，二官六省の制を定める。

10 月 8 日〔*9 月 4 日*〕 兵部大輔大村益次郎，京都で襲撃される。12 月 7 日〔*11 月 5 日*〕死亡。

1870（明治 3）年

1 月 26 日〔*明治 2 年 12 月 25 日*〕 東京－横浜間電信開通。

8月6日〔*7月10日*〕 民部・大蔵2省を分離。

12月12日〔*閏10月20日*〕 工部省を設置。

1871（明治4）年

3月14日〔*1月24日*〕 東京―京都―大阪間に郵便開始を定める。

4月2日〔*2月13日*〕 政府，薩長土3藩の兵を徴して親兵を編成することを命ずる。

5月22日〔*4月4日*〕 戸籍法を定める（壬申戸籍）。

6月10日〔*4月23日*〕 初めて鎮台を東山道・西海道に置く。

10日　米艦隊，朝鮮の開国とシャーマン号事件の解決を求めて江華島に襲来。

12日　朝鮮の摂政大院君，斥和碑を全土の都市に立てる。

27日〔*5月10日*〕 新貨条例を定める。

7月3日　朝鮮，江華島でアメリカ艦隊を撃退（辛未洋擾）。

8月29日〔*7月14日*〕 天皇，在京56藩知事を集め，廃藩置県の詔書を出す。

9月13日〔*7月29日*〕 清国と修好条規・通商章程・海関税則を天津で調印。

23日〔*8月9日*〕 散髪・廃刀の自由を認める。

10月4日〔*8月20日*〕 東京・仙台・大阪・熊本に4鎮台を置く。

7日〔*8月23日*〕 華族・士族・平民相互の結婚を許可。

20日〔*9月7日*〕 田畑勝手作を許可。

11月20日〔*10月8日*〕 外務卿岩倉具視を特命全権大使，参議木戸孝允・大蔵卿大久保利通・工部大輔伊藤博文・外務少輔山口尚芳を副使とし，欧米各国に派遣（岩倉使節団）。

1872（明治5）年

3月4日〔*1月25日*〕 特命全権大使岩倉具視，米大統領グラントに謁見。

10日〔*2月2日*〕 政府，日清修好条規改定交渉のため，外務大丞柳原前光を清国に派遣。5月15日〔*4月9日*〕天津で李鴻章と交渉，不調。

23日〔*2月15日*〕 田畑永代売買禁止令を解く。

4月5日〔*2月28日*〕 兵部省を廃し，陸軍省・海軍省を設置。

7月3日〔*5月28日*〕 朝鮮草梁公館事務を宗氏より移し，外務省の所管とする。

24日〔*6月19日*〕 岩倉大使，対米条約改正の交渉中止を米国務長官フィッシュに通告。

9月5日〔*8月3日*〕 学制を頒布。

20日〔*8月18日*〕 外務大丞花房義質を朝鮮に派遣。10月18日〔*9*

月16日〕草梁公館を接収。

10月14日〔*9月12日*〕 新橋－横浜間鉄道開業式。

16日〔*9月14日*〕 琉球国王尚泰を琉球藩王とし，華族に列する。

30日〔*9月28日*〕 琉球藩と各国との条約・交際事務は外務省の管轄とすることを通告。

12月5日〔*11月5日*〕 岩倉大使，英国女王に謁見。

9日〔*11月9日*〕 太陰暦を廃して太陽暦を採用するとの詔書（*明治5年12月3日*を明治6年1月1日とする）。

15日〔*11月15日*〕 国立銀行条例・国立銀行成規を定め，銀行設立を許可。

26日〔*11月26日*〕 岩倉大使，仏大統領に謁見。

28日〔*11月28日*〕 徴兵の詔書および太政官告諭。

1873（明治6）年

1月9日 鎮台を名古屋・広島に置き，6鎮台の軍管を定める。
10日 徴兵令および付録を定める。
2月28日 外務卿副島種臣を特命全権大使として清国に派遣。4月30日条約批准書交換。
5月26日 遣欧副使大久保利通帰国。
6月21日 清国大臣，副使柳原前光に台湾生蕃は化外の民と言明。
29日 特命全権大使副島種臣，清国皇帝に会見し国書を提出。7月27日帰国。
7月23日 遣欧副使木戸孝允帰国。
28日 上諭・地租改正条例を布告。
8月3日 参議西郷隆盛，閣議で征韓を決定すべしとの意見書を，太政大臣三条実美に提出。
17日 閣議，西郷の朝鮮派遣を決定（発表は岩倉の帰朝を待って行うこととする）。
9月13日 遣欧大使岩倉具視帰国。
10月14日 閣議，あらためて遣韓使節を議し，決まらず。
15日 閣議，遣韓使節を再議し，西郷派遣を決定。
17日 木戸・大久保・大隈重信・大木喬任の諸参議，辞表を提出。岩倉も辞意を表明。
18日 三条太政大臣急病。10月20日，岩倉具視これを代行。
24日 天皇，岩倉の奏を容れ朝鮮遣使を無期延期とする。西郷，参議・近衛都督を辞職（明治6年政変）。
25日 副島種臣・後藤象二郎・板垣退助・江藤新平が参議を辞職。
11月10日 内務省を設置。

1874（明治 7）年

1 月 12 日　板垣・後藤・副島・江藤ら，愛国公党本誓署名式を行う。

17 日　副島・後藤・江藤・板垣ら 8 人，民撰議院設立建白書を左院に提出。

2 月 4 日　江藤新平ら佐賀士族の暴動（2 月 1 日）に対し，熊本鎮台などに出兵命令。

6 日　閣議，台湾出兵を決定。

10 日　参議兼内務卿大久保利通，佐賀の乱鎮定の委任を受け，西下を命じられる。

18 日　江藤新平ら，佐賀県庁を占領（佐賀の乱）。

3 月 1 日　政府軍，佐賀県庁を奪回。江藤は後日，高知で逮捕され，処刑（4 月 13 日）。

4 月 4 日　陸軍中将西郷従道を台湾蕃地事務都督とし，討伐することを命じる。

10 日　板垣退助ら，高知に立志社を創立。

18 日　参議兼文部卿木戸孝允，台湾出兵に不満を持ち辞表提出。5 月 13 日免官。

27 日　内閣顧問島津久光を左大臣に任命。

5 月 4 日　大久保・大隈，西郷従道と長崎で会見し台湾出兵実施を決定。5 月 22 日，西郷，台湾上陸。

7 月 9 日　閣議，台湾問題につき，清国との開戦も辞さずと決定。

8 月 1 日　参議大久保利通を全権弁理大臣とし，台湾問題交渉のため清国に派遣を決定。

6 日　大久保，東京出発。9 月 10 日北京着。

9 月 14 日　大久保全権，恭親王と台湾問題の交渉を開始。

10 月 31 日　台湾問題につき，日清両国間互換条款等を北京で調印。11 月 26 日，大久保帰国。

1875（明治 8）年

2 月 11 日　木戸・大久保・板垣，大阪で会合，政治改革につき意見一致（大阪会議）。

22 日　立志社，各地の自由民権政社に呼び掛け愛国社を結成。

3 月 8 日　大阪会議の結果，木戸が参議に任ぜられる。3 月 12 日，板垣も就任。

4 月 14 日　元老院・大審院，地方官会議の設置。漸次立憲政体を立てるとの詔書が出る。

5 月 7 日　千島・樺太交換条約をロシアとペテルブルクで調印。8 月 22 日，批准書交換。

6月20日　地方官会議開院式行われる（7月17日閉院式）。
28日　反政府運動取り締まりのため，讒謗律・新聞紙条例を定める。
9月20日　朝鮮西南海岸に示威中の軍艦雲揚，江華島守兵と交戦（江華島事件）。
10月27日　左大臣島津久光・参議板垣退助，免官。
11月5日　英公使，寺島宗則外務卿との談話中で，小笠原島を日本領として暗に承認。
12月9日　参議黒田清隆を特命全権弁理大臣とし，江華島事件談判のため朝鮮に派遣。

1876（明治9）年

2月26日　黒田清隆ら，江華府で朝鮮国と修好条規に調印。3月22日，批准書交換。
3月28日　木戸孝允，参議を辞任。内閣顧問に任ぜられる。
28日　大礼服着用および軍人・警察官・官吏制服着用の場合を除き，帯刀を禁止（廃刀令）。
6月2日　天皇，奥羽巡幸のため東京を出発。7月21日帰京。
8月5日　金禄公債証書発行条例を定める。
10月17日　政府，各国公使に小笠原島を管治する旨を通告。
24日　熊本県士族ら，熊本鎮台を襲撃（神風連の乱）。
28日　山口県士族前原一誠ら，県庁を襲撃しようとし鎮圧される（萩の乱）。
12月19日　三重県下飯野郡の農民，石代納に反対し一揆。12月20日，四日市の支庁・区裁判所を焼く（伊勢暴動）。
27日　参議兼内務卿の大久保利通，農民一揆に鑑み地租の減額を建議。

1877（明治10）年

1月4日　地租を減ずる詔書出る。
24日　天皇，東京出発，西幸。
30日　鹿児島私学校生徒，大阪砲兵支廠に移送中の兵器弾薬を奪う（西南戦争の発端）。
2月15日　陸軍大将西郷隆盛，兵を率い鹿児島を出発。2月22日，西郷軍，熊本城を包囲。
3月20日　政府軍，激戦の未田原坂を占領。4月14日黒田清隆の政府軍，熊本城に入る。
5月26日　内閣顧問木戸孝允没。
9月24日　西郷隆盛ら，城山で自刃（西南戦争終わる）。

1878（明治11）年

2月20日　横浜英国領事裁判所，アヘン密輸の英国商人ハートリーに無罪

と判決。

4月10日　第2回地方官会議，開会式（議長伊藤博文）。3新法などを審議し，5月3日閉会。

29日　杉田定一・植木枝盛・栗原亮一ら，愛国社再興趣意書を携えて地方遊説に出発。

5月14日　大久保利通，東京紀尾井町で，石川県士族島田一郎ら6人に刺殺される。

7月22日　三新法（郡区町村編制法，府県会規則，地方税規則）を定める。

9月11日　愛国社再興大会，大阪で開催。

1879（明治12）年

3月11日　琉球藩王に廃藩置県を達し，藩王を華族に列し東京居住を命ずる。

27日　愛国社第2回大会を大阪に開催。

4月4日　琉球藩を廃し，沖縄県とする旨布告。

7月3日　米前大統領グラント，横浜着。8月10日天皇と浜離宮で会談。

9月10日　井上馨を外務卿に任命。

11月7日　愛国社第3回大会，大阪に開催。

1880（明治13）年

2月5日　第3回地方官会議を開催（議長河野敏鎌）。2月28日閉会。

3月15日　愛国社第4回大会を大阪で開催。3月17日，国会期成同盟を結成。

4月5日　集会条例を定める。

11月10日　国会期成同盟第2回大会を東京で開催。

12月23日　集会条例改正（警視長官・地方長官に政治結社解散権，1年間演説禁止権を付与）。

24日　大隈重信・伊藤博文・井上馨の3参議，福沢諭吉と政府系新聞発刊を協議。

1881（明治14）年

3月××日　参議大隈重信，国会開設意見書を左大臣有栖川宮熾仁に提出。

7月21日　参議黒田清隆，開拓使官有物払い下げを申請。閣議，紛糾ののち払い下げに決定。

26日　東京横浜毎日新聞，社説で開拓使官有物払い下げ事件を暴露（～7月28日）。

10月11日　御前会議で立憲政体に関する方針，官有物払い下げ中止，大隈参議罷免などを決定（明治14年の政変）。

12日　明治23年に国会開設する旨の詔書発せられる。

18日　自由党結成会議，浅草井生村楼で開会。11月9日，板垣退助，

総理就任を受諾。

21日　松方正義を参議兼大蔵卿に任命。

1882（明治15）年

1月4日　軍人勅諭公布。

3月3日　伊藤博文に憲法調査のため欧州出張が命ぜられる。

18日　福地源一郎ら，立憲帝政党を組織し党議綱領を発表。

4月6日　自由党総理板垣退助，遊説中に岐阜で襲われ負傷。

16日　立憲改進党結党式を行い，大隈重信を総理に決定。

6月3日　集会条例改正（内務卿に結社集会禁止権を付与。政治結社の支社設置禁止を追加）。

27日　日本銀行条例を定める。

7月23日　京城で朝鮮兵反乱，日本公使館を襲撃（壬午事変）。

8月30日　済物浦条約（壬午事変処理，犯人処罰，賠償金50万円，公使館駐兵権）に調印。

11月11日　板垣退助・後藤象二郎，横浜を出発し渡欧。1883年6月22日に帰国。

1883（明治16）年

7月20日　岩倉具視没。

8月3日　伊藤博文ら一行，憲法調査のための外遊から帰国。

1884（明治17）年

3月17日　宮中に制度取調局設置。伊藤博文を長官に任命。3月21日，伊藤は宮内卿も兼任。

5月16日　群馬県自由党員ら，農民数千人を集め高利貸・警察署などを襲撃（群馬事件）。

6月23日　清仏戦争始まる。

7月7日　華族令を定める。

9月23日　茨城・福島の自由党員ら，加波山で檄文を配布し，24日警察と交戦（加波山事件）。

10月29日　自由党大会，大阪で開催。自由党解党を決議。

31日　埼玉県秩父地方の農民ら，自由党員の指導下で郡役所などを襲撃（秩父事件）。

12月4日　京城で親日派クーデタ起こる。12月6日，清国軍により日本軍敗退（甲申事変）。

6日　愛知・長野の自由党員らの挙兵計画発覚（飯田事件）。

17日　立憲改進党総理大隈重信，副総理河野敏鎌，同党を脱党。

1885（明治18）年

1月9日　漢城条約調印。

3月16日　福沢諭吉,「脱亜論」。
4月15日　英艦隊,朝鮮の巨文島を占領（～1887年3月1日）。
　18日　天津条約（日清,同時撤兵,将来の出兵は行文知照）に調印。5月21日批准。
6月6日　政府発行紙幣を1886年1月から銀貨に兌換し銷却することを定める。
11月23日　大阪事件（大井憲太郎）。
12月22日　太政官制を廃し,内閣制度を制定。
　22日　第1次伊藤博文内閣発足（～1888年4月30日）。

1886（明治19）年

2月27日　各省官制公布（大臣以下の職務・権限,各省に次官1人を置くことなどを規定）。
4月29日　華族世襲財産法公布。
5月1日　井上馨外相,各国公使と第1回条約改正会議を外務省で開催。
10月24日　星亨・中江兆民ら発起人となり,東京で全国有志大懇親会を開く。
　24日　英船ノルマントン号,熊野灘沖合で沈没,問題化。

1887（明治20）年

4月22日　第26回条約改正会議,裁判管轄に関する英独案を修正のうえ議定。
6月1日　伊藤首相・伊東巳代治・金子堅太郎ら,相州金沢で憲法草案の検討開始。
　1日　司法省法律顧問ボワソナード,条約改正に関し反対する意見書を内閣に提出。
7月3日　農商務相谷干城,条約改正反対の意見書を伊藤首相に提出。
　25日　文官試験試補及見習規則公布。
　29日　井上外相,各国公使に法典編纂の完成まで条約改正会議の無期延期を通告。
9月17日　外相井上馨辞任。伊藤首相,外相を兼任。
10月3日　後藤象二郎の懇談会開かれる。大同団結運動を起こす。
　××日　高知県代表,三大事件建白書（言論の自由,地租軽減,外交の回復）を提出。
12月26日　保安条例を公布。

1888（明治21）年

2月1日　大隈重信,外相に就任。
4月30日　黒田清隆内閣成立（～1889年12月24日）。伊藤博文は枢密院議長に就任。

5月14日　陸軍参謀本部条例，海軍参謀本部条例，師団司令部条例などを公布。

6月18日　枢密院，憲法草案を審議（～7月13日）。

11月26日　大隈外相，新条約改正案などを各国公使に示し始める。

12月25日　陸海軍将校分限令公布。

1889（明治22）年

2月11日　大日本帝国憲法発布。

12日　黒田首相，超然主義演説。

3月22日　後藤象二郎，逓相として入閣。

4月19日　ロンドン・タイムズ，条約改正案を論評。

12月24日　**第1次山県有朋内閣成立**（～1891年5月6日）。

1890（明治23）年

5月17日　農商務大臣に陸奥宗光。

7月1日　第1回衆議院総選挙（大同倶楽部55，改進党46，愛国公党35，保守党22，九州同志会21，自由党17，無所属その他104）。

10日　貴族院，最初の伯子男爵議員互選（伯爵15，子爵70，男爵20）。

8月25日　旧自由，大同，愛国公党，九州同志会など，立憲自由党組織を決定。

11月25日　第1通常議会召集。

12月6日　山県首相，施政方針演説「主権線，利益線……」。

1891（明治24）年

2月24日　立憲自由党より土佐派など29名，脱党。

3月2日　予算，衆議院を通過（当初歳出削減額，788万円を650万円とする）。

29日　ロシア，アレクサンドル3世，シベリア鉄道建設の詔勅。

5月6日　**第1次松方正義内閣成立**（～1892年8月8日）。

11日　ロシア皇太子，巡査津田三蔵に襲われ負傷（大津事件）。

11月21日　第2議会召集。

12月22日　海軍大臣樺山資紀，蛮勇演説。

25日　衆議院，予算削減（892万円）可決，解散。

1892（明治25）年

1月22日　伊藤博文，政党結成を上奏，支持を得られず，断念。

2月15日　第2回衆議院総選挙（自由94，改進38。死者25名，負傷者388名）。

5月2日　第3議会召集。

8月8日　**第2次伊藤博文内閣成立**（元勲内閣）（～1896年9月18日）。

11月25日　第4議会召集。

1893（明治26）年

2月10日　詔勅（軍備拡張のため内廷費30万円6年間，官吏俸給1割納付など）。

22日　予算，衆議院通過。

11月25日　第5議会召集。

12月1日　衆議院，星亨議長を不信任。

19日　安部井磐根，条約励行建議案提出。

30日　衆議院解散。

1894（明治27）年

3月1日　第3回衆議院総選挙（自由119，改進48，国民協会26）。

5月12日　第6議会召集。

6月2日　衆議院解散。

2日　閣議，清国の出兵に対抗して，混成1個旅団の朝鮮派遣を決定。

16日　陸奥外相，清国に東学党の乱の平定および朝鮮の内政改革を日清共同で行うよう提議。

7月16日　日英通商航海条約調印。

23日　日本軍，朝鮮王宮占拠，朝鮮軍武装解除。

25日　日本艦隊，豊島沖で清国軍艦を攻撃。

8月1日　清国に宣戦布告（日清戦争）。

9月1日　第4回衆議院総選挙（自由105，改進45，革新40，国民協会30）。

1895（明治28）年

4月17日　下関条約調印。

23日　三国干渉。

10月8日　日本人壮士・軍隊，大院君擁立クーデタ，閔妃殺害。

12月25日　第9議会召集。

1896（明治29）年

3月1日　進歩党成立。

4月14日　板垣退助内相に就任。

6月9日　山県・ロバノフ協定。

9月18日　第2次松方正義内閣成立（大隈重信外相，松隈内閣）（～1898年1月12日）。

11月1日　進歩党，内閣と提携決議。

12月22日　第10議会召集。

1897（明治30）年

7月　貴族院華族議員の改選。

10月31日　進歩党，松方内閣と提携断絶。
12月21日　第11議会召集。
25日　衆議院，内閣不信任決議案を上程，解散される。

1898（明治31）年

1月12日　第3次伊藤博文内閣成立（～6月30日）。
3月15日　第5回衆議院総選挙（自由98，進歩91，国民協会26）。
27日　ロシア，清国から旅順・大連租借，南満鉄道敷設権獲得。
4月25日　米西戦争勃発。
5月14日　第12議会召集。
6月10日　衆議院解散。
11日　清国光緒帝，変法自強を宣布。
22日　自由・進歩，合同して憲政党を結成。
30日　第1次大隈重信内閣成立（大隈外相，板垣内相，隈板内閣）（～11月8日）。
8月10日　第6回衆議院総選挙（憲政党260，国民協会20）。
21日　文部大臣尾崎行雄，共和演説。
9月21日　戊戌の政変。
10月27日　大隈首相，独断で犬養毅を文相に起用。
29日　憲政党旧自由派，憲政党解散と新憲政党結成を決議。
11月8日　第2次山県有朋内閣成立（～1900年10月19日）。
30日　山県，憲政党代議士を招き茶話会開催，提携成立を宣言。
12月28日　酒税法改正。
30日　地租条例改正（地価2.5%を3.3%に）。

1899（明治32）年

3月　義和団事件起こる。
28日　文官任用令改正。
9月6日　米国務長官ヘイ，門戸開放宣言。
11月20日　第14議会召集。
12月20日　米公使，青木外相に対し，門戸開放提議。

1900（明治33）年

3月29日　選挙法改正（大選挙区，定員増加，歳費増額，無記名化）。
5月19日　軍部大臣現役武官制。
6月15日　閣議，義和団事件に兵力派遣を決定。
8月14日　日本軍，連合軍とともに北京城内に進入。
9月15日　立憲政友会発会式。
10月19日　第4次伊藤博文内閣成立（～1901年6月2日）。

1901（明治34）年

2月5日　八幡製鉄所第一高炉火入れ。
6月2日　第1次桂太郎内閣成立（～1906年1月7日）。
21日　星亨，刺殺される。
12月10日　田中正造，足尾鉱毒事件で天皇に直訴。

1902（明治35）年

1月30日　日英同盟，ロンドンで調印。
8月10日　第7回衆議院総選挙（政友会190，憲政本党95，帝国党17）。
12月28日　衆議院解散（12月16日，地租増徴継続案委員会否決のため）。

1903（明治36）年

3月1日　第8回衆議院総選挙（政友会175，憲政本党85，帝国党17）。
6月23日　御前会議，満韓問題に関し対露交渉を決定。
7月13日　伊藤博文，枢密院議長に就任。
14日　政友会総裁に西園寺公望。

1904（明治37）年

2月4日　御前会議，対露交渉打ち切り開戦決定。
10日　ロシアに宣戦布告（日露戦争）。
3月1日　第9回衆議院総選挙（政友会133，憲政本党90，帝国党19）。
8月22日　第1次日韓協約調印。

1905（明治38）年

1月1日　旅順のロシア軍降伏。
3月1日　奉天会戦（～10日）。
5月27日　日本海海戦（～28日）。
6月9日　米大統領T. ローズヴェルト，日露に講和を勧告。
7月29日　桂・タフト協定。
8月10日　ポーツマス講和会議開催。
12日　第2次日英同盟調印。
14日　桂首相，原敬と会談，西園寺への政権移譲，政友会の講和条約支持を約束。
9月5日　ポーツマス条約調印。
5日　日比谷焼き討ち事件。
10月12日　桂，米鉄道王ハリマンと南満州鉄道に関する予備協定覚書(23日，破棄通告)。
11月17日　第2次日韓協約調印（12月21日，初代韓国統監に伊藤博文任命）。
12月22日　ロシア権益継承に関する日清条約調印。

1906（明治39）年

1月7日　第1次西園寺公望内閣成立（～1908年7月14日）。

2月10日　イギリスで弩級艦ドレッドノート号進水。
5月22日　満州問題に関する協議会開催。
8月1日　関東都督府官制公布（9月1日，都督に大島義昌任命）。
9月1日　大連，自由港として開放。
11月26日　南満州鉄道株式会社（満鉄）設立（総裁に後藤新平，翌1907年4月1日営業開始）。

1907（明治40）年

4月19日　元帥府，「帝国国防方針」「国防に要する兵力量」「帝国軍用兵綱領」を至当と決議。
6月10月　日仏協商調印。
　15日　ハーグ密使事件起こる。
7月24日　第3次日韓協約調印。
　30日　第1次日露協約調印。
11月16日　日米紳士協約第1号（～翌1908年2月18日第7号）。

1908（明治41）年

3月25日　貴族院の千家尊福を司法大臣，堀田正養を逓信大臣に任命（政友会の貴族院対策）。
5月15日　第10回衆議院総選挙（政友会187，憲政本党70，大同倶楽部29，猶興会29）。
　25日　アメリカ，義和団事件賠償金を減額，留学を奨励。
7月14日　第2次桂太郎内閣成立（～1911年8月30日）。
10月18日　米太平洋艦隊（ホワイトフリート），横浜に来港。
11月30日　ルート・高平協定。

1909（明治42）年

1月29日　桂首相，政友会と妥協成立。
2月2日　小村外相，満韓移民集中論演説。
4月11日　日糖疑獄事件検挙始まる。
10月2日　清国，米英と錦愛鉄道（錦州―愛琿間）敷設契約調印。
　26日　前韓国統監伊藤博文，ハルピン駅頭で安重根に暗殺される。
11月6日　米国務長官ノックス，満州鉄道中立化を英国に提議（翌1910年1月21日，日露，不同意）。

1910（明治43）年

3月13日　憲政本党など，立憲国民党を結成。
7月4日　第2次日露協約調印。
8月22日　韓国併合に関する日韓条約調印。
11月10日　ロンドンで英米仏独4国借款団，清国への鉄道投資の平等参加を決定。

1911（明治 44）年

1 月 26 日　桂首相，政友会と情意投合。
2 月 21 日　日米新通商航海条約調印，初の関税自主権確立。
6 月 26 日　日露，4 国借款団の満州借款について申し入れ。
7 月 13 日　第 3 次日英同盟調印。
8 月 30 日　第 2 次西園寺公望内閣成立（～1912 年 12 月 21 日）。
10 月 10 日　辛亥革命勃発。

1912（明治 45＝大正元）年

1 月 1 日　南京で中華民国建国を宣言。
2 月 12 日　清朝滅亡。
3 月 10 日　袁世凱，臨時大総統就任。
4 月 5 日　陸軍大臣に上原勇作。
5 月 15 日　第 11 回衆議院総選挙（政友会 211，国民党 95，中央倶楽部 31）。
6 月 18 日　6 国借款団の成立。
7 月 6 日　桂太郎・後藤新平・若槻礼次郎ら，訪露出発。
8 日　第 3 次日露協約調印。
30 日　明治天皇没，大正と改元。
11 月 22 日　上原陸相，朝鮮に 2 個師団増設案を閣議に提出。
12 月 5 日　第 2 次西園寺内閣総辞職。
21 日　第 3 次桂太郎内閣成立（～1913 年 2 月 20 日）。

1913（大正 2）年

1 月 20 日　桂太郎，新党設立を発表。
2 月 9 日　天皇より「時局収拾ニ関シ」西園寺に勅語。
11 日　第 3 次桂内閣総辞職。
20 日　第 1 次山本権兵衛内閣成立（～1914 年 4 月 16 日）。
3 月 4 日　ウッドロー・ウィルソン，米大統領に就任。
20 日　米国，6 国借款団を脱退。
4 月 27 日　袁世凱，5 国借款団と改革借款調印。
6 月 13 日　軍部大臣現役武官制を改正。
7 月 12 日　中国第 2 革命始まる。
8 月 1 日　文官任用令改正。
12 月 23 日　立憲同志会創立，総裁に加藤高明。

1914（大正 3）年

1 月 23 日　島田三郎，シーメンス事件で政府を攻撃。
3 月 24 日　第 1 次山本内閣総辞職。
4 月 16 日　第 2 次大隈重信内閣成立（～1916 年 10 月 9 日）。

6月18日　原敬，政友会総裁に推戴される。
7月28日　オーストリア，セルビアに宣戦布告（第一次世界大戦勃発）。
8月23日　日本，ドイツに宣戦布告。

1915（大正4）年

1月18日　21カ条要求を提出（第1号：山東，第2号：満蒙〈関東州・満州租借期限延長，土地所有権，内地開放〉，第3号：漢冶萍公司，第4号：沿岸不割譲，第5号：警察合同，顧問，武器購入など）。
3月25日　第12回衆議院総選挙（同志会153，政友会108，中正会33，国民党27，大隈伯後援会12，無所属48）。
5月7日　日置公使，21カ条要求に関して最後通牒を提出。9日，中国，受諾，これを国恥記念日とする。
11日　アメリカ，領土保全と門戸開放に違反すれば不承認と通告。
25日　山東省に関する条約，南満州および東部内蒙古に関する条約など調印。
7月29日　大浦内相，辞表提出。7月30日，大隈首相ら辞表提出。
8月10日　加藤外相・若槻蔵相ら辞任，大隈首相，改造留任。
10月4日　参謀次長に田中義一。
12月17日　参謀総長に上原勇作。
25日　中国第3革命勃発。

1916（大正5）年

3月7日　閣議，反袁政策を決定。
6月6日　袁世凱死去。
7月3日　第4次日露協約調印。
10月9日　寺内正毅内閣成立（～1918年9月29日）。
10日　憲政会成立。

1917（大正6）年

1月20日　朝鮮銀行，台湾銀行，日本興業銀行，交通銀行（中国）へ500万円借款供与（西原借款の初め）。
25日　衆議院解散。
3月12日　ロシア2月革命。
4月6日　アメリカ，ドイツに宣戦布告。
20日　第13回衆議院総選挙（政友会165，憲政会121，国民党35，無所属60）。
6月6日　臨時外交調査委員会官制公布。
7月20日　閣議，段祺瑞内閣への財政援助を決定。
8月14日　北京政府，ドイツ・オーストリアに宣戦布告。
11月2日　石井・ランシング協定。

7日　ロシア10月革命。

1918（大正7）年

3月3日　独露間にブレスト・リトフスク講和条約。

4月23日　外相に後藤新平。

5月16日　日華陸軍共同防敵軍事協定（5月19日，同，海軍）。

7月8日　アメリカからシベリアに共同出兵の提案。

8月2日　シベリア出兵宣言。

3日　米騒動起こる。

9月13日　帝国国防方針補修改定。

28日　日本興業銀行などが中国政府に，参戦借款など計6000万円（西原借款の最後）。

29日　原敬内閣成立（～1921年11月13日）。

11月11日　第一次世界大戦終わる。

1919（大正8）年

1月18日　パリ講和会議開く。

2月7日　講和会議で人種差別撤廃を提案。

3月1日　三・一運動起こる。

8日　衆議院，選挙法改正案を可決（小選挙区，選挙資格を納税額3円に）。

4月12日　関東庁官制公布，初代関東長官に林権助。

12日　満鉄総裁に野村竜太郎，副社長に中西清一。

5月4日　五・四運動起こる。

6月10日　皇太子裕仁親王，久邇宮良子女王の婚約成立。

28日　ヴェルサイユ講和条約。

8月12日　斎藤実海軍大将，現役復帰のうえ朝鮮総督に任命。

10月29日　台湾総督に田健治郎を任命。

1920（大正9）年

2月11日　普通選挙権要求の示威行進。

26日　衆議院解散。

5月10日　第14回衆議院総選挙（政友会278，憲政会110，国民党29，無所属47）。

11日　新4国借款団規約について，日米銀行家間に了解成立（10月15日新借款団規約成立）。

24日　ニコラエフスクで日本軍民122人殺される（尼港事件）。

1921（大正10）年

2月10日　宮内省，皇太子婚約に変更なしと発表。

3月3日　皇太子訪欧に出発（9月2日帰国）。

11月4日　原敬，暗殺される。
12日　ワシントン会議開催（～翌1922年2月6日）。
13日　高橋是清内閣成立（～1922年6月12日）。
25日　皇太子，摂政就任。

1922（大正11）年

2月1日　山県有朋没。
6日　ワシントン会議で海軍軍縮条約，中国に関する9カ国条約など調印。
4月28日　第1次奉直戦争。
6月6日　高橋内閣総辞職。
12日　加藤友三郎内閣成立（～1923年9月2日）。
7月4日　陸軍軍縮計画発表（山梨軍縮）。
15日　日本共産党，非合法に結成。
11月8日　犬養毅ら革新倶楽部結成。

1923（大正12）年

8月26日　加藤友三郎内閣総辞職。
9月1日　関東大震災起こる。
2日　第2次山本権兵衛内閣成立（～1924年1月7日）。
12月27日　虎ノ門事件。山本内閣，総辞職。

1924（大正13）年

1月7日　清浦奎吾内閣成立（～6月11日）。
10日　政友会・憲政会・革新倶楽部，清浦内閣打倒運動開始（第2次護憲運動）。
16日　政友会，政友会と政友本党に分裂。
20日　中国で第1次国共合作成立。
5月10日　第15回衆議院総選挙（憲政会151，政友本党109，政友会105，革新倶楽部30，無所属69）。
15日　米上院，新移民法を可決。
6月7日　清浦内閣総辞職。
11日　第1次加藤高明内閣成立（護憲3派内閣）（～1925年8月2日）。
16日　孫文，黄埔軍官学校開校，校長に蒋介石，政治部主任に周恩来ら。
9月18日　第2次奉直戦争。

1925（大正14）年

1月20日　日ソ基本条約調印。
3月29日　普通選挙法成立。

4月13日　田中義一，政友会総裁に就任。
22日　治安維持法公布。
5月10日　革新倶楽部，政友会と合同を決定。
7月31日　第1次加藤内閣，閣内不統一で総辞職。
8月2日　第2次加藤高明内閣成立（～1926年1月30日）。
10月20日　朴烈事件。

1926（大正15＝昭和元）年

1月28日　加藤高明没，内閣総辞職。
30日　第1次若槻礼次郎内閣成立（～1927年4月20日）。
2月28日　松島遊郭疑獄事件起こる。
7月9日　蔣介石，北伐開始。
12月25日　大正天皇没，昭和と改元。

1927（昭和2）年

3月15日　東京渡辺銀行などで取り付け，金融恐慌始まる。
24日　南京事件。
4月3日　漢口事件。
12日　上海で蔣介石反共クーデタ（4. 12クーデタ）。
17日　第1次若槻内閣総辞職。
20日　田中義一内閣成立（～1929年7月2日）。
22日　金融恐慌に対し，3週間のモラトリアム。
5月28日　第1次山東出兵。
6月1日　憲政会・政友本党合同，立憲民政党成立，総裁に浜口雄幸。
27日　東方会議。
12月1日　日本共産党，'27年テーゼ。

1928（昭和3）年

2月20日　第16回衆議院総選挙（初の普通選挙。政友会217，民政党216，無産諸派8，実業同志会4，革新3，中立その他18）。
3月15日　共産党，全国的大検挙。
4月19日　第2次山東出兵。
5月3日　北伐軍，山東出兵の日本軍と衝突（済南事件）。
6月4日　張作霖爆殺事件。
8月27日　パリで不戦条約調印。
10月1日　ソ連，第1次5カ年計画を開始。

1929（昭和4）年

5月19日　陸軍将校，一夕会結成。
6月3日　政府，中国国民政府を承認。
15日　東支鉄道をめぐる中露紛争起こる。

7 月 2 日　田中内閣総辞職。
　　2 日　浜口雄幸内閣成立（〜1931 年 4 月 14 日）。
10 月 24 日　ニューヨークで株式大暴落（世界恐慌始まる）。
11 月 21 日　大蔵省，金解禁の省令公布。

1930（昭和 5）年

1 月 11 日　金輸出解禁実施。
　　21 日　ロンドン海軍軍縮会議開く。
2 月 20 日　第 17 回衆議院総選挙（民政党 273，政友会 174，国民同志会 6，無産諸派 5，革新党 3，中立その他 5）。
4 月 22 日　ロンドン海軍軍縮条約調印。
　　25 日　政友会，統帥権干犯として政府を攻撃（統帥権干犯問題）。
6 月 17 日　スムート・ホーリー関税法。
11 月 14 日　浜口雄幸首相，東京駅頭で佐郷屋留雄に狙撃され重傷。

1931（昭和 6）年

1 月 23 日　松岡洋右，衆議院で「満蒙生命線」論を展開。
3 月××日　橋本欣五郎ら，クーデタ未遂事件（3 月事件）。
4 月 13 日　浜口内閣総辞職。
　　14 日　第 2 次若槻礼次郎内閣成立（〜12 月 13 日）。
9 月 18 日　柳条湖事件（満州事変起こる）。
10 月 17 日　橋本欣五郎ら，クーデタ未遂（10 月事件）。
12 月 11 日　第 2 次若槻内閣，総辞職。
　　13 日　犬養毅内閣成立（〜1932 年 5 月 26 日），金輸出再禁止を決定。

1932（昭和 7）年

1 月 7 日　スティムソン・ドクトリン。
　　28 日　上海事件。
2 月 9 日　前蔵相井上準之助，血盟団員に射殺される。
　　20 日　第 18 回衆議院総選挙（政友会 301，民政党 146，無産各派 5）。
　　29 日　リットン調査団，現地調査開始。
3 月 1 日　満州国建国。
　　5 日　三井合名理事長団琢磨，血盟団員に射殺される。
5 月 15 日　犬養首相射殺される（五・一五事件）。
　　26 日　斎藤実内閣成立（〜1934 年 7 月 8 日）。
8 月 25 日　内田康哉外相，「焦土外交」演説。
9 月 15 日　政府，日満議定書に調印，満州国を承認。
10 月 2 日　外務省，リットン報告書を公表。
11 月 4 日　ソ連，日本に不可侵条約を提起。
　　8 日　F. D. ローズヴェルト，米大統領選挙に当選。

1933（昭和8）年

1月30日　ヒトラー，独首相に就任。
2月23日　熱河作戦開始。
24日　国際連盟総会，リットン報告書の採択など42対1，棄権1で採択。松岡洋右退場。
3月27日　国際連盟脱退を通告，連盟脱退の詔書。
5月2日　ソ連，日本に中東鉄道売却を提起。
31日　塘沽停戦協定。
9月14日　外務大臣に広田弘毅。
10月3日　国防・外交・財政調整のための5相会議開催。

1934（昭和9）年

1月23日　陸軍大臣荒木貞夫辞職，後任に林銑十郎。
2月21日　広田外相，米国務長官ハルにメッセージ。
4月17日　外務省情報部長天羽英二，天羽声明。
7月3日　斎藤内閣，帝人事件によって総辞職。
8日　岡田啓介内閣成立（～1936年3月9日）。
11月27日　藤井真信大蔵大臣辞職，後任に高橋是清。
12月29日　ワシントン条約の単独破棄をアメリカに通告。

1935（昭和10）年

1月21日　北満鉄道譲渡に関する満州国とソ連との協定成立。
2月18日　貴族院で菊池武夫議員，美濃部達吉を批判（天皇機関説事件）。
5月17日　日中両国の公使館を大使館に格上げ。
6月10日　梅津・何応欽協定。
27日　土肥原・秦徳純協定。
7月16日　真崎甚三郎陸軍教育総監罷免。
8月12日　永田鉄山軍務局長，相沢三郎中佐に斬殺される。
11月9日　外務省，中国幣制改革に反対を非公式声明。
25日　長城以南の非武装地帯に冀東防共自治委員会成立（委員長に殷汝耕）。
12月18日　北平に河北・チャハルを管轄する冀察政務委員会成立（委員長に宋哲元）。

1936（昭和11）年

1月13日　第1次北支処理要綱，華北5省分離促進の方針。
21日　広田外相，対華3原則を議会で演説（日中提携，満州国承認，共同防共）。
2月20日　第19回衆議院総選挙（民政205，政友171，昭和会22，社会大衆党18，国民同盟15，中立その他35）。

26日　歩兵第1・3連隊の皇道派将校，兵約1500人を率いて首相・陸相官邸，警視庁などを襲撃。斎藤実内大臣，高橋是清大蔵大臣，教育総監渡辺錠太郎らを殺害（二・二六事件。2月29日，反乱部隊降伏）。
3月9日　広田弘毅内閣成立（～1937年2月2日）。馬場鍈一蔵相，公債漸減政策の放棄など声明（馬場財政）。
4月2日　外務大臣，有田八郎。
5月18日　軍部大臣現役武官制を復活。
6月8日　帝国国防方針・用兵綱領の第3次改定。米ソを目標とし，陸軍50個師団，航空142中隊，戦艦・航空母艦各12隻，航空65隊など。
7月17日　スペイン内戦始まる。
8月1日　ベルリン・オリンピック（～8月16日）。
7日　帝国外交方針および国策の基準（軍備充実，大陸・南方への発展など）。
11月14日　内蒙軍，関東軍の支援を受けて綏遠に進出，中国軍に敗北（11月23日，綏遠事件）。
25日　日独防共協定調印。
27日　昭和12年度予算を閣議決定（歳出総額30億4000万円，うち軍事費14億円）。
12月12日　西安事件。
31日　ワシントン海軍軍縮条約失効。

1937（昭和12）年

1月21日　政友会の浜田国松代議士，いわゆる「腹切り問答」。
23日　広田内閣総辞職。
25日　宇垣一成に組閣の大命降下（1月29日，大命拝辞）。
2月2日　林銑十郎内閣成立（～6月4日）。
3月3日　外務大臣に佐藤尚武。
31日　衆議院，食い逃げ解散。
4月30日　第20回衆議院総選挙（民政179，政友175，社会大衆党37，昭和会19，国民同盟11，東方会11，日本無産1，中立その他33）。
5月31日　林内閣総辞職。
6月4日　第1次近衛文麿内閣成立（～1939年1月5日）。
7月7日　盧溝橋事件（日中戦争の発端）。
27日　内地3師団に華北派遣命令。
8月13日　閣議，陸軍の上海派遣を決定。
10月5日　米大統領ローズヴェルト，シカゴで隔離演説。

25日　企画院成立。
11月2日　広田外相，ディルクセン駐日ドイツ大使に和平条件を伝え，11月5日，トラウトマン駐華ドイツ大使より蔣介石に通告（トラウトマン工作始まる)。
3日　ブリュッセルで9カ国条約会議（〜11月15日)。
12月12日　海軍機，揚子江南京付近で米艦パネー号を撃沈，陸軍は英艦レディバード号などを砲撃。
13日　南京占領，南京事件を起こす。

1938（昭和13）年

1月16日　第1次近衛声明，「帝国政府ハ爾後国民政府ヲ対手トセス」。
3月3日　政府委員佐藤賢了，質問議員を「だまれ！」と一喝し問題化。
23日　西尾末広，議員除名。
4月1日　国家総動員法公布。
6日　電力管理法（電力国家管理)。
5月12日　ドイツ，満州国を正式承認。
26日　近衛内閣改造（宇垣外相，池田成彬蔵相兼商工相，荒木文相)。
6月3日　陸相に板垣征四郎。
7月11日　張鼓峰事件。7月31日，再発。
26日　宇垣外相，クレーギー英大使との間で日英会談開始。
9月29日　英独仏伊，ズデーテン地方のドイツへの割譲を決定（ミュンヘン協定)。
30日　宇垣外相，対支中央機関設置に反対して辞職。
10月27日　日本軍，武漢3鎮を占領。
11月3日　第2次近衛声明，「日本ノ戦争目的ハ東亜永遠ノ安定ヲ確保スヘキ新秩序ノ建設」。
12月20日　汪兆銘，重慶を脱出しハノイ着。12月30日，対日和平声明。
22日　第3次近衛声明，日中国交調整のための近衛3原則（善隣友好，共同防共，経済提携)。

1939（昭和14）年

1月5日　平沼騏一郎内閣成立（〜8月30日)。
5月12日　ノモンハン事件（9月15日停戦協定)。
6月14日　天津の英仏租界を封鎖。
7月26日　米，日米通商航海条約廃棄通告（翌1940年1月26日失効)。
8月23日　独ソ不可侵条約調印。
28日　平沼内閣，欧州情勢は複雑怪奇として総辞職。
30日　阿部信行内閣成立（〜1940年1月16日)。
9月1日　ドイツ，ポーランド侵攻開始（第二次世界大戦勃発）（9月3日，

英仏，ドイツに宣戦布告。9月5日，米，中立宣言。9月27日，ワルシャワ陥落)。

25日　外務大臣に野村吉三郎。

11月4日　野村外相，グルー米大使に日米通商航海条約暫定協定などを提案（12月22日，米拒絶)。

30日　ソ連，フィンランド戦争開始（12月14日，ソ連，国際連盟から除名)。

12月26日　朝鮮総督府，創氏改名を始める。

1940（昭和15）年

1月14日　阿部内閣総辞職。

16日　米内光政内閣成立（～7月22日)。

2月2日　民政党の斎藤隆夫，反軍演説（3月7日，衆議院，斎藤を除名)。

3月30日　汪兆銘，南京に中華民国政府を樹立。

4月9日　ドイツ軍，ノルウェー・デンマークに侵攻開始。

5月10日　ドイツ軍，ベルギー・オランダ・ルクセンブルク，北仏に侵攻。

6月12日　日タイ友好条約調印。

14日　ドイツ軍，パリに無血入城。

24日　近衛文麿，枢密院議長を辞し新体制運動推進の決意表明。

7月6日　社会大衆党解党。

16日　畑俊六陸相の辞職によって米内内閣総辞職。

16日　政友会久原派解党。

22日　第2次近衛文麿内閣成立（東条英機陸相，松岡洋右外相）（～1941年7月18日)。

26日　政府，基本国策要綱を決定（大東亜新秩序建設と国防国家体制の確立)。

27日　大本営政府連絡会議，「世界情勢の推移に伴う時局処理要綱」（日中戦争の処理，日独伊枢軸の強化，仏印の基地強化，南印の重要資源確保など)。南進を国策として決定。

30日　政友会中島派解党。

8月15日　民政党解党。

30日　松岡・アンリ協定，北部仏印進駐に関する覚書。

9月23日　北部仏印武力進駐開始。

27日　日独伊三国同盟調印。

28日　米，対日屑鉄全面禁輸。

10月12日　大政翼賛会結成。

11月5日　ローズヴェルト，米大統領に3選。

12月29日　ローズヴェルト，民主主義の兵器廠となる旨の談話発表。

1941（昭和16）年

4月13日　日ソ中立条約調印。

16日　政府，日米諒解案を基礎として日米交渉の開始を決定。

5月31日　米国務長官ハル，①すべての国家の領土と主権の尊重，②内政不干渉，③通商上の機会均等を含む平等原則，④太平洋の現状維持，の4原則。

6月22日　ドイツ軍，ソ連攻撃開始（独ソ戦始まる）。

25日　大本営政府連絡懇談会，南方施策促進に関する件を決定（7月28日，南部仏印進駐開始）。

7月2日　御前会議，「情勢の推移に伴う帝国国策要綱」（対ソ戦準備，南方進出のため対英米戦を辞せず），続いて大本営，関東軍特別演習の名目で満州に70万人の兵力を集中。

16日　第2次近衛内閣総辞職。

18日　**第3次近衛文麿内閣**成立（外相を松岡から豊田貞次郎に）（～10月18日）。

25日　米，在米日本資産を凍結。

8月1日　米，発動機用燃料，航空機用潤滑油の輸出を禁止（対日石油輸出すべて停止）。

7日　豊田外相，近衛・ローズヴェルト会談を提議するよう野村大使に訓令。

9月6日　御前会議，帝国国策遂行要領（対米外交交渉の期限を10月中旬，戦争準備完了目標を10月下旬とする）。

10月16日　第3次近衛内閣総辞職。

18日　**東条英機内閣**成立（東条が陸相・内相兼任，東郷茂徳外相）（～1944年7月22日）。

11月5日　御前会議，帝国国策遂行要領，武力発動の時期を12月初旬と決定。

7日　野村・来栖大使，ハル国務長官に甲案を提示。

20日　野村・来栖大使，ハル国務長官に乙案を提示。

26日　ハル・ノート，日本軍の中国からの撤退を求める。

12月1日　御前会議，対米戦争開始を決定。

8日　マレー半島上陸，真珠湾攻撃，宣戦詔書公布。

1942（昭和17）年

1月2日　マニラ占領。2月15日，シンガポールの英軍降伏。3月9日，ジャワのオランダ軍降伏。

4月30日　第21回衆議院総選挙（翼賛選挙。翼賛政治体制協議会推薦381，非推薦85）。

5月1日　ビルマ北部のマンダレー占領，南方作戦一段落。
6月5日　ミッドウェー海戦始まる（～6月7日）。
8月8日　第1次ソロモン海戦（8月24日，第2次海戦）。

1943（昭和18）年

4月18日　連合艦隊司令長官山本五十六，ソロモン諸島上空で撃墜され戦死。
5月31日　御前会議，インドネシア・マレーなどを領土に編入，フィリピン・ビルマは「独立」。
9月8日　イタリア，無条件降伏。
30日　御前会議，絶対国防圏の設定を決定。
10月21日　神宮競技場で出陣学徒壮行会。
11月5日　大東亜会議開催（日，満，タイ，フィリピン，ビルマ，中国〈汪兆銘政権〉）。
22日　チャーチル・ローズヴェルト・蔣介石，カイロ会議（～26日），カイロ宣言（12月1日）。
28日　チャーチル・ローズヴェルト・スターリン，テヘラン会談（～12月1日）。

1944（昭和19）年

2月21日　東条首相（陸相兼任），参謀総長を兼任。
6月6日　連合軍，ノルマンディー上陸作戦。
15日　米軍，サイパン上陸開始（7月7日，日本軍玉砕）。
19日　マリアナ沖海戦。
7月1日　ブレトン・ウッズ連合国経済会議開催（～22日）。
18日　東条内閣総辞職。
22日　小磯国昭内閣成立（～1945年4月7日）。
8月21日　ダンバートン・オークス会議（～10月7日。10月9日，国際連合案を発表）。
10月24日　レイテ沖海戦，連合艦隊ほぼ壊滅。
11月7日　ローズヴェルト，米大統領に4選。
24日　マリアナ基地のB29約70機，東京を初空爆。以後，本土への爆撃本格化。

1945（昭和20）年

2月4日　ローズヴェルト・チャーチル・スターリン，ヤルタ会談（～2月11日）。
3月9日　東京大空襲（～10日。死者8万人余り）。
4月1日　米軍，沖縄に上陸開始（6月23日，日本軍全滅）。
5日　ソ連，日ソ中立条約の不延長を通告。

7日　鈴木貫太郎内閣成立（～8月17日）。
12日　ローズヴェルト死去，副大統領トルーマンが大統領に昇格。
25日　サンフランシスコ連合国全体会議（6月26日，国連憲章調印）。
5月7日　ドイツ軍，降伏（ランス。8日，ベルリン）。
14日　最高戦争指導会議構成員，終戦工作の開始を決定。
6月8日　最高戦争指導会議，本土決戦方針を採択。
7月16日　アメリカ，原爆実験に成功。
26日　ポツダム宣言（7月28日，鈴木首相，ポツダム宣言の黙殺，戦争継続を表明）。
8月6日　広島に原爆投下。
9日　未明，ソ連，日本に宣戦布告，満州（現在の中国東北部）へ進撃開始。
9日　長崎に原爆投下。
14日　御前会議，ポツダム宣言受諾を決定（8月15日，玉音放送）。
17日　東久邇宮稔彦内閣成立（～10月9日）。
28日　連合軍先遣隊，厚木飛行場到着（8月30日，マッカーサー最高司令官到着）。
9月2日　戦艦ミズーリ号上で降伏文書調印。
11日　連合国最高司令官総司令部（GHQ），東条英機ら39名の戦争犯罪者の逮捕を命令。
22日　米政府，「降伏後の米国の初期対日方針」を発表。
27日　天皇，マッカーサーを訪問。
10月4日　GHQ，民権自由に関する指令。
4日　マッカーサー，近衛と会談，激励（10月11日，近衛文麿を内大臣府御用掛に任命）。
5日　東久邇宮内閣総辞職。
9日　幣原喜重郎内閣成立（～1946年5月22日）。
11日　マッカーサー，幣原に民主化に関する5大改革を要求。
11月2日　日本社会党結成。11月9日に日本自由党，11月16日に日本進歩党結成。
6日　財閥解体指令。
20日　ニュールンベルク国際軍事裁判開廷（～1946年10月1日）。
12月6日　GHQ，近衛文麿，木戸幸一ら逮捕指令。12月16日，近衛自殺。
7日　賠償委員会ポーレー代表，賠償中間計画を発表。
9日　農地改革に関する覚書（12月29日，第1次農地改革）。
17日　衆議院議員選挙法改正。
18日　衆議院解散（選挙は1月21日か1月22日を予定）。

1946（昭和 21）年

1月1日　人間宣言。

4日　公職追放，1000人以上（前議員，進歩党274中260，自由党43中30，社会党17中10）（内閣で無事なのは幣原，吉田，芦田）。

22日　極東国際軍事裁判（東京裁判）条例公布。

24日　幣原・マッカーサー会談。

2月1日　毎日新聞，松本試案をスクープ。

3日　マッカーサー3原則，GHQ憲法改正に着手。2月10日，草案完成。2月13日，対日提示。

22日　日本政府，GHQ案受け入れ決定。3月2日，翻訳など完成。3月4日～5日，交渉・合意。

3月5日　チャーチル元首相,「鉄のカーテン」演説（フルトン演説）。

6日　憲法改正案を政府案として発表。

4月10日　第22回衆議院総選挙（自由141，進歩94，社会93，協同14，共産5，諸派38，無所属81）。

22日　幣原内閣総辞職。

5月1日　食糧メーデー。

3日　極東国際軍事裁判開廷。

4日　鳩山一郎追放。5月14日，自由党総裁に吉田茂。

22日　第1次吉田茂内閣成立（～1947年5月24日）。

6月18日　極東国際軍事裁判の米側首席検事キーナン，天皇の不訴追をワシントンで言明。

20日　憲法草案，帝国議会に提出（6月8日，枢密院で可決）。

7月29日　芦田修正。

8月24日　衆議院，憲法修正案を可決（賛成421，反対8）。

9月24日　マッカーサー，文民条項を指示。

10月1日　ニュールンベルク国際軍事裁判判決（12人に絞首刑判決，10月16日執行）。

6日　貴族院，憲法改正案修正可決。10月7日，衆議院これに同意。11月3日，公布。

1947（昭和 22）年

1月31日　2・1ゼネスト中止。

3月12日　トルーマン・ドクトリン宣言。

31日　進歩党を中心に日本民主党結成。

4月25日　第23回衆議院総選挙（社会143，自由131，民主124，国民協同31など）。

5月20日　吉田内閣総辞職。

24日　片山哲内閣成立（～1948年3月10日）。
6月5日　マーシャル・プラン発表。
7月　ジョージ・ケナン，X論文「ソ連の行動の源泉」（封じ込めの提唱）。

1948（昭和23）年

1月6日　ロイヤル陸軍長官サンフランシスコ演説，日本を全体主義に対する防波堤に。
2月26日　ケナン来日，マッカーサーに対日政策の転換を示唆。
3月10日　芦田均内閣成立（～10月15日）。
6月11日　米上院，ヴァンデンバーグ決議，地域的集団安全保障取り決めへの参加を勧告。
23日　昭和電工疑獄発覚（9～10月，西尾末広ら逮捕）。
24日　ソ連，ベルリンを封鎖。
8月13日　大韓民国（韓国）成立。
9月9日，朝鮮民主主義人民共和国（北朝鮮）成立。
10月7日　米国国家安全保障会議，対日政策についての勧告（NSC13-2）を承認。
13日　民主党に山崎猛（民主自由党幹事長）首班説強まる。14日，山崎，議員辞職。
15日　第2次吉田茂内閣成立（～1949年2月16日）。
11月12日　極東国際軍事裁判所，戦犯25被告に有罪判決，12月23日，東条英機ら7人を絞首刑。

1949（昭和24）年

1月23日　第24回衆議院総選挙（民主自由264，民主69，社会48，共産35，国民協同14など）。
2月16日　第3次吉田茂内閣成立（池田勇人蔵相ら）（～1952年10月30日）。
3月7日　ドッジ公使，インフレ収束の必要を強調（ドッジ・ライン）。
10月1日　中華人民共和国（中国）成立。

1950（昭和25）年

1月1日　マッカーサー，年頭の辞で，日本国憲法は自己防衛権を否定せず，と声明。
2月9日　米マッカーシー上院議員，国務省の共産主義者を告発（マッカーシー旋風始まる）。
14日　中ソ友好同盟相互援助条約。
4月6日　トルーマン大統領，ダレスを対日講和問題担当国務相顧問に任命。
6月25日　朝鮮戦争勃発。

8月10日　警察予備隊発足。
9月14日　トルーマン大統領，対日講和交渉の開始を指令。
15日　国連軍，仁川上陸。
10月25日　中国人民解放軍参戦。
12月5日　北朝鮮軍，ソウルを奪回。

1951（昭和26）年

1月25日　米講和特使ダレス来日。
4月11日　マッカーサー解任される。
9月4日　サンフランシスコ講和会議開会（〜9月8日）。
10月24日　社会党，講和条約・日米安全保障条約をめぐり左派・右派両党に分裂。
26日　衆議院，講和条約を承認。
12月24日　吉田首相，ダレス宛書簡で国民政府との講和を確約。

1952（昭和27）年

4月28日　対日講和条約発効，独立回復，日華平和条約調印。
8月28日　抜き打ち解散。
10月1日　第25回衆議院総選挙（自由240，改進85，右派社会57，左派社会54など）。
30日　第4次吉田茂内閣成立（〜1953年5月21日）。
11月27日　池田勇人通産大臣，失言，11月29日，辞職。

1953（昭和28）年

3月14日　バカヤロー解散。
4月19日　第26回衆議院総選挙（自由199，改進76，左派社会72，右派社会66，鳩山自由35など）。
5月21日　第5次吉田茂内閣成立（〜1954年12月10日）。
7月27日　朝鮮休戦協定調印。
10月2日　池田・ロバートソン会談。

1954（昭和29）年

4月21日　犬養健法相，指揮権発動し，自由党幹事長佐藤栄作の逮捕不承認。
11月24日　日本民主党発足。
12月7日　吉田内閣総辞職。
10日　第1次鳩山一郎内閣成立（〜1955年3月19日）。

1955（昭和30）年

2月27日　第27回衆議院総選挙（民主185，自由112，左派社会89，右派社会67など）。
3月19日　第2次鳩山一郎内閣成立（〜11月22日）。

8月29日　重光葵外相，ワシントンでダレス国務長官に安保改定を打診し，拒絶される。
10月13日　社会党統一大会。
11月15日　保守合同，自由民主党成立。
22日　第3次鳩山一郎内閣成立（～1956年12月23日）。

1956（昭和31）年

2月24日　フルシチョフ・ソ連共産党第一書記，スターリン批判演説。
5月9日　日比賠償協定成立。
7月26日　ナセル・エジプト大統領，スエズ運河を国営化。
10月19日　日ソ国交回復に関する共同宣言。
23日　ハンガリー事件。
12月18日　日本の国連加盟を承認。
20日　鳩山内閣総辞職。
23日　石橋湛山内閣成立（12月14日自民党総裁選で岸信介を破る）（～1957年2月25日）。

1957（昭和32）年

1月30日　ジラード事件。
2月25日　第1次岸信介内閣成立（～1958年6月12日）。
5月20日　「国防の基本方針」制定。
20日　岸の第1次アジア訪問（～6月4日）。
6月19日　岸訪米，日米首脳会談（6月21日，共同声明）。
9月28日　最初の『外交青書』。
11月18日　岸の第2次アジア訪問（～12月8日）。

1958（昭和33）年

5月22日　第28回衆議院総選挙（自民287，社会166など）。
6月12日　第2次岸信介内閣成立（～1960年7月19日）。
12月27日　警察官職務執行法（警職法）問題で三閣僚辞職（池田勇人，三木武夫，灘尾弘吉）。

1959（昭和34）年

6月18日　岸内閣改造，池田勇人入閣。

1960年（昭和35年）

1月19日　新日米安全保障条約，ワシントンで調印。
24日　民主社会党結成。
5月19日　新安保条約，衆議院で採決。
20日　衆議院本会議で新安保条約を強行採決。
6月16日　アイゼンハワー大統領訪日延期決定。
19日　新安保条約自然承認。

23日　新安保条約批准書交換・発効，岸首相退陣表明。
7月14日　自民党総裁選，池田勇人が石井光次郎・藤山愛一郎を破る（大野伴睦は出馬せず）。
19日　第1次池田勇人内閣成立（〜12月8日）。
10月12日　浅沼稲次郎社会党委員長刺殺される。
11月8日　ケネディ候補，米大統領選挙に勝利。
20日　第29回衆議院議員総選挙（自民296，社会145，民社17，共産3など）。
12月8日　第2次池田勇人内閣成立（〜1963年12月9日）。
27日　閣議，国民所得倍増計画を決定。

1961（昭和36）年

4月19日　ライシャワー駐日米大使着任。
6月20〜22日　池田・ケネディ会談。

1962（昭和37）年

5月15日　防衛庁設置法改正公布（11月1日，防衛施設庁発足）。
10月22日　ケネディ米大統領，キューバ海上封鎖を声明（キューバ危機）。
11月4日　池田首相，訪欧（〜24日）。
12日　日韓会談，大平外相と金鍾泌韓国情報部長の会談。

1963（昭和38）年

7月25日　部分的核実験停止条約（PTBT）仮調印。
11月21日　第30回衆議院議員総選挙（自民283，社会144，民社23，共産5など）。
12月9日　第3次池田勇人内閣成立（〜1964年11月9日）。

1964（昭和39）年

1月27日　中仏，外交関係樹立。
4月1日　日本，国際通貨基金（IMF）8条国に移行。
28日　日本，経済協力開発機構（OECD）加盟。
7月10日　自由党総裁選，池田3選。
8月2日　トンキン湾事件（米駆逐艦，北ヴェトナム魚雷艇に攻撃される）発表（8月4日，米が報復爆撃）。
11日　閣議，南ヴェトナムの第1次緊急援助50万ドル決定。
10月15日　フルシチョフ・ソ連書記長解任。
16日　中国，初の原爆実験に成功。
11月9日　自民党両院議員総会，佐藤栄作を総裁に選出。
9日　第1次佐藤栄作内閣成立（〜1967年2月17日）。

1965（昭和40）年

1月13日　佐藤訪米，ジョンソン米大統領と共同声明。

2月7日　ヴェトナムで北爆開始。
3月7日　米軍，ヴェトナムに直接介入開始（南ヴェトナム・ダナンに上陸）。
6月22日　日韓基本条約調印。
7月29日　米B52爆撃機，沖縄から発進してサイゴン南東を爆撃。
8月19日　佐藤首相，沖縄訪問（首相として戦後初）。
9月30日　インドネシア，9. 30事件（ウントン中佐らのクーデタ失敗）。

1966（昭和41）年

2月14日　佐藤首相，原子力空母の寄港を安全確認の条件に認めると答弁。
19日　政府，衆議院予算委員会で「核の傘」統一見解を発表。
5月16日　中国で文化大革命始まる。
12月1日　自民党総裁選挙，佐藤総裁再選，藤山愛一郎を破る（289対89）。

1967（昭和42）年

1月29日　第31回衆議院議員総選挙（自民277，社会140，民社30，公明25など）。
2月17日　第2次佐藤栄作内閣成立（～1970年1月14日）。
4月21日　佐藤首相，国会で武器輸出三原則を表明。
6月17日　中国，初の水爆実験成功。
11月15日　日米首脳会談，佐藤・ジョンソン共同声明（小笠原返還，沖縄は「両三年内」に合意）。

1968（昭和43）年

1月27日　佐藤首相，施政演説で非核三原則を正式表明。
3月31日　ジョンソン大統領，大統領選不出馬・北爆停止発表，和平交渉呼び掛け。
4月5日　小笠原諸島返還協定に調印（6月26日，日本に復帰）。
7月1日　米・英・ソ，核拡散防止条約（NPT）に調印。
8月20日　チェコ事件。
11月27日　自民党総裁選，佐藤3選（佐藤249，三木武夫107，前尾繁三郎95）。

1969（昭和44）年

1月19日　東京大学安田講堂封鎖解除。
3月10日　佐藤首相，沖縄返還につき，「核抜き・本土並み」の交渉方針を表明。
11月17日　佐藤訪米，19日，20日，佐藤・ニクソン会談。
21日　佐藤・ニクソン共同声明（安保条約継続，1972年の沖縄返還合意）。

26日　佐藤首相，非核三原則堅持と有事の核持ち込み拒否を言明。
12月27日　第32回衆議院議員総選挙（自民288，社会90，公明47，民社31，共産14など）。

1970（昭和45）年

1月14日　第3次佐藤栄作内閣成立（～1972年7月7日）。
2月3日　政府，NPTに調印。
10月13日　中国，カナダと国交樹立，イタリア（11月6日），エチオピア（12月1日）と続く。
20日　初の『防衛白書』を発表。
29日　自民党総裁選，佐藤4選（佐藤353，三木武夫111）。
11月25日　三島由紀夫，市ヶ谷の自衛隊東部方面総監室を占拠，割腹。

1971（昭和46）年

4月7日　米中ピンポン外交の開始。
6月17日　沖縄返還協定調印。
7月5日　第3次佐藤内閣改造，外相福田赳夫，通産相田中角栄。
9日　キッシンジャー米大統領補佐官，極秘訪中，翌1972年5月までの大統領訪中で合意，15日発表（第1次ニクソン・ショック）。
8月15日　第2次ニクソン・ショック，金・ドル交換停止，10%の輸入課徴金など発表。
9月8日　林彪，クーデタ失敗。13日，逃亡中に墜落死亡。
22日　佐藤首相，中国代表権問題で逆重要事項指定・複合二重代表制両決議案協同提案国になることを決定。
27日　天皇皇后，訪欧に出発（～10月14日）。
10月25日　国連で逆重要事項指定決議否決，中国招請，国民政府追放決議可決。
11月10日　米上院，沖縄返還協定の批准承認。
24日　衆議院で沖縄返還協定承認，非核三原則，沖縄基地縮小を決議。
12月18日　1ドル＝308円（スミソニアン・レート）。

1972（昭和47）年

1月3日　日米繊維協定調印。
2月21日　ニクソン訪中（～27日）。
5月15日　沖縄施政権返還，沖縄県発足。
6月11日　田中角栄『日本列島改造論』を発表，6月20日，出版，ベストセラーになる。
17日　ウォーターゲート事件発覚。
7月4日　韓国，北朝鮮，南北平和統一に関する共同声明発表。
5日　自民党総裁選，田中角栄総裁を選出（第1回投票　田中角栄156

票，福田赳夫 150 票，大平正芳 101 票，三木武夫 69 票／決選投票田中 282 票，福田 190 票）。

7 日　第 1 次田中角栄内閣成立（大平外相，中曽根通産相）（～12 月 22 日）。

8 月 31 日　田中首相，ニクソン大統領とハワイで会談（米側，トライスター機購入を希望）。

9 月 23 日　マルコス・フィリピン大統領，全国に戒厳令。

25 日　田中首相・大平外相，中国訪問。

29 日　日中共同声明に調印，大平外相，日台条約は失効と述べる。

10 月 17 日　朴韓国大統領，全土に非常戒厳令，12 月 27 日，維新体制発足。

12 月 10 日　第 33 回衆議院議員総選挙（自民 271，社会 118，共産 38，公明 29，民社 19，無所属 14 など）。

22 日　第 2 次田中角栄内閣成立（～1974 年 12 月 9 日）。

1973（昭和 48）年

1 月 18 日　周恩来中国首相が日米安保とアメリカの核の傘を容認する発言。

27 日　ヴェトナム和平協定調印，1 月 29 日，ニクソンのヴェトナム戦争終結宣言。

2 月 10 日　東京外国為替市場，ドル売り殺到で閉鎖，2 月 14 日，変動相場制へ移行。

8 月 8 日　金大中事件。

9 月 21 日　日本，ヴェトナム民主共和国（北ヴェトナム）と正式国交樹立（パリ）。

26 日　田中首相，訪欧，訪ソに出発，10 月 8 日モスクワで 17 年ぶりの日ソ首脳会談。

10 月 6 日　第 4 次中東戦争勃発。

17 日　アジア石油輸出国機構（OAPEC），原油生産削減を決定（第 1 次石油危機）。

11 月 14 日　キッシンジャー来日，田中首相・大平外相と石油問題を協議。

22 日　閣議，中東政策を転換，イスラエル兵力の全占領地からの撤退支持。

25 日　田中改造内閣発足，蔵相に福田赳夫。

12 月 10 日　三木武夫副総理，石油危機打開の特使として中東 8 カ国訪問。

25 日　OAPEC，日本を友好国として必要量の石油供給を決定。

1974（昭和 49）年

1 月 7 日　田中首相，東南アジア歴訪，1 月 9 日，バンコクで反日デモ，1 月 15 日，ジャカルタで反日暴動。

7 月 7 日　第 10 回参議院議員選挙（自民 62，社会 28，公明 14，共産 13，

民社 5 など)，与野党伯仲。

12 日　三木副総理，田中首相の政治姿勢を批判して辞職，7 月 16 日福田蔵相も。

8 月 8 日　ニクソン大統領辞任を発表，8 月 9 日，フォード大統領就任。

10 月 10 日　立花隆「田中角栄研究――その金脈と人脈」(『文藝春秋』11 月号)。

11 月 18 日　フォード大統領来日（現職米大統領の最初の来日)。

26 日　田中内閣，閣議で退陣表明。

12 月 1 日　椎名悦三郎副総裁の裁定で三木武夫を総裁に。

9 日　三木武夫内閣成立（～1976 年 12 月 24 日)。

この年，経済実質成長率－0.5%（戦後初のマイナス)，消費者物価 24.5%（狂乱物価)。

1975（昭和 50）年

4 月 30 日　南ヴェトナムでサイゴン政府降伏，ヴェトナム戦争終結。

7 月 23 日　宮澤喜一外相訪韓，7 月 24 日，記者会見で金大中事件に最終決着を表明。

8 月 6 日　三木・フォード共同声明（韓国の安全を重視する韓国条項を含む)。

9 月 30 日　天皇皇后両陛下，初の訪米出発（～10 月 14 日)。

11 月 15 日　仏ランブイエで第 1 回先進国首脳会議（サミット)。

1976（昭和 51）年

1 月 8 日　周恩来死去。

2 月 4 日　米上院外交委の多国籍企業小委員会でロッキード社の贈賄事件問題化（ロッキード事件)。

3 月 1 日　韓国，金大中ら民主救国宣言，3 月 10 日，金大中逮捕。

4 月 13 日　カンボジア，ポル=ポト政権成立，大虐殺始まる。

6 月 25 日　新自由クラブ結成。

7 月 2 日　ヴェトナム社会主義共和国の樹立宣言，ヴェトナム南北統一。

27 日　ロッキード事件で田中前首相を逮捕。

8 月 2 日　日本，カンボジアと国交樹立。

9 月 9 日　毛沢東死去，10 月 7 日，華国鋒主席就任，10 月 12 日，四人組逮捕。

10 月 21 日　自民党挙党体制確立協議会，福田副首相を推す。

29 日　「防衛計画の大綱」を決定。

11 月 5 日　政府，毎年度の防衛費を国民総生産（GNP）の 1% 以内とすると決定。

12 月 5 日　第 34 回衆議院議員総選挙（自民 249，社会 123，公明 55，民

社29，共産17，新自由クラブ17など)。
24日　福田赳夫内閣成立（～1978年12月7日)。

1977（昭和52）年

1月20日　米国，カーター大統領就任。
5月7日　ロンドン・サミットで福田首相，実質経済成長率6.7%を約束。
8月　カンボジアとヴェトナムの国境紛争。
6日　福田首相，東南アジア6カ国訪問出発，8月18日，マニラで演説（福田ドクトリン)。
12日　中国共産党11全大会開幕，四つの近代化（工業，農業，国防，科学技術)。
11月19日　サダト・エジプト大統領，イスラエル訪問（～11月21日)。

1978（昭和53）年

4月12日　尖閣列島で中国漁船が示威行動。
5月11日　金丸信防衛庁長官，駐留米軍経費の一部負担を表明（「思いやり予算」)。
7月16日　ボン・サミット，日本，7%の経済成長を約束。
8月12日　日中平和友好条約調印。
10月22日　鄧小平中国副首相来日。10月23日，「日米安保維持や自衛力増強は当然」と発言。
11月3日　ソ連，ヴェトナムと友好協力条約調印。
26日　自民党総裁予備選で福田首相，大平幹事長に敗れる。11月27日，福田，本選出馬辞退。
12月7日　第1次大平正芳内閣成立（～1979年11月9日)。
15日　米中，1979年1月1日から国交正常化と声明。
25日　ヴェトナム，カンボジアに侵攻。

1979（昭和54）年

1月1日　米・中国，国交回復。
7日　カンボジア，ポル=ポト政権崩壊（ヴェトナム支援のヘン・サムリン政権成立)。
17日　国際石油資本（メジャー)，対日原油供給の削減通告（第2次石油危機)。
2月1日　ホメイニ師の指導の下，イラン革命。
17日　中国，ヴェトナムに侵攻，中越戦争（～3月16日)。
4月3日　中国，中ソ友好同盟相互援助条約の廃棄を通告。
6月28日　第5回サミット，東京で開かれる。6月29日，各国別石油輸入抑制目標を決定。
10月7日　第35回衆議院議員総選挙（自民248，社会107，公明57，共

産39，民社35，新自ク4，社民連2など)。

26日　朴正熙韓国大統領暗殺される。

11月4日　イラン学生，テヘランの米大使館を占拠。

9日　第2次大平正芳内閣成立（～1980年7月17日)。

12月12日　韓国，全斗煥国軍保安司令官による粛軍クーデタ。

27日　ソ連軍，アフガニスタンに侵攻。

1980（昭和55）年

2月29日　胡耀邦，中国共産党総書記に就任，劉少奇前国家主席の名誉回復。

4月25日　米，イランの大使館人質救出作戦失敗。

5月16日　衆議院，社会党提出の内閣不信任案，自民党非主流派の欠席で可決，成立。19日，解散。

18日　韓国，全土に非常戒厳令，5月21日，光州市のデモ隊，全市制圧，5月27日，鎮圧。

6月12日　大平首相急死。

22日　第36回衆議院議員総選挙（自民284，社会107，公明33，民社32，共産29，新自ク12，社民連3，無所属7)，第12回参議院議員選挙（自民69，社会22，公明12，共産7，民社5，社民連1，諸派2，無所属8)。初の衆参同日選挙で自民圧勝。

22日　ヴェネツィア・サミット。

7月17日　鈴木善幸内閣成立（～1982年11月27日)。

19日　モスクワ・オリンピック開会，日，米，西ドイツ，中国などボイコット。

8月27日　全斗煥韓国大統領就任。

9月9日　イラン・イラク戦争勃発。

11月4日　米大統領にレーガン当選。

1981（昭和56）年

5月4日　鈴木首相訪米（5月8日，「日米同盟」の日米共同声明発表)。

16日　日米共同声明をめぐり，伊東正義外相辞任。

17日　ライシャワー元駐日米大使，核積載艦は日本に寄港していると発言。

10月2日　レーガン米大統領，核戦力強化計画を発表。

1982（昭和57）年

6月22日　カンボジアの反ヴェトナム3派首脳，「民主カンボジア連合政府樹立宣言」に署名。

7月11日　カンボジアの民主カンボジア連合政府の発足。

夏　「教科書問題」。

11月27日　第1次中曽根康弘内閣成立（〜1983年12月27日）。

1983（昭和58）年

1月11日　中曽根首相訪韓，全斗煥大統領と会談（対韓経済協力40億ドルで合意）。

19日　中曽根首相の「日本列島浮沈空母」発言，米紙に掲載。

3月23日　レーガン大統領，宇宙兵器を含む戦略防衛構想（SDI）発表。

5月28日　ウィリアムズバーグ・サミット開幕（〜30日）。

8月21日　フィリピンの反体制指導者，ベニグノ・アキノ暗殺。

9月1日　ソ連空軍機，サハリン沖で大韓航空機を撃墜。

12月18日　第37回衆議院議員総選挙（自民250，社会112，公明58，民社38，共産26，新自ク8，社民連3など）。

27日　第2次中曽根康弘内閣成立（〜1986年7月22日）。

1985（昭和60）年

1月2日　中曽根首相訪米，米SDIに理解を表明。

31日　中曽根首相，防衛費のGNP比1%枠を守れる可能性が薄れたと答弁。

3月10日　ゴルバチョフ，ソ連共産党書記長に就任。

8月15日　中曽根首相，靖国神社を公式参拝。

9月22日　先進5カ国蔵相・中央銀行総裁会議（G5），ドル高是正の経済政策協調で一致（プラザ合意）。

10月15日　ゴルバチョフ・ソ連書記長，ペレストロイカ路線を発表。

12月12日　北朝鮮，NPTに加盟。

1986（昭和61）年

2月25日　コラソン・アキノ・フィリピン新大統領，就任宣誓，アキノ政権誕生。

5月4日　東京サミット開幕（〜6日）。

7月6日　第38回衆議院議員総選挙（自民300，社会85，公明56，民社26，共産26，新自ク6など），第14回参議院議員選挙（自民72，社会20，公明10，共産9，民社5など）。衆参同日選挙。

22日　第3次中曽根康弘内閣成立（〜1987年11月6日）。

28日　ゴルバチョフのウラジヴォストーク演説（アフガニスタンの部分撤兵，対中関係改善）。

9月15日　関税及び貿易に関する一般協定（GATT）閣僚会議開催（ウルグアイ・ラウンド）。

12月30日　予算案で防衛費がGNP比1%を突破。

1987（昭和62）年

1月30日　在日米軍労務費特別協定（「思いやり予算」増額）に調印。

6月29日　韓国の6. 29宣言，盧泰愚大統領候補が収拾案8項目を提案。
7月14日　台湾の戒厳令，1949年5月以来38年ぶりに解除（翌日，国家安全法発効）。
10月2日　日米防衛首脳会議で次期支援戦闘機（FSX）の共同開発に合意。
11月6日　竹下登内閣成立（～1989年6月3日）。
29日　大韓航空機爆破事件。

1988（昭和63）年

7月5日　リクルート事件表面化。
23日　横須賀沖で海自潜水艦「なだしお」と遊漁船衝突。
9月18日　ソウ・マウン・ビルマ国防相兼参謀長率いる国軍，クーデタ，軍事強権体制。
12月24日　消費税導入可決，成立（翌1989年4月1日施行）。

1989（昭和64／平成元）年

1月7日　昭和天皇没，平成と改元。
4月5日　ヴェトナム，カンボジアからの無条件撤退を発表。
6月3日　宇野宗佑内閣成立（～8月10日）。
4日　中国，北京・天安門広場を占拠した学生・市民を武力制圧（天安門事件）。
7月23日　第15回参議院議員選挙（社会46，自民36，連合の会11，公明10，共産5，民社3など）。
8月10日　第1次海部俊樹内閣成立（～1990年2月28日）。
9月4日　日米構造協議開始（翌年4月6日，中間報告発表）。
11月6日　第1回アジア太平洋経済協力（APEC）閣僚理事会開幕（～11月7日，APEC創設）。
9日　東独，西独との国境を開放（ベルリンの壁取り壊し始まる）。
12月2日　ブッシュ米大統領とゴルバチョフ・ソ連書記長がマルタ島で会談，12月3日，冷戦終結を表明。

［出典］ 岩波書店編集部編『近代日本総合年表〔第四版〕』（岩波書店，2001年），加藤友康・瀬野精一郎・鳥海靖・丸山擁成編『日本史総合年表』（吉川弘文館，2001年），外務省外交史料館日本外交史辞典編纂委員会編『新版 日本外交史辞典』（山川出版社，1992年）などを参考に，筆者作成。

●著者紹介
北岡 伸一（きたおか　しんいち）

1948年，奈良県に生まれる。

1971年，東京大学法学部卒業。1976年，同大学大学院法学政治学研究科博士課程修了（法学博士）。立教大学法学部教授などを経て，現職。この間，2004-2006年に国連代表部次席大使。

現　在，東京大学大学院法学政治学研究科教授（日本政治外交史専攻）。

著作に，『日本陸軍と大陸政策 1906-1918年』（東京大学出版会，1978年），『清沢洌――日米関係への洞察』（中公新書，1987年〈増補版，2004年〉，サントリー学芸賞），『日米関係のリアリズム』（中公叢書，1991年，読売論壇賞），『自民党――政権党の38年』（読売新聞社，1995年〈中公文庫，2008年〉，吉野作造賞），『独立自尊――福沢諭吉の挑戦』（講談社，2002年〈中公文庫，2011年〉）など多数。

日本政治史《にほんせいじし》――外交《がいこう》と権力《けんりょく》
A Political History of Modern Japan: Foreign Relations and Domestic Politics

2011年4月25日　初版第1刷発行

著　者　北　岡　伸　一
発行者　江　草　貞　治
発行所　株式会社　有　斐　閣
郵便番号 101-0051
東京都千代田区神田神保町2-17
電話（03）3264-1315〔編集〕
（03）3265-6811〔営業〕
http://www.yuhikaku.co.jp/

印刷・大日本法令印刷株式会社／製本・大口製本印刷株式会社

ISBN 978-4-641-04993-2